전념

전 념

—

2022년 1월 5일 초판 1쇄 발행
2024년 9월 13일 초판 24쇄 발행

—

지은이 피트 데이비스
옮긴이 신유희
펴낸이 고영성
책임편집 윤충희

—

펴낸곳 (주)상상스퀘어
출판등록 2021년 4월 29일
주소 경기도 성남시 분당구 성남대로 52, 그랜드프라자 604호
팩스 번호 02-6499-3031
이메일 publication@sangsangsquare.com
홈페이지 www.sangsangsquare-books.com

—

값 17,800원
ISBN 979-11-975493-3-5 (03300)

나와 세상을 바꾸는 ───────── *Dedicated*
힘에 관하여

전념

피트 데이비스 지음 · 신유희 옮김

상상스퀘어

처음으로 내게 전념하기의 힘을 알려준 두 영웅,

마리 클레어 거빈스와 쉘튼 데이비스에게

저자 소개

피트 데이비스 Pete Davis

피트 데이비스는 버지니아주 폴스 처치에서 여러 시민 활동에 참여하면서, 주로 미국 민주주의와 연대의 심화를 목표로 하는 프로젝트들을 다루고 있다. 또한, 민주주의 심화에 초점을 둔 주 정책 단체인 '민주주의 정책 네트워크Democracy Policy Network'의 공동창립자이며, 2015년에는 '겟어웨이Getaway'라는 회사를 공동창립했다. '겟어웨이'는 복잡한 도시에서 벗어나 작은 오두막에 머물면서, 디지털 기술이 없는 단순하고 고요한 휴식의 경험을 사람들에게 제공한다. 데이비스가 하버드 법학 대학원 졸업식에서 했던 졸업 연설 '전념하기의 반문화A Counterculture of Commitment'는 현재 3천만 뷰를 넘게 기록했다. PeteDavis.org에 접속하면 데이비스에 대해 더 많은 정보를 확인할 수 있다.

역자 소개

신유희

텍사스주립대(The University of Texas at Austin) 화학과를 졸업하고 직장 생활을 하다가 책과 얽히는 일을 하고 싶다는 오랜 꿈에 도전했다. 현재는 글밥아카데미 수료 후 바른번역 소속 번역가로 활동 중이다. 옮긴 책으로는 『단식 모방 다이어트』, 『시간도둑에 당하지 않는 기술』, 『식탁 위의 미생물』 등이 있다.

추천의 글

"이 시대를 특징 지울 만한 문제점 중 하나인 '선택의 여지에 대한 유혹'에 대해 다룬 빼어난 책이다. 피트 데이비스는 우리의 문화가 절실히 필요로 하는 신선한 지혜의 목소리를 전달한다. 『전념』은 21세기에 행복과 성공을 추구하는 자들이 반드시 읽어야 할 책이다."

— 애덤 그랜트, 뉴욕 타임스 베스트셀러 『싱크 어게인』, 『오리지널스』의 저자,
TED 팟캐스트 "WorkLife"의 진행자

"이 책은 되돌아갈 수 없는 강을 건너 다른 선택지를 배제하고 무언가에 몰두해 본 적이 있는 사람들을 위한 책이다. 현시대를 위한 도발적인 반문화적 논지를 제시하는 피트 데이비스는 왜 결의와 끈기를 그처럼 찾아보기 힘든지, 무한 탐색의 시대를 사는 우리들이 어떻게 전념하는 법을 배울 수 있을 것인지 설명하고 있다."

— 앤절라 더크워스, 『그릿』의 저자, 캐릭터 랩(Character Lab)의 설립자이자 대표

"피트 데이비스는 미국에서 가장 창의적이고 영감을 주는 젊은 작가 중한 명으로, 빛나는 열정을 갖고 있으면서도 나이에 비해 훨씬 깊이가 있다. 『전념』에서 그는 또래뿐만 아니라 모든 이들에게 '나 자신보다 더 위대한 그 무엇에 대한 집념으로 국가와 자신 모두를 더 나은 방향으로 변화시켜라.'라고 촉구하고 있다. 설교이긴 하나, 단지 설교라고 하기에는 너무나 피부에 와 닿는다. 기성세대에 속하는 나 같은 독자들로서는 귀동냥만으로도 배울 점이 많다."

　　　－ 로버트 퍼트넘, 하버드 케네디 스쿨 연구 교수, 『우리 아이들』, 『나 홀로 볼링』의 저자

"피트 데이비스의 『전념』은 돈과 두려움이 지배하는 우리의 천박한 문화에 내재하고 있는 도덕적 반문화성에 경종을 울리고 있다. 그의 지혜는 놀라울 정도로 깊이 있고 폭이 넓다. 교양과 민주주의에 대한 그의 힘 있는 비전은 흥미진진하다."

　　　　　　　　　　　　　　　　　　　－ 코넬 웨스트, 하버드대학교

"짧은 주의력과 무한 선택의 시대를 사는 사람들에게 끈기 있는 전념이 가져다 주는 만족감, 그리고 그 의미와 목적을 되찾는 방법에 대한 탐구서. 2018년 하버드 연설 내용을 한층 보강해 펴낸 이 책에서, 피트 데이비스는 자신의 세대와 우리 모두에게 진정으로 중요한, 그리고 더 나은 세상을 만들어 줄 관계와 기관과의 재연결이라는 도전을 던져주고 있다."

　　　－ 드류 길핀 파우스트, 하버드대학교 명예총장, 『This Republic of Suffering』의 저자

"현대 사회에서 할 수 있는 가장 반문화적 행동이라면 '장기간' 혹은 '영원히' 무언가에 매달려 몰두하는 것을 들 수 있을 것이다. 요즘에는 부부들도 '사랑', '명예', '순종'이라는 말보다 '영원히' 또는 '평생'이라는 말에 망설이는 경향이 있다. 피트 데이비스는 이 도발적인 신간에서 현대인들이 무언가에 전념하는 것을 그처럼 어려워하는 이유, 그리고 뭔가 가치 있는 일을 성취하고 더 깊이 있는 삶을 살기 원한다면 무언가에 몰두하는 것이 크게 도움이 될 뿐만 아니라 필요하기도 한 이유를 설명해주고 있다."

– 제임스 마틴, 『Learning to Pray』의 저자

"나는 무한한 가능성을 지닌 사회에 살면서 무언가에 전념한다는 것이 뭔가 과격한 면이 있지 않은가 하는 생각을 오랫동안 가져왔다. 피트 데이비스는 이 생각을 그냥 스쳐 가는 생각으로만 받아들이지 않고 깊이 파고들었다. 그 결과로 나온 것이 신중하고, 독창적이며, 박식하고, 많은 것을 생각하게 해 주는 이 선언문이다. 우리는 인생을 스크롤 하면서 얕은 곳에 머물 수도 있고, 아니면 선택의 폭을 제한함으로써 더 깊이, 더 만족스러운 수준으로 연결할 수도 있다. 이 책의 책장마다 담긴 지혜에 주의를 기울이는 것이 좋은 시작이 될 것이다."

– 애스트라 테일러, 다큐멘터리 감독, 『민주주의는 없다』의 저자

"아버지는 '시도할 가치가 있는 일이라면 제대로 해 볼 가치가 있다.'라고 말씀하시곤 했다. 이는 전념하는 태도의 중요성에 대한 아버지의 생각을 대변하는 말이었다. 중요한 일의 대부분은 날마다, 해마다, 전념하는 자세가 필요하다. 누구나 자신의 모든 노력을 다한 후 뒤를 돌아보았을 때, 옆길로 샜더라면 느껴볼 수 없었을, 그런 만족감을 느끼길 원할 것이다. 피트 데이비스는 『전념』에서 내게 공감을 불러일으키는, 그리고 도전에 직면해 있거나 혹은 자신에게 중요한 무언가를 잘 해내고 싶어 하는 사람들에게 도움이 될 만한 중요한 메시지와 가치를 공유하고 있다."

- 칼 립켄 주니어, 명예의 전당 유격수이자 3루수

"이것은 그 어느 때보다도 지금 우리에게 필요한 책이다. 첫발을 떼지 않으면 제대로 전진할 수 없고, 제대로 전진하기 위해서는 전념이 필요하다. 피트 데이비스는 제대로 된 인생을 산다는 것이 우리 각자의 선택에 달린 문제라는 것을 알고 있다."

- 세스 고딘, 『This is Marketing』의 저자

"현재의 시대정신에 정통한 데이비스의 논조는 설교한다는 느낌을 주지 않으면서도 통찰력이 돋보인다. 전념에 대한 그의 현명한 조언은 모든 사람이 필독해야 할 것이다."

- 북리스트 리뷰

"흔히 냉담하기만 한 디지털 세상 속에 존재하는 배려심과 공동체에 보내는 찬사... 데이비스는 '대안적 삶의 길'로서의 전념을 설득력 있게 제시한다."

- 커커스 리뷰

"더 탄탄한 민주주의로 향하는 길을 만들기 위해 더 깊은 시민의 참여를 촉구하는 선언문."

- 프로그레시브

경이로운 행동이 아닌, 존재의 명확한 결말이

괴상함이 아닌, 동질을 향한 도약이

성취. 꾸준한 충성. 그러나 신선한.

집 나간 탕아도, 파우스트도 아닌. 그러나 페넬로페여.

그것은 일정하고 명확하다가 점점 강해진다.

진정한 형태. 정점. 그리고 뛰어넘음.

놀라움이 아니라. 놀라운 이해. 결혼,

그달의 황홀함이 아니라. 예외가 아니라. 아름다움

많은 날이 그저 일정하고 명확하다.

그것은 오랜 성취가 일구어낸, 평범한 탁월함이다.

- 잭 길버트 「비정상은 용기가 아니다」 중에서

목 차

I. 무한 탐색 모드

II. 전념하기 반문화

III. 액체 세계 속 고체 인간

I

무한 탐색 모드

1장 | 문화의 두 가지 유형

무한 탐색 모드

아마도 이런 경험이 있을 것이다. 늦은 밤, 볼거리를 찾아 넷플릭스를 뒤적이기 시작한다. 스크롤을 올렸다 내렸다 하면서 제목도 훑어보고, 예고편도 몇 개 보고, 후기까지 찾아서 읽어보지만, 영화 한 편을 딱 골라서 진득하게 보기가 쉽지 않다. 순식간에 30분이 흘렀으나 아직도 탐색 모드에서 벗어나지 못한 채 하염없이 스크롤만 내리다가 결국 TV를 끈다. 이제 와서 뭔가를 보기엔 너무 피곤했기에 더 늦기 전에 이만 잠자리에 든다.

여러 선택지를 열어두는 것, 나는 이것이 지금 세대를 정의하는 특징이라고 생각한다.

폴란드 철학자 지그문트 바우만^{Zygmunt Bauman}은 이러한 특징을 두고 **액체 근대**^{liquid modernity}라는 멋진 표현을 떠올렸다. 바우만의 설명에 따르면 현대인들은 어느 한 가지 정체성, 장소, 공동체에 스스로 묶어두기를 원치 않으며, 그래서 마치 액체처럼 어떠한 형태의 미래에도 맞춰서 적응할 수 있는 유동적 상태에 머무른다. 사람만 그런 것도 아니다. 우리를 둘러싸고 있는 세계 역시 액체와 같은 상태를 유지한다. 사람들이 어느 하나의 직업이나 역할, 생각이나 신념, 집단이나 기관에 매달려서 오랫동안 같은 형태에 머무르지 못하는 것처럼, 사회도 우리를 진득하게 품어주지 않는다. 우리 삶의 모든 것을 끊임없이 탐색만 하는 것, 이것이 바로 액체 근대다.

내가 아는 사람들 대부분은 아늑한 집을 떠나 사회로 뛰어드는 순간을 마치 수많은 방이 딸린 기나긴 복도에 들어서는 것처럼 받아들였다. 그동안 안전하게 자라온 방에서 걸어 나와 여기저기 탐색할 수 있는 방이 끝도 없이 널려있는 세계로 들어선 것이다. 이처럼 새로운 선택지를 잔뜩 갖는 데서 오는 이점이 얼마나 많은지는 나도 잘 안다. 진짜 자아에 좀 더 잘 맞는 '방'을 찾았을 때 느끼는 기쁨이 어떤지 겪어봤다. 중대한 의사결정을 앞두고 있을 때, 지금의 결정을 언제든지 그만둘 수 있으며, 도중에 방에서 나오더라도 새로운 방이 가득한 복도가 언제나 그 자리에 있을 것이라는 사실이 얼마나 든든한지도 느꼈다. 무엇보다도 내 친구들이 그 많은 방을 탐색하면서, 역사상 그 어떤 세대보다 더 다양한 새로움을 경험하는 재미를 누리는 모습을 옆에서 함께 지켜봤다.

그러나 시간이 지날수록, 열린 문이 너무 많아서 생기는 단점도 보이기 시작했다. 누구도 잠긴 문 뒤에서 한 가지 일에만 몰두하며 살기를 원치 않았다. 그렇다고 복도에만 머무르기를 원하는 것도 아니었다. 뭔가에 흥미를 잃었을 때 또 다른 선택지가 있다는 것은 좋지만, 방을 옮길 때마다 새로운 방에서 느끼는 만족도는 점점 떨어졌다. 최근에 나는 끊임없이 쏟아지는 새로움의 홍수보다 오랫동안 알고 지낸 친구들과 함께 저녁을 먹는 화요일 밤이야말로 내가 갈망하는 삶이라는 사실을 깨달았다. 마음을 온전하게 쏟아부을 수 있는 친구들, 나보다 더 나은 누군가를 찾았다고 나와의 관계를 끝내지 않을 친구들은 새로운 방이 줄 수 없는 행복을 내게 안겨주었다.

전념하지 않는 문화

나이를 먹을수록 나는 무한 탐색 모드에서 벗어난 사람들, 즉 마음에 드는 방을 고른 후 복도를 떠나 문을 닫고 그곳에 정착한 사람들에게 자극을 받았다.

미국의 TV 프로그램 《로저스 아저씨네 동네Mister Rogers' Neighborhood》를 895회나 촬영한 프레드 로저스Fred Rogers는 어린이 TV 프로그램이 좀 더 인간적인 모델로 나아가도록 이끄는 일에 오랫동안 매진했다. '가톨릭 일꾼 운동Catholic Worker movement'을 일으킨 도로시 데이Dorothy Day는 사회의 소외계층 사람들과 매일 시간을 보냈다. 누군가 그들에게 마음을 나눠주는 것이 중요하다고 생각했기 때문이었다. 마틴 루서 킹 주니어 또한 꾸준히 전념한 사람이었다. 1963년 물대포에 맞서 싸운 용기도 물론 대단했지만, 1967년 무려 1,000번째 회의를 열만큼 흑인 인권을 위해 더디고 지루한 투쟁을 계속한 꾸준함도 그에 못지않게 훌륭했다.

이처럼 새로운 유형의 영웅이 내게 존경심을 불러일으키면서, 나는 어린 시절에 만난 남다른 인물들에게 내가 10대 후반에 느꼈던 것과 다른 감정을 갖게 됐다. '쿨한 선생님들'은 기억에서 희미해져. 일부는 이름조차 잊어버렸으나, 느리지만 꾸준했던 선생님들은 계속해서 마음속을 맴돌았다.

고등학교 때 나는 학교 강당과 기계를 관리했던 발루 선생님을 어려워했다. 선생님은 반쯤 완성된 기구와 온갖 시대의 기계 부품으로 학교 한쪽을 가득 채웠다. 기계 만지는 것을 좋아하는 공학도 지망생들은 마치 맞춘 것처럼 검은색 티셔츠를 입고 그곳을 들락거리며 선생님을 몹시 따랐지만, 나를 포함한 대부분은 거기에 끼어들까봐, 그보다 더 최악은, 그러다가 뭔가를 부술까 봐 선생님을 약간 두려워했다. 만약 누군가가 두려움을 이기고 선생님과 가까이 지내려고 하면, 선생님은 자신이 아는 여러 기술 중 하나를 그에게 가르치고 연습하게 했다.

어느 날 나는 학교 축제를 위해 친구들과 웃긴 영상을 하나 만들었다. 그것을 본 발루 선생님은 내게 "영상 구성의 기본도 갖추지 못했다."라며 사람들에게 보여주기에는 완성도가 너무 낮다고 말했다. 다른 선생님들은 전부 학생이 무언가를 시도해서 만들었다는 사실만으로도 기뻐하며 10대인 나의 영상 제작을 크게 칭찬했지만, 발루 선생님은 달랐다. 그는 뭔가를 하기로 했으면 제대로 배우고 연마해야 한다고 지적했다. 당시에는 선생님이 내게 좀 심하게 군다고 불평했던 것이 기억난다.

그러나 발루 선생님의 방식이 나쁘기만 했던 것은 아니었다. 또 다른 어느 날, 나는 학교 마당에 콘서트장을 짓겠다는 아이디어를 떠올렸다. 다른 선생님들은 전부 말도 안 되는 생각이라고 넘겨버렸다. **대체 무슨 소리를 하는 거니?** 그러나 발루 선생님은 전혀 비웃지 않았다. 선생님은 "만약 네가 오토캐드를 배워서 청사진을 설계해오면 그것을 지을 수 있도록 지지하겠다."라고 말했다. 당근보다는 채찍이 많긴 했지만, 내가 진지하게 배움에 임할 때 그 생각을 진지하게 대해주었던 발루 선생님은 참된 스승이었다.

내가 피아노 수업을 들었던 게이틀리 선생님 역시 특별했다. 선생님은 40년 동안 그녀의 거실에서 똑같은 그랜드 피아노를 쳤다. 다른 선생님에게 피아노를 배우던 친구들은 한 번에 1~2년쯤 수업을 들었다가 끊었다가 하면서 자기가 좋아하는 음악(바네사 칼튼의 〈A Thousand Miles〉, 콜드플레이의 〈Clocks〉가 우리 시대에 유행했던 노래다)을 배웠지만, 게이틀리 선생님은 좀 구식이었다. 선생님은 단순히 클래식 음악의 음계를 배우고 연주하는 것 이상을 요구했다. 게이틀리 선생님의 수업을 등록하는 것은 피아노보다 그리고 자기 자신보다 더 거대한 무언가에 온전히 몰입하는 경험을 신청하는 것과 같았다.

일주일에 한두 번 수업만 듣겠다는 태도는 허락되지 않았다. 일단 그녀에게 배우기로 했으면, 다른 학생들과 함께 선생님이 계획한 일정을 전부 소화해야 했다. 가을 발표회, 크리스마스 콘서트, 소나티네 축제, 6월 발표회가 있었고 각각의 행사마다 그에 앞서 모든 학생이 함께 준비해야 하는 공연이 있었다. 피아노의 역사, 바로크 음악과 낭만주의의 차이는 물론, 연주를 끝낸 후에 바르게 인사하는 법도 배워야 했다.

마음대로 수업을 쉴 수도 없었다. 중학교 때 한 번 게이틀리 선생님에게 1년간 수업을 쉴 수 있는지 물었던 적이 있다.

"가능이야 하지." 선생님은 대답했다. "그렇지만 할 수 있다고 해서 진짜로 1년을 쉬는 일은 없을 거란다."

결국, 나는 선생님에게 12년 동안 피아노를 배웠다. 그러나 내가 선생님의 거실에서 배운 것은 그저 피아노뿐만이 아니었다. 나보다 큰 학생들이 내가 보기에 말도 안 되게 어려운 곡을 치는 모습을 구경만 하다가, 마침내 내가 그 곡을 연주하게 됐을 때의 느낌이 어떤지 배웠다. 또한, 게이틀리 선생님은 오랫동안 나를 알아왔기 때문에 그 어떤 선생님보다 더 깊은 조언을 해줄 수 있는 통찰력과 권한이 있었다.

"넌 뭐든지 너무 빠르게 하려는 경향이 있단다. 조금 천천히 가면 더 좋을 거야."

아버지가 돌아가셨을 때, 선생님이 장례식에 와주신 것도 내게는 의미가 있었다. 해마다 각종 연주회와 발표회 자리에서 아버지와도 수년간 보고 지냈기에 가능한 일이었다. 처음부터 〈A Thousand Miles〉를 가르쳐주고, 관심이 시들해지면 수업을 그만두게 허락하는 선생님과는 쌓을 수 없는 관계였다.

게이틀리 선생님과 발루 선생님 그리고 도로시 데이, 프레드 로저스, 마틴 루서 킹 주니어와 같은 인물들에게는 공통점이 있다. 이들은 현시대의 흐름을 거슬러 '전념하기'라는 반문화Counterculture of Commitment를 공유하며 특정한 장소나 공동체, 특정한 이상이나 기술, 특정한 기관이나 사람 등 특정한 무언가에 몰입했다.

내가 이를 두고 '반문화'라고 말하는 이유는 오늘날 지배적으로 나타나는 문화적 분위기와 완전히 상반되기 때문이다. 오늘날의 주류 문화는 한 곳에 묶여있지 말고 계속 옮겨 다니며 이력을 쌓으라고 권한다. 한 가지 일만 잘할 수 있는 기술보다는 어느 곳에든 적용할 수 있는 추상적인 능력을 가치 있게 여긴다. 무엇이든 지나치게 감성적으로 여기지 말라고 가르친다. 그것이 매각되거나, 매입되거나, 규모가 축소되거나, '효율화'될 경우를 대비해서 약간의 거리를 두는 것이 더 현명하다고 말한다. 지나치게 깊이 마음을 주지 말고 상대방 역시 그렇더라도 놀라거나 상처받지 말라고 한다. 무엇보다도 언제나 선택지를 열어두라고 조언한다.

그러나 이 책에 등장하는 사람들은 이를 거부하고 현시대의 흐름에 저항하는 삶을 산다.

이들은 시민이다. 사회에서 일어나는 일에 책임감을 느낀다.

이들은 애국자다. 자신이 속한 장소와 그곳에 사는 이웃을 사랑한다.

이들은 건축가다. 오랜 시간과 노력을 들여서 생각을 현실로 만든다.

이들은 관리인이다. 기관과 공동체를 지키고 돌본다.

이들은 장인이다. 자신의 기술에 자부심을 느낀다.

이들은 동료다. 사람들에게 시간을 투자한다.

이들은 특정한 무언가와 관계를 형성한다. 그리고 거기에 오랜 시간과 노력을 할애함으로써 관계에 대한 애정을 표현한다. 이를 위해 복도로 연결된 문을 닫고 다른 선택지들을 기꺼이 포기한다.

할리우드에서는 용기를 다룰 때 주로 '용 죽이기' 형식을 활용한다. 악당이 나타나고 용감한 기사가 등장한다. 사람들을 지키고 승리를 거머쥐려면 모든 것을 거는 결단을 내려야 하는 순간이 닥친다. 이때 용감한 기사는 탱크 앞에 선 남자일 수도, 언덕 위로 진격하는 군대일 수도, 완벽한 타이밍에 완벽한 연설을 하는 후보자일 수도 있다.

그러나 내가 무언가에 전념하는 영웅들에게 배운 것은 그것만이 용기가 아니라는 것이다. 사실 할리우드식 용기는 우리가 본받아야 할 영웅적 행위에서 그다지 중요한 유형도 아니다. 평범한 사람들이 살면서 그렇게 극적이고 결정적인 순간을 마주할 가능성이 얼마나 되겠는가. 대부분은 그저 어제와 다르지 않은 오늘을 살아가며 매일 똑같은 아침을 맞이한다. 대신 우리는 새로운 일을 시작할지, 아니면 하던 일을 계속할지, 아니면 아무것도 하지 않을지 결정할 수 있다. 인생이 우리에게 허락하는 것들은 대개 이러하다. 크고 중요하고 용감한 선택을 해야 하는 순간보다는 사소하고 평범한 순간이 이어진다. 거기에서 우리는 나만의 의미를 찾고 만들어야 한다.

전념하기의 영웅들은 매일, 매년 꾸준하게 시간과 노력을 쌓아 스스로 극적인 사건 그 자체가 된다. 그들의 앞을 가로막는 용은 일상이 주는 지루함, 다른 방도 기웃거리고 싶은 유혹, 그리고 내가 잘하고 있는지 확신하지 못하는 불안이다. 그리고 그들에게 있어 중요한 결단의 순간은 칼을 꺼내서 용에게 휘두르는 것이 아니라 매일 꾸준히 정원을 가꾸는 일에 가깝다.

주류 문화와 반문화 사이에서 갈등하는 사람들

이 책은 현대인들이 문화의 두 가지 유형, 즉 선택지 열어두기 문화와 전념하기 반문화 사이에서 갈팡질팡하는 문제로부터 시작한다. 복도를 끝없이 탐색할 것인가, 아니면 방 하나에 정착할 것인가. 선택지를 열어둘 것인가, 아니면 전념하기의 영웅이 될 것인가. 이 둘 사이에서 일어나는 팽팽한 긴장감은 한 개인의 마음속에도, 전체 사회 내에도 존재한다.

젊은 세대의 사람들이 탐색 모드에만 계속 머무는 사례는 주변에서 얼마든지 찾아볼 수 있다. 한 사람과의 관계에 전념하지 못하고 끝도 없이 잠재적 연인을 물색한다. 더 나은 곳을 찾아 한 곳에서 다른 곳으로 옮겨가며, 때로는 아주 오랫동안 지내온 곳을 떠나기도 한다. 적성과 소질에 맞지 않는 일에 얽매여 살까 두려워 직업이나 진로조차 제대로 정하지 못하는 사람도 많다. 한편, 어떤 이들은 불안정한 경제 상황 때문에 어쩔 수 없이 직장을 옮겨 다니기도 한다. 아마 당신도 여기에 조금씩은 해당할 것이다.

우리는 종교 조직이나 정부, 정당, 기업, 언론, 의료 및 사법 체계, 국가, 이데올로기 등 사실상 거의 모든 주요 기관과 제도를 신뢰하지 않는 경향이 있다. 그리고 이중 어느 하나와 공개적으로 관계를 맺는 일에 거부감을 느낀다. 한편 책, 뉴스, 예능 등의 미디어는 점점 짧아지고 있다. 이는 현대인의 주의 지속 시간이 짧아져서이기도 하지만, 전념하는 지속 시간이 짧아졌기 때문이기도 하다.

그러나 우리가 진짜 애정을 느끼는 대상, 가령 존경하는 사람이나 소중한 사람 또는 오래도록 기억에 남는 일이 무엇인지 살펴보면, 막상 그것이 선택지 열어두기 문화에 속하는 경우는 거의 없다. 오히려 우리는 하나에 헌신하고 몰입하는 사람들을 사랑한다. 실제 현실에서는 이 사람 저 사람 찔러보며 얕은 관계만 유지하면서도, 인터넷에서는 70번째 결혼기념일을 맞이한 노부부 이야기에 열광한다. 자기 자신은 자주 새로운 곳을 찾아 떠나지만, 한 골목에서 50년째 자리를 지켜온 작고 허름한 맛집에서 식사하기 위해 줄을 서는 일을 마다하지 않는다. 짧은 트윗과 동영상을 좋아하지만, 두 시간짜리 인터뷰 팟캐스트를 듣거나 여덟 시즌짜리 판타지 쇼를 보기도 한다. 선적 컨테이너나 철새가 어떻게 움직이는지를 자세히 설명하는 장문의 글을 푹 빠져서 읽기도 한다.

무한 탐색 모드에 있는 청년들에게 살면서 가장 소중한 경험이 무엇이었냐고 물으면 열 명 중 몇 명은 여름 캠프라고 대답한다. 여름 캠프는 수십 년간 이어져 내려온 공동체 활동이다. 노래와 음악이 가득하고, 똑같은 전통이 세대를 거듭해서 반복되며, 캠프에 왔던 학생이 성인이 된 후 스태프가 되어 참여하기도 한다. 애초에 여름 캠프에 참가한다는 것 자체가 같은 장소에서 같은 무리의 사람들과 몇 주간, 대개는 핸드폰도 없이 머물겠다는 의사표시이므로, 선택지 열어두기 문화와는 거리가 멀다.

스포츠도 그렇다. 오늘날에도 사람들은 승리의 한순간을 기억하기보다 역사이자 드라마이자 대서사시로서의 스포츠를 사랑한다. 시카고 불스의 마이클 조던, 뉴잉글랜드 패트리어츠의 톰 브래디, 통산 28개의 올림픽 메달을 딴 마이클 펠프스가 그 예다. 21세기에 가장 많이 회자되는 운동선수가 세리나 윌리엄스와 타이거 우즈인 이유 역시 여기에 있다. 누군가가 성장하여 오랫동안 한 분야에서 세계적인 명성을 유지하는 모습을 지켜보는 것만큼 짜릿한 서사는 없다.

주변의 모든 것이 금세 흩어지고 사그라드는 것을 보면서 우리는 '끊임없이 그러나 스타카토처럼 불연속적인 정보'로 가득한 디지털 시대에서 좀 더 영구적이고, 좀 더 의미 있고, 좀 더 진중한 무언가를 붙잡으려 한다. 자신의 유전적 계통을 검사하는 것이 유행인 것도 같은 맥락이다. 자신의 삶을 더 거대한 역사적 흐름에 위치시키고자 하는 욕망에서 발현된 것이기 때문이다. 90년대 음악을 커버하는 밴드, 레코드판, 구식 타자기, 폴라로이드 카메라, 레트로한 로고나 저지, 복고풍의 소설이나 드라마 등으로 나타나는 문화적 노스텔지어 붐이 지난 10년간 큰 인기를 누리고 있는 것 또한 마찬가지다. 싱어송라이터 조 퍼그Joe Pug의 질문이 옳았다. "그를 과거 속에 사는 사람이라고 부를 순 있겠지만, 좀 더 오랫동안 남는 무언가를 꿈꿨던 그의 바람을 누가 비난할 수 있을까?"(조 퍼그의 노래 〈O My Chesapeake〉 가사 중에서_역주)

마음속 가장 깊고 내밀한 곳을 들여다보면 우리는 관계에서도 이러한 긴장감을 느끼고 있다는 걸 알 수 있다. 겉으로는 넓은 세계로 나가서 엄청난 모험을 하길 원하는 것처럼 보여도, 마음속 깊은 곳에서는 좋아하는 친구들과 익숙한 동네에서 그냥 편안하고 소소하게 살기를 꿈꾸는 사람도 많다. 깊이보다는 새로움을, 공동체보다는 개성을, 목표보다는 융통성을 선호하는 사회적 분위기 속에서도 우리 문화는 여전히 결혼하고 아이를 낳아 양육하는 행위를 신성하게 여긴다. 헌신이 사라져가는 시대에 마지막 남은 멸종 위기의 동물처럼 말이다.

이 긴장감은 타당하다. 사람들은 무언가를 거의 잃어버릴 순간이 되면 그때야 그것을 그리워하기 시작한다. 그리고 얼마 남지 않은 것들을 소중하게 끌어안는다.

"믿음이 거의 사라지고 난 후에야, 사람들은 누군가가 믿음을 가졌던 그 어느 때보다 강하게 믿음의 소중함을 깨닫게 되죠."

돈 디릴로Don DeLillo의 소설 『화이트 노이즈White Noise』의 말미에 수녀는 헌신하지 않는 잭 글래드니에게 이렇게 말한다.

"동굴 속에서 날카로운 눈빛을 보내는 남자들. 검은 옷을 입은 수녀들. 침묵하는 수도승들. 우리는 믿기 위해 떠나요. 바보들, 아이들, 믿음을 버린 사람들도 여전히 우리를 믿으니까요."

역사학자 마커스 리 핸슨Marcus Lee Hansen 또한 「세 번째 세대가 갖는 흥미의 법칙principle of third-generation interest」에서 "아들은 잊고자 하는 일을 손자는 기억하고자 한다."라며 비슷한 주장을 했다. 그러나 얼마 남지 않은 전념하기의 영웅들에게 이처럼 지대한 사랑과 감탄을 보내면서도 자기 스스로 전념하는 사람이 되는 경우는 별로 없다. 성 어거스틴St. Augustine이 쓴 구절 "나는 헌신하고 싶다. 아직은 말고."의 요즘 버전인가보다.

우리는 왜 망설일까? 한 가지에 몰두하는 사람들에게 열광하면서도 정작 자기 자신은 탐색 모드에만 머무는 이유가 무엇일까? 나는 이것이 세 가지 두려움 때문이라고 생각한다. 첫째, **후회**regret**에 대한 두려움**이다. 어느 하나에 전념했다가 훗날 '다른 것을 할걸...'하고 후회할까 걱정하는 것이다. 둘째, **유대**assocation**에 대한 두려움**이다. 무언가와 관계를 형성하고 거기에 헌신하면 그로 인해 내 정체성, 평판, 통제감에 혼란이 생길까 두려워한다. 셋째, **고립**missing out **에 대한 두려움**이다. 무언가에 헌신하면 그로 인한 책임감 때문에 그 외에는 아무것도 될 수 없고, 아무 데도 가지 못하며, 아무도 만날 수 없을 것으로 생각하기 때문이다.

이 같은 두려움 때문에 우리는 주류 문화와 반문화 사이에서 갈팡질팡하는 상태를 벗어나지 못한다. 한 가지에 몰두하는 사람들을 동경하면서도 자기 자신은 탐색가처럼 행동한다. 뛰어오르기가 겁나서 그냥 그 자리에 머무른다. 개개인의 마음속에 그리고 사회 전체에 존재하는 이러한 긴장감이 내가 이 책을 쓰게 된 이유이다.

긴장 상태 해소하기

물론 이 책이 그저 현 상황을 진단만 하고 끝나지는 않는다. 이 책은 탐색 모드와 전념하기 간의 팽팽한 긴장 상태를 올바르게 해소하기 위한 책이기도 하다. 내가 '올바르게'라고 쓴 이유는 이러한 갈등을 배제나 억압으로 해결하려는 사람들도 있기 때문이다. 이들은 어쩔 수 없이 헌신해야 했던 과거로 시계를 돌리면 이러한 긴장 상태에서 벗어날 수 있다고 말한다.

"누가 무엇을 할지 고를 수 있는 선택지가 적었던, 영광스러운 시대로 돌아갈 수만 있다면!"

한편, 이상적인 과거를 돌아보는 대신 모든 불확실성이 (필요하다면 힘으로라도) 사라질 것이라는 이상적인 미래를 약속하는 사람들도 있다. 어느 쪽이든 간에 이러한 컬트적 맹신으로 얻을 수 있는 것은 의미 없는 세계와 싸우기 위해 지나치게 많은 의미를 부여하는 오류일 뿐이다.

사람들 대부분은 가짜 에덴동산으로 돌아가기 위해 시계를 거꾸로 돌리자는 의견에도, 또 다른 유토피아에 이르기 위해 시계를 빨리 돌리자는 의견에도 마땅히 회의적이다. 그러나 이 같은 주장을 대체할 수 있는 긍정적인 대안을 찾지 못하고 있는 것 또한 사실이다. 그러니 어쩔 수 없이 제대로 된 대안이 나타나길 기다리며 선택지를 열어둔 채 하염없이 탐색 모드에만 머물러 있는 것이다.

그러나 선택지 열어두기 문화는 중립적인 보류 상태가 아니다. 선택지 열어두기 문화는 우리 경제가 특정한 장소, 사람, 사명 등의 특정 대상에 충실하지 못하도록 막는다. 좋은 것을 가까이하고 나쁜 것을 멀리하게 하는 순기능이 있었던 명예 대신 무관심이 도덕성의 기준이 되었다. 하나의 기술, 신념, 공동체에 꾸준히 전념하기보다 경력을 쌓고 출세하는 것이 성공의 기준이 되었다.

게다가 선택지 열어두기 문화는 장기적으로도 유지될 수 없는 문화다. 공동체, 지역, 기관, 개혁을 향한 의지를 버리고 그 자리를 불성실하고 정직하지 못한 가짜들이 차지하게 내버려 둔다. 만약 우리가, 개인적으로든 사회적으로든, 선택지를 너무 오랫동안 열어두면 이는 반드시 큰 문제가 될 것이다.

이 책은 어쩔 수 없이 헌신했던 과거와 지금의 선택지 열어두기 문화를 대체할 수 있는 긍정적 대안을 제시한다. 대안은 단순하고 명확하다. 바로 **자발적 전념하기**다. 자기 스스로 특정한 신념과 기술, 장소와 공동체, 직업과 사람들에게 전념하기로 선택하는 것이다. 거기에 인생 전부를 바치라는 뜻은 아니다. 단지 그(것)들과 좀 더 충실하게 관계를 맺자는 것이다. 모든 불확실성을 버리라는 것이 아니다. 지금보다는 좀 더 길게, 좀 더 진득하게, 그리고 스스로 좀 더 많은 권한을 가지고 전념할 수 있을 만큼만 의심을 덜어내자는 것이다. 단단한 고체가 되어 액체 사회를 벗어나자는 것이 아니라, 단단한 사람이 됨으로써 우리 세계를 단단하게 변화시켜가자는 것이다.

주의사항

계속하기 전에 몇 가지 경고할 것이 있다. 어떤 이들에게는 이 메시지가 이미 어떤 울림을 주었을 것이다. 그러나 어떤 이들은 이 시대에 만연하는 팽팽한 긴장감을 나처럼 단정적으로 말하는 것에 회의적일 것이다. 나는 그들의 회의적인 태도가 바람직하다고 생각한다. 이와 같은 주제를 논하는 데에는 네 가지 큰 위험이 있기 때문이다.

첫째, 붓 하나로 지나치게 넓은 범위를 칠하려고 시도할 수 있다. 그러나 전체 문화를 전부 끌어안을 수 있는 사람은 없으므로, 그러한 주장은 누군가에게 사실이 아닐 수밖에 없다. 따라서 내가 책임지고 말할 수 있는 것은 내가 현세대에서 나타나는 한 가지 패턴을 파악하여 설명하려고 노력하는 한 사람이라는 것뿐이다. 그 패턴을 인지하는 것이 내게는 유용했다. 나 자신과 주변 사람들을 좀 더 잘 이해할 수 있는 관점을 제공해 주었다. 확실한 과학적 증거가 있는 것은 아니다. 만약 당신이 나와 다른 경험을 했다면, 아무리 좋은 것만 고른 정보라도 당신에게는 아무런 감흥을 주지 않을 수도 있다.

둘째, 지나치게 모호해서 누구에게나 **당연한** 진실만 이야기할 위험이 있다. 앞서 말한 위험과는 반대의 경우다. 틀릴 바에는 차라리 아무것도 명확하게 말하지 않음으로써 모든 사례에 들어맞는 정답을 말하겠다는 것이다. 어쨌거나 전념하기를 나쁘게 볼 사람이 어디 있겠는가? 따라서 나는 이러한 위험을 피하고자 무한 탐색 모드의 장단점, 선택지 열어두기 문화의 역사, 전념하기에서 느끼는 일반적인 불안감의 원인이 되는 두려움, 그리고 가장 중요한 것으로, 전념하기의 다른 끝에서 얻을 수 있는 보상이 무엇인지 살펴봄으로써 현상의 복잡한 특이성을 끌어내고자 한다.

셋째, 모든 사람이 아닌 일부 집단의 사람에게만 한정해서 말할 위험이 있다. 사견으로는 이것이 가장 위험하고 중대한 문제라고 생각한다. 전 세계뿐만 아니라 바로 우리 주변에도 애초에 자신의 선택지를 열어두기로 결정할 특권조차 갖지 못하는 사람들이 있다. 어떤 이들은 평생 선택지가 단 하나만이라도 있길 바라며 발버둥 친다. 사랑의 경험이 없는 사람, 고향이라고 부를 만한 곳이 없는 사람, 안정적인 직업을 가져본 적이 없는 사람도 있다. 이들은 이 책을 읽으면서 "선택지가 너무 많아서 문제라니 거참 배부른 소리군!"이라고 생각할지도 모른다.

이는 심각한 문제다. 나는 인생에서 많은 선택지가 주어졌던 한 사람이었다. 이 책의 관점 역시 나라는 사람이 느끼고 배운 것에 한정된 시야를 반영한다. 이를 피할 수는 없다. 그러나 이러한 위험을 완화하기 위해 나는 몇 가지 조치를 마련했다. 먼저, 여기서 말하는 '젊은 세대'가 도시에 거주하는 젊고 부유한 백인만을 의미하지 않도록 최선을 다했다. 그리고 이 책을 쓰는 동안 여러 배경에서 오랫동안 전념한 영웅 50명을 만나 인터뷰함으로써 다양한 목소리를 듣고 시야를 넓히고자 노력했다.

그러나 무한 탐색 모드와의 씨름이 단지 배부른 자의 불평은 아니라고 말하고 싶다. 오늘날에는 모두가 지나치게 많은 선택을 마주한다. 직장이나 학교를 선택하는 문제가 아니더라도 누구를 사랑할지, 어디에서 살지, 무엇을 믿을지 같은 고민이 있을 수 있다. 나는 교도소에 있는 친구들을 몇 명 알고 있다. 교도소라면 아무런 선택의 자유도 없을 것 같지만, 이들은 여전히 자신이 어떤 유형의 사람이 되고 싶은지 고민한다. 어떤 종교 행사에 참석할 것인지, 어떤 철학을 받아들일 것인지, 어떻게 시간을 보낼 것인지 등등. 이 책은 그들을 위한 책이기도 하다.

한 가지 덧붙일 말이 있다. 사람들이 지금보다 더 많은 선택지를 가지길 원하고, 강제적으로 무언가에 얽매인 상태에서 더 많이 자유로워지길 바라는 사람일수록, 전념하기에도 관심을 가져야 한다. 우리가 지금처럼 자유로울 수 있는 이유는 헌신한 시민, 애국자, 건축가, 관리인, 장인, 동료들이 우리를 여기까지 데려다줬기 때문이다. 그리고 아직도 남아 있는 정의를 위한 모든 투쟁은 헌신하는 사람들이 충분히 모여서 다시 한 걸음 더 나아갈 때, 비로소 조금 더 전진할 수 있을 것이다.

넷째, 이런 이야기를 늘어놓는 나는 과연 어떤 사람인가? 이를 명확하게 짚고 넘어가고 싶다. 사실 나 자체도 전념하기의 영웅과는 거리가 멀다. 오늘날의 여느 청년들처럼 나 역시도 한 가지에 전념하는 일이 어려웠다. 그러나 나는 전념하기의 열성 팬이다. 그래서 지난 수년간 전념하기의 대가들을 만나 여러 사례와 이야기, 조언과 비결, 생각과 경험칙을 수집했다. 시인인 내 친구 하나는 여름 내내 하루 중 일정 시간 동안 이끼를 들여다보았다고 한다. 그리고 마침내 **진짜로** 무언가를 느낀 후에야 이끼에 대한 시를 썼다고 한다. 내가 이 책을 쓰는 과정도 그와 비슷했다. 오랜 시간 '전념하기'라는 것을 들여다보았고 진심으로 그것을 이해했을 때, 그제야 내가 느끼고 배운 것을 글로 옮겼다. 그것이 바로 이 책이다.

긴장 상태의 해소로 얻을 수 있는 것들

나는 이러한 긴장 상태를 해소하는 것이, 즉 더 많은 사람이 무한 탐색 모드에서 벗어나 전념하기 반문화에 합류하는 것이 중요하다고 믿기 때문에 이 책을 썼다. 그로 인해 얻을 수 있는 것들은 매우 많다. 먼저 개인적인 차원에서 보면, 영원히 탐색만 하다가는 깊은 절망에 빠지기 쉽지만, 무언가에 전념하면 큰 기쁨을 누릴 수 있다. 사회적 차원의 이득도 크다. 세상에는 해결해야 할 문제, 수정해야 할 시스템, 다시 세워야 할 기관, 메워야 할 구멍이 너무나도 많다. 그리고 이 모든 숙제와 씨름하는 것을 가로막는 가장 큰 장애물은 이것들과 맞붙어 싸우는 일에 진득하게 헌신하는 사람이 별로 없다는 점이라고, 나는 생각한다. 운동을 벌이는 시민, 창조하는 건설가, 수행하는 관리인, 기술을 갈고닦는 장인, 동행하는 동료가 턱없이 부족하다. 전념하기는 세상을 바꾸기 위한 첫걸음이다. 그런데도 지금 우리가 거기에 뛰어들지 못하는 이유는 전념하기를 향한 두려움이 우리를 가로막고 있기 때문이다.

그렇다면 변화에는 왜 꾸준함이 필요할까? 변화는 느리게, 서서히 일어나기 때문이다. 의미 있는 일에는 시간이 걸린다. 지름길은 없다. 학생들을 가르치고, 이상을 발전시키고, 분열을 치유하고, 불의를 바로잡고, 도시를 재활성화하고, 어려운 문제를 해결하고, 새로운 프로젝트를 시작하는 것. 이 모든 일에는 시간이 필요하다. 만약 변화가 빠른 속도로 일어나는 것이라면 꾸준한 헌신은 필요 없을 것이다. 초반에 반짝 느끼는 환희 또는 분노만으로도 충분하기 때문이다. 그러나 변화가 더디게 일어난다면 그것만으로는 부족하다. 지루하고, 주의가 흐트러지고, 지치고, 확신이 서지 않을 때도, 그래서 진득하게 전념하려는 마음이 흔들릴 때도 이겨낼 수 있는 무언가가 필요하다.

변화에 꾸준함이 필요한 또 하나의 이유는 변화를 만드는 일이 전투 전략을 짜고 시행하는 것보다 관계를 일구고 유지하는 일에 가까울 때가 많기 때문이다. 기계적이기보다는 유기적이고, 계획적이기보다는 즉흥적이다. 그래서 변화의 길에는 우리가 '단순화'하거나 '조정'하거나 '자동화'할 수 없는 과정이 일부 포함되어 있다. 인간과 인간이 속한 기관은 너무 복잡다단해서 그 과정을 완벽하게 해내는 것이 불가능하다. 기관과 공동체와 사람들을 변화시킬 수 있는 유일한 방법은 그들과 관계를 맺는 것뿐이다. 그들의 뉘앙스를 배우고, 친밀한 관계를 형성하며, 예상치 못한 상황에 민첩하게 대응할 수 있을 정도의 신뢰와 흐름을 가져야 한다. 교과서 내용을 줄줄이 외우는 선생님보다는 학생들과 가장 깊이 있는 관계를 나누는 선생님이 제일 훌륭한 스승이며, 아는 것이 많고 똑똑한 시장(市長)보다는 자기가 맡은 도시에 충실하게 헌신하는 시장이 가장 훌륭한 행정관인 이유가 여기에 있다.

마틴 루서 킹 주니어는 그의 마지막 저서에서 이렇게 사유했다.

"발전의 길은 절대 일직선이 아니다. 일정하게 앞으로 나아가는 듯싶다가도 어느샌가 장애물에 부닥치고 길은 굽어진다. 마치 산세를 따라 구불거리는 산길을 걷는 것과 같다. 나는 계속 앞을 향해 걷고 있는데 목적지는 오히려 멀어지는 것처럼 느껴지기도 하고, 그러다가 아예 목적지가 시야에서 사라질 때도 있다. 그러나 사실 당신은 앞으로 나아가고 있다. 그리고 곧 아까보다 훨씬 더 가까운 거리에서 목적지가 다시 등장할 것이다."

실제로 성공한 운동이나 캠페인에서 나타나는 공통적인 특징은 그럴듯한 전투 전략이 아니라, 그 비전과 가치에 꾸준하게 헌신한 사람들이 있었다는 점이다. 사회학자 다니엘 벨Daniel Bell은 신뢰에 대해서도 그와 비슷한 의견을 냈다.

"도구는 제작될 수 있으며, 프로그램은 설계될 수 있으나, (중략) 신뢰는 유기적인 성질을 갖고 있어서 명령이나 지시로는 형성될 수 없다. 일단 신뢰가 깨지고 나면 그것이 다시 자라기까지는 아주 오랜 시간이 걸린다. 신뢰는 경험을 토양 삼아 자란다."

다시 말하지만, 변화를 일으킬 수 있는 사람은 똑똑한 엔지니어가 아니라 끈기 있게 마음을 다하는 정원사다.

예전에 『어니언Onion』이라는 미디어에 「문제를 해결하려면 누군가는 소매를 걷어붙여야 한다」라는 제목의 칼럼이 실린 적이 있다. 내가 이 책을 쓴 이유는 그 '누군가'가 바로 우리이기 때문이다. 우리가 좀 더 꾸준하게 전념하는 사람, 더디지만 끈기 있게 관계를 가꾸는 사람이 되지 못하면, 그 모든 '문제'는 앞으로도 계속 쌓이기만 할 것이다. 사람들은 종종 외부의 침략 또는 내부의 폭동과 같이 치명적이고 직접적인 위협 때문에 우리 문명이 무너질 것이라고 상상한다. 그러나 만약 우리 세계가 진짜로 끝을 맞이한다면, 그 원인은 그렇게 극적인 것이 아니라 단순히 **무언가를 꾸준히 유지하는 데에 실패**했기 때문일 확률이 높다. 우리를 밤새 불안에 떨게 하는 것은 폭동이나 전쟁뿐만이 아니다. 가꾸지 않은 정원, 환영받지 못하는 새 이웃, 오갈 데 없는 사람들, 아무도 귀 기울이지 않는 이방인, 무시당하는 대중의 목소리, 오랫동안 해결되지 않은 채 곪아버린 상처 역시 밤을 지새우게 한다. 그러나 걱정할 필요는 없다. 이상을 위해 실현 가능한 계획을 짜고, 가치를 현실로 만들고, 이방인을 이웃으로 만들 수 있는, 더디지만 반드시 해야 하는 이 일들을 처리할 힘과 능력이 우리에게 있기 때문이다. 그리고 그 힘은 우리가 전념할 때만 발휘할 수 있다.

전념하기

개인적인 기쁨과 사회적인 번영. 이것만 해도 매우 훌륭하다. 그러나 전념하기로 얻을 수 있는 보상이 또 있다. 내가 관찰한 바에 의하면 전념하는 사람들은 자신의 존재와 삶을 불안해하지 않는다.

오늘날 우리는 무언가를 확신하는 데에 어려움을 느낀다. 무엇을 믿을지, 누구를 신뢰할지는 물론, 바로 다음 해에 내 옆에 어떤 것들이 남아 있을지조차 알 수 없다. 무엇이 의미 있고 무엇이 신기루인지 구분할 수 없기에, 어디에 시간과 노력을 들여야 하는지도 모른다. 이러한 불확실성에 대응하기 위해 어떤 이들은 무언가 손에 쥘 수 있는 견고한 진실을 구하지만, 나를 포함한 오늘날의 청년들에게 그러한 종류의 근본주의는 전혀 와닿지 않는다. 어딘가에 진짜 중요한 진리가 있을 수도 있다는 사실을 부정하는 것은 아니다. 그러나 설령 그렇다 해도, 지금 우리가 볼 수 있는 것은 고린도전서 13장 12절에 적힌 것과 같이 '거울을 통해 어렴풋이' 드러나는 실루엣일 뿐이다. 이러한 불확실성은 우리가 무언가에 전념하지 못하도록 막는다. 아무것도 확실하지 않으므로 그냥 복도에 남아 있는 편이 더 안전하다고 느낀다. 잘못된 방을 고를 바에는 차라리 어떤 방도 선택하지 않는 것이 낫다고 생각한다.

그러나 전념하기는 허무주의와 근본주의 그 중간에 있다. 부분적인 확신을 바탕으로 오랫동안 무언가를 시도하고, 구현하고, 무슨 일이 벌어지는지 지켜본다. 지나치게 외부에서만 확신을 찾으려는 근본주의와 달리, 전념하기는 우리 안에서 믿음이 유기적으로 자라도록 한다. 더 깊이 전념할수록 무엇이 아름답고, 좋고, 진실인지 서서히, 그러나 더 명확하게 이해하게 된다. 의심은 흔히 있는 일이다. 그러나 찬송가 〈내가 흔들리지 않으리 I Shall Not Be Moved〉에서 노래하는 것은 어쨌든 죽도록 매달려서 얻는 보상이 아니라, '물가에 심기운 나무'다. (천국으로 가는 길에서, 자유로 가는 길에서 우리는 움직이지 않을 것이다. 물가에 심기운 나무처럼. 〈내가 흔들리지 않으리〉 가사 중_편집자 주)

우리가 존재에 불안을 느끼는 이유는 불확실성뿐만이 아니다. 죽음도 그렇다. 우리의 시간은 영원하지 않다. 이 암울한 사실이 크게 다가온다. 사람들이 무한 탐색 모드에서 빠져나오지 못하는 이면에는 죽음에 대한 불안이 있다. 어떤 이들은 마치 놀이공원이 문 닫기 전에 거기에 있는 놀이기구를 전부 다 타보려는 사람처럼 언제 끝날지 모를 생의 두려움 때문에 끊임없이 새로운 것을 찾아다닌다. 또 어떤 이들은 두려움에 마비되어 아무런 결정도 내리지 못한다. 시인 메리 올리버 Mary Oliver는 이렇게 질문했다.

"단 한 번뿐인 소중하고 돌이킬 수 없는 삶을 위해 당신은 어떤 계획을 하고 있는가?"

나는 그녀의 이 말이 격려의 의미였다고 생각하지만, 이를 잘못 받아들여 더 큰 불안에 사로잡히는 사람도 있을 것이다. **만약 내가 잘못된 계획을 세우면 어떡하지?**

전념하기의 영웅들을 보며 내가 느낀 점은 우리가 어느 한 가지에 몰입하면 적어도 조금이나마 이러한 두려움이 희미해진다는 것이다. 나는 'dedicate(헌신하다)'라는 단어에 두 가지 뜻이 있다는 사실을 좋아한다. 첫 번째 뜻은 '무언가를 신성하게 하다(예시: dedicate a memorial기념비를 세우다)'이고, 두 번째 뜻은 '오랫동안 무언가에 전념하다(예시: She was dedicated to the project그녀는 그 프로젝트에 전념했다)'이다. 나는 이것이 우연이라고 생각하지 않는다. 우리가 무언가에 전념하기로 선택하는 것은 곧 신성한 일이라는 의미다.

전념하기의 핵심은 시간을 통제하는 것에 있다. 죽음은 삶의 **길이**를 통제한다. 그러나 삶의 **깊이**를 통제하는 것은 나 자신이다. 전념하기는 우리에게 주어진 한정적인 시간을 인정하는 대신, 제한 없는 깊이를 추구하겠다는 결정이다.

전념하는 사람들이 불확실성이나 죽음을 외면하며 사는 것은 아니다. 단지 그것들과 함께 있어도 좀 더 편안할 뿐이다. 자신의 시간을 헌신하고 신성하게 만듦으로써 인간이라면 누구나 공유하는 두려움에 맞설 수 있는 해독제를 찾은 것이다. 당신도 그럴 수 있기를 바란다. 당신이 액체 근대에 저항하고, 전념하기 반문화에 합류하여, 꾸준히 몰입하는 사람 중 하나가 되는 데에 이 책이 도움을 줄 수 있다면 더 바랄 것이 없겠다. 한없이 스크롤만 내리다가 그냥 잠들기 전에, 바로 지금 당장 무한 탐색 모드에서 벗어나 영화 하나를 고르고 끝까지 몰입해보자.

2장 | 무한 탐색 모드의 장점

선택지 열어두기에 반대하는 예시를 들기 전에 먼저 탐색 모드에도 인정할 점이 있음을 짚고 넘어가려 한다. 탐색 모드의 장점은 특히 10대 후반과 20대 초반에 해당하는 사람들에게 유효하다. 이 시기는 태어나자마자 주어진 위치에서 난생처음으로 자유로워지는 순간이기 때문이다. 많은 사람이 이때 처음으로 잠긴 방을 벗어나 마음껏 탐색할 수 있는, 방이 수없이 늘어선 기나긴 복도에 들어선다.

이 시기에는 이곳저곳을 탐색하는 것이 꽤 즐겁고 좋다. 다양한 사람과 연애도 해보고, 회사도 여러 군데 다녀보고, 갖가지 취미 활동도 해본다. 모든 사람이 매사를 가볍고 쿨하게 유지할 것이라는 생각을 공유하고 있기에, 다른 이가 지금 방을 버리고 다시 복도로 돌아가겠다고 해도 그리 속상해하지 않는다. 탐색을 통해 자신에게 더 잘 맞는 공동체나 정체성을 찾았을 때 느끼는 기쁨 또한 매우 크다. 의사 집안에서 태어났으나 자신의 꿈이 코미디언이라는 사실을 깨달은 아이, 집안에서 강요하는 성 역할을 거부할 자유를 발견한 정교회 여성, 오래 만난 연인이 서로 잘 맞지 않음을 알게 된 친구 등이 그랬다. 그리고 무엇보다도 처음 먹어보는 칵테일, 처음 배운 살사 댄스, 처음으로 다른 이의 집에서 아침을 맞는 시간, 처음 보는 심야 공포 영화, 나만의 오랜 비밀을 처음으로 다른 사람과 나누는 경험처럼 탐색 모드에 있는 사람들은 끝도 없이 최초를 경험하며 즐거워한다. **최초의 이것, 최초의 저것, 그냥 모든 것에 최초라는 수식어가 붙는 것 같다.**

우리 문화는 이 시기의 삶을 담은 이야기로 가득 차 있다. 어쩌면 탐색에 관한 최초의 언급은 셰익스피어의 『윈저의 즐거운 아낙네들 The Merry Wives of Windsor』에 나오는 "세상은 굴과 같다."일지도 모르겠다. 이는 작품 속 인물 피스톨이 이제 더는 돈을 빌려주지 않겠다는 노인에게 하는 말인데, 특히 청년들에게 잘 맞는 구절이다.

"난 자네에게 십 원 한 장 빌려주지 않을 걸세."

팔스타프가 말하자, 피스톨이 대답했다.

"내게 세상은 굴과 같으니 칼을 써서라도 열면 됩니다(원하는 것을 얻기 위해서는 무엇이든, 그것이 폭력적인 수단이라도 불사하겠다는 의미_역주)."

물론 이는 정처 없이 떠나는 여행에서 마주하는 로맨스에서도 드러난다. 존 스타인벡John Steinbeck의 저서 『찰리와 함께 하는 여행 Travels with Charley』, 윌리 넬슨Willie Nelson의 노래 〈다시 길 위에서On the

Road Again〉, 알폰소 쿠아론Alfonso Cuarón의 영화 《이 투 마마Y Tu Mamá Tambien》(10대들이 자동차 여행을 하면서 삶과 사랑 등을 배우는 영화로, 이 같은 내용을 담은 영화가 수십 가지 이상 만들어져 왔다)가 그 예다.

사람들이 좋아하는 영화나 소설을 보면 대개, 무언가 하나에 끊임없이 도전하는 이야기가 아니라, 새로운 정체성을 이것저것 시도하는 시기에 일어나는 일들을 다룬다. 꿈 같았던 여름 로맨스가 애틋하게 어긋나거나, 꽃 배달을 하는 괴짜, 펑크 밴드를 관리하는 로드매니저, 익살스러운 가족에게 고용된 베이비시터처럼 독특한 캐릭터들이 등장한다. 샌타페이 코뮌에서 지낸 한 달, 메인주에서 랍스터잡이 배를 타고 일한 경험, 콜럼버스의 싸구려 술집에서 밤을 보냈는데 그중 절반은 필름이 끊긴 이야기 등이 우리 문화를 채우고 사람들의 마음을 사로잡는다. 이처럼 무한 탐색 모드는 흥미로운 이야깃거리를 잔뜩 만들어낸다.

탐색은 **재밌다.** 큰 위험 없이 성장할 수 있는 자유를 제공하고, 무엇보다도 새로운 경험을 아주 아주 많이 할 수 있다.

융통성

융통성, 즉 어떤 것을 좋아하는 마음이 식을 때 자유롭게 빠져나갈 수 있는 능력은 탐색의 가장 분명한 장점이다. 모든 의사결정의 영향력이 조금씩 줄어들기 때문에 언제든지 마음을 바꿔서 다시 탐색을 시작할 수 있다.

젊을 때는 무언가에 부담을 덜 느끼는 것이 도움이 된다. 이유는 단순하다. **마음이 놓이기 때문이다.** 이제 막 10대를 벗어난 젊은이들은 대개 거의 20년 동안 삶의 대부분이 통제하에 있었다. 그러한 시스템, 설령 그게 아무리 좋은 시스템이라 해도, 부담을 준다. 아무도 나를 모르는 새로운 지역에 갔을 때 느끼는 설렘이 그토록 큰 이유도 사람들이 **내게** 갖는 생각과 기대로 인한 부담이 없기 때문이다.

그 생각과 기대가 긍정적이더라도 불편한 건 매한가지다. 나를 모르는 곳에서는 내가 너그러운 사람, 재미있는 사람, 이타적인 사람이라는 기대에 부응해야 한다는 부담감 없이 편안할 수 있다. 그래서 장거리 여행이 즐거운 것이다. 여행지에서 만난 사람들은 내가 한때 수학 천재, 프롬퀸, 소년 합창단원, 알코올 중독자였다는 사실을 모른다. 그러니 나는 어떤 모습이든 그저 내가 원하는 대로 지내면 된다.

요즘은 데이트를 시작하면서 "오래 만난 연인과 헤어진 지 얼마 안 돼서 아직은 가벼운 마음으로 만나보고 싶어."라고 말하는 것이 거의 통과의례가 된 듯하다. 청년들은 세상을 향해 이렇게 외친다.

"난 오랫동안 한 가족과 한 곳에서 한 가지 역할만 하다가 이제야 겨우 자유로워졌다고. 그러니 아직은 새로운 무언가에 다시 얽매이고 싶지 않아."

이 시기에는 오히려 무언가를 '가볍게' 여기지 않는 사람들이 문제가 될 때가 많다. 입학 첫날 처음 만난 동기가 나를 절친이라고 부른다거나, 방금 막 첫 데이트를 마친 남자가 아기 이름을 어떻게 지을지 상의한다고 생각해보라. 『참을 수 없는 존재의 가벼움^{The}

Unbearable Lightness of Being』에서 밀란 쿤데라Milan Kundera는 헌신의 부재로 인해 우리가 "공기보다 가벼워졌으며, 그래서 하늘로 솟아올라 이 땅에 작별을 고하고... 반만 실존하는" 존재가 되었으며, 그러나 우리의 움직임은 "그것이 대수롭지 않은 듯 자유롭다."라고 묘사했다. 어떤 이들은 쿤데라의 표현을 조소처럼 느끼겠지만, 상황에 따라 어느 정도 시간을 갖는 것은 전혀 잘못이 아니다. 이는 적어도 얼마간은 도움이 된다.

융통성은 단지 마음을 안심시켜줄 뿐만 아니라, 탐험의 전제 조건이기도 하다. 모든 것을 진지하게만 받아들인다면, 예를 들어 "여기에 가입하는 순간 나는 절대 그만두면 안 돼.", "이 사람과 데이트를 시작하면 반드시 결혼까지 해야 해." 등과 같이 생각하면 자기 자신을 제한하게 된다. 그러나 무엇이든 직접 해보기 전에는 나도 나를 제대로 알지 못할 때가 매우 많다.

나 같은 경우는 내가 과연 연애를 할 수 있을지가 의문이었다. 혹시 내가 누군가를 만날지도 모른다는 희망을 품을 때면, 그녀가 어떤 모습일지 구체적으로 그려보곤 했다. 그러나 어느 여름날, 내 친구 존은 내가 잘못 생각하고 있다고 지적했다.

"네 애인은 구체적인 사양이 적힌 새 컴퓨터 같은 게 아니라고. 그러니 그런 것들은 다 집어치우고 그냥 네 마음이 가는 대로 내버려 둬."

그해 말 학교로 돌아간 나는 연애나 사랑에 너무 전전긍긍하지 않으려고 노력했다. 사랑에 대해 생각하기를 멈추고 마음으로 느끼기 시작했다. 내 마음은 내가 상상한 것과 전혀 다른 사람에게로 움

I. 무한 탐색 모드

직였다. 만약 내가 모든 경험을 진지하고 무겁게만 생각했다면 그런 일은 일어나지 못했을 것이다. 그리고 내 마음이 흥미를 느끼지 **않는** 대상을 배우는 것은 내가 흥미를 느끼는 대상을 아는 것만큼이나 자기 자신에 관하여 많은 정보를 제공한다. 융통성이 없으면 탐험도 없다. 그리고 탐험이 없으면 내가 어떤 사람인지 발견할 기회도 얻지 못한다.

진짜 자아 찾기

융통성 그리고 그로 인한 탐험의 기회가 가져다주는 가장 중요한 결실은 탐색 모드의 두 번째 장점으로 이어진다. 탐색은 진짜 자신을 반영하지 않은 채, 단지 내가 어떤 위치에서 태어났는지 만으로 정해지는 '물려받은 전념'에서 벗어나게 해준다.

가톨릭 신비주의자 토머스 머튼Thomas merton은 종종 '가짜 자아'에 관한 글을 썼다. 가짜 자아는 우리를 그림자처럼 따라다니는 '환영에 불과한 자아'로, 좀 더 쉽게 말하면 '나는 이런 사람이 되고 싶다.'라고 잘못 인지하고 있는 자아다. 가짜 자아는 가족이나 친구들을 제일 기쁘게 해줄 것 같은 사람, 공동체 내에서 특권층에 속하는 사람, 특정 지위를 얻을 수 있는 사람인 경우가 많다. 그러나 머튼은 이러한 자아가 착각이라고 꼬집는다. 이는 현실과 삶에서 벗어나는 자아이며, (머튼에게는) 신이 내려준 소명에서 벗어난 자아다.

그러나 우리는 그 환영이 진짜 자아라고 착각한다. "가짜 자아에 옷을 입혀서, 존재하지도 않는 허상을 객관적인 진짜처럼 만들어"

버렸기 때문이다. "기쁨과 영광을 붕대처럼" 칭칭 감아서 가짜 자아를 세상과 우리가 지각할 수 있는 실체로 만들었다. 마치 "눈에 보이는 물체로 표면을 덮어야 비로소 거기에 누군가가 있음을 알 수 있는 투명 인간" 같다. 이러한 현상은 특히 10대들에게서 많이 나타난다. 자기가 강한 사람임을 보여주려고 일부러 공격적으로 행동하는 소녀, 독실한 사람으로 보이려고 바인더마다 성경 구절을 채우고 다니는 소년, 똑똑한 사람이 되고 싶어서 일상적인 대화에서도 헤겔이나 니체를 들먹이며 잘난 척하는 사람 등이 그 예다. 가짜 자아에 옷을 입힌다고 표현한 머튼의 말이 이런 의미다.

그러나 투명 인간에게 아무리 많은 옷을 입혀도 그 속은 여전히 텅 비어있다고 머튼은 지적한다. 제대로 된 자아가 없으면 "벌거벗고, 공허하고, 텅 빈 자아만 남아서 내가 곧 나의 실수라고 말한다." 그러나 행복한 결말을 맞이할 방법이 있다. 진짜 자아를 찾아서 깨울 수 있으면 "헛되고 파괴적인 자아"가 공허함에 스스로 붕괴하기 전에 내가 먼저 가짜 자아를 버릴 수 있다. 그리고 가짜 자아를 버리는 데에는 젊은 시절의 탐색이 유용할 수 있다. 그때는 자기 스스로 가짜 자아에서 벗어날 용기와 여유가 있는 시기이기 때문이다.

대학교 1학년 때는 고등학생 때 하던 것을 그대로 이어서 하는 친구들이 많았다. 오케스트라에 있었던 친구는 오케스트라에 가입했고, 수학 천재였던 친구는 수학 수업을 많이 들었다. 그러나 그렇게 1년을 보내고 난 뒤에 그만두는 친구들이 많이 생겼다. 이유를 물었더니, 어느 날 아침 불현듯 **'난 이것을 진짜로 좋아하는 게 아닌 것 같아.'**라는 마음이 들었다고 말했다. 머튼의 비유가 옳았다. 이들이 진짜 자아라고 믿고 있었던 것은 자신이 오랫동안 속해 있었던 세계와 관련된 동아리 티셔츠, 트로피, 아침 루틴, SNS용 정체성 등으로 치장한 가짜 자아였다. 그러다가 어느 날 문득 그 모든 허물을 벗겨봤더니 그 속은 텅 비어 있었고, 허구로 구축된 가짜 자아는 즉시 허물어졌다.

진짜 자아 찾기는 새로운 사명이 기존 사명을 밀어내는 형태를 취하기도 한다. 누군가와 사랑에 빠지면서 그 관계가 주는 온전함에 내 기존 정체성이 흔들릴 때가 있다. 때로는 그것이 아예 정반대되는 것이어서, 새로운 직업, 종교, 정치, 운동 등을 통해 삶의 의미를 새롭게 발견함과 동시에 기존 관계들이 피상적으로 느껴질 수도 있다.

성 소수자가 자신의 성적 지향이나 성 정체성을 밝히는 소위 커밍아웃은 가짜 자아 버리기의 가장 두드러지는 예다. 성 정체성은 머튼이 가짜 자아를 묘사한 것과 같은 방식으로 경험될 때가 많다. 이성애자처럼 말하고 행동하며 가짜 자아를 형성한다. 그러다가 커밍아웃을 통해 투명 인간을 덮고 있던 껍질을 벗어던지고 진짜 자아를 찾는 것이다.

작가 메를 밀러Merle Miller는 1971년에 커밍아웃하면서 이렇게 말했다. "지난 몇 년간 주변 공기가 얼마나 나를 숨 막히게 했는지 깨달았다." 또한 배우 엘리엇 페이지Eliot Page는 "진실을 말하지 않고 숨기는 일에 지쳤다."라고 말했다. 정치 분석가 스티브 코르나키Steve Kornacki는 "두려움과 편집증이 사라지고" 소중한 사람들에게 자신의 삶이 "마침내 이해받을" 수 있다는 느낌이 들었다고 했다. 해방감, 여유, 개방감, 안도, 온전함. 진짜 자아는 우리에게 이런 것들을 안

겨준다.

성 정체성의 '커밍아웃'은 흔한 경험이 아니지만, 정체성의 다른 측면에서 이와 비슷한 과정을 겪는 청년들은 아주 많다. 과거를 다시 들여다보며 어떤 부분이 진짜 나이고 어떤 부분이 그렇지 않은지 고민하고, 진짜 내 모습이 아니라고 생각되는 부분을 떨쳐버리고, 세상에 전하는 내 이야기를 스스로 통제한다. 토니 모리슨Toni Morrison 은 이를 다음과 같이 적절하게 표현했다.

"사람은 누구나 자기만의 이야기를 끌어간다. 따라서 인간으로서의 의미를 상상하고 경험하는 것은 개인의 자유다."

자신의 이야기를 완벽하게 통제하긴 어렵겠지만, "그럼에도 불구하고 창조"할 수는 있다.

새로움

탐색의 가장 단순한 장점은 **새로움**이다. 새로운 것을 시도할 때마다 우리는 짜릿한 흥분과 설렘을 경험한다. 오늘날의 젊은이들은 인류 역사상 그 어떤 세대보다 더 많은 새로움을 누리고 산다. 새로운 곳을 여행하고, 새로운 것을 배우고, 새로운 사람을 만나기가 쉬워졌다. 그리고 끊임없이 새로움을 제공하는 기계, 즉 인터넷의 발달로 이제 우리는 자유롭게 전 세계와 연결될 수 있으며, 원하기만 하면 언제든지 마음껏 새로움을 누릴 수 있게 됐다.

마크 저커버그Mark Zuckerberg는 심지어 소셜 네트워크에도 무어의 법칙이 적용된다고 말했다. SNS에서 공유되는 콘텐츠의 양은 매해

두 배씩 증가할 것이며, 따라서 "지금으로부터 10년 후에는 사람들이 지금보다 1,000배나 많은 콘텐츠를 공유할 것이다." 2015년 저커버그는 태어난 지 얼마 안 된 딸에게 편지를 쓰면서, 딸의 세대에는 "지금보다 100배 더 많은 것"을 경험할 수 있기를 꿈꾼다고 적었다. 100배 더 많은 것을 경험하는 삶이 마냥 긍정적일지는 고민해 볼 문제라고 생각하지만, 어쨌든 여기서 핵심은 사람들이 새로움을 추구한다는 점이다.

삶에서 가능한 많은 새로움을 즐기겠다는 생각은 욜로YOLO(You Only Live Once)라는 신조어까지 가져왔다. 거기에 뒤따라서 발음이 비슷한 포모FOMO(Fear of Missing Out)도 등장했는데, 이는 한 번뿐인 인생에서 남들만큼 충분히 경험하지 못할까 봐 두려워하는 공포감을 가리킨다. 작가 그래디 스미스Grady Smith는 이러한 사회적 분위기를 중심으로 생겨난 대중음악을 '#YOLO팝'이라고 불렀다. 이러한 음악은 지금 현재를 살고, 절대 멈추지 말고, 가수 케샤Kesha의 말처럼 "당장 내일이라도 죽을 수 있다는 생각으로" 살라고 강조한다.

새로움을 경험할 때 사람들은 '다시 아이가 된 것 같은 기분'이 든다고 한다. 2010년 저널리스트 루 앤 칸Lu Ann Cahn은 매일 같은 일상이 반복되면서 희미해진, 어린아이와 같은 호기심이 그리워졌다. 그래서 1년간 적어도 하루에 한 가지씩은 이전에 한 번도 하지 않았던 새로운 일을 시도해보기로 계획했다. 복권을 사고, 집라인을 타고, 만화책방을 구경하고, 보디빌딩 대회에 참가하고, 그 외에도 361가지 새로운 경험에 도전했다. '최초의 ○○'으로 가득한 한 해를 보낸 후 그녀는 한층 더 자유로워진 듯한 기분을 느꼈다. "삶이 놀라운 방식으로 열렸어요." 그녀는 이렇게 말했다. "최초", 즉 새로움은 "신선한 공기, 신선한 삶"과 같다. 이처럼 무한 탐색 모드는 적어도 어느 시점까지는 진짜 끝내준다.

The Pains of Infinite Browsing Mode

3장 | 무한 탐색 모드의 단점

그러나 언젠가는 이 모든 달콤함이 쓴맛으로 변하기 시작한다. 탐색을 마치고 전념하기를 시작할 순간이 온다. 윌리 넬슨의 〈다시 길 위에서〉보다 제이슨 이즈벨Jason Isbell의 노랫말 "하이웨이가 날 사랑한다고 생각했는데, 드럼처럼 나를 쳐버렸네."가 더 마음에 와닿는다. 한때는 기나긴 복도에서 누리는 융통성, 진짜 자아 찾기, 새로움이 짜릿하고 즐거웠지만, 계속되는 탐색에 점점 마비되고, 고립되고, 피상적으로 변하는 느낌만 남는다.

결정 마비

무한 탐색 모드의 융통성은 곧 '결정 마비decision paralysis'의 고통으로 이어진다. 선택지가 많을수록 여기저기 탐색만 하고, 자신의 결정을 후회하며, 전념할 자신이 없어진다. 심리학자 배리 슈워츠Barry Schwartz는 2004년 저서 『선택의 심리학The Paradox of Choice』에서 이러한 생각을 대중화했다. 슈워츠는 오늘날 우리 일상을 갉아먹는 현상의 원인이 "음식에서부터 옷, 심지어 반찬 통까지 우리가 소비하는 모든 것을 하나부터 열까지 전부 선택해야" 하기 때문이라고 설명했다. 컴퓨터 키보드를 검색하려고 아마존에 접속했다가 어느새 30분이 훌쩍 지나거나, 점심 메뉴를 고르려고 배달 앱을 끝도 없이 뒤져본 경험이 있다면, 슈워츠가 한 말을 쉽게 이해할 것이다.

선택지가 없는 삶이 "견디기 힘든" 것이었으리라는 점은 슈워츠도 인정한다. 그리고 선택지가 늘어나면서 자주성, 개성, 유연성 등의 장점을 얻은 것도 사실이다. 그러나 어떤 면에서는 "선택이 우리를 자유롭게 하는 것이 아니라, 오히려 병들게 한다." 역설적이지만, 개념적으로 보면 사람들이 언제나 더 많은 선택지를 원하는 듯 보여도, 실상은 그렇지 않을 때가 많다.

이를 뒷받침하는 사례는 곳곳에서 찾을 수 있다. 메뉴판이 길고 복잡한 식당보다 몇 가지 음식만 만드는 식당이 오히려 더 성공할 때가 많다. 마트 체인점인 '트레이더 조'는 기존 상식에 어긋나는 마케팅으로 성공을 거두었다. 카테고리당 판매 상품은 물론 전체 상품 수도 적었고, 브랜드가 없는 제품만 판매했으며, 온라인몰이나 판촉

행사도 열지 않았다. 멕시칸 음식으로 대중적인 인기를 끈 레스토랑 '치폴레' 역시 간단한 구성의 메뉴만 마련해서 고객 대부분이 메뉴 전체를 외울 정도다.

이보다 훨씬 중요한 상황에서도 선택의 역설이 작용하는 것을 볼 수 있다. 대학생 때 나에게는 모르몬 교도 친구들이 있었다. 독실한 모르몬 교도 중에는 같은 모르몬 교도랑만 데이트해야 한다고 생각하는 친구들이 많았다. 캠퍼스에 있는 나머지 수천 명의 이성을 놔두고 서른 명 정도밖에 안 되는 모르몬 교도 중에서 연애 상대를 골라야 한다는 뜻이었다. 나는 이것이 너무 제한적이라고 생각했지만, 그들 대부분은 그렇게 느끼지 않는다는 사실을 알고 깜짝 놀랐다. 대신 그들의 연애는 다른 친구들과 달랐다. 완벽하게 잘 맞는 상대를 찾느라 약간의 불협화음도 결별로 이어지는 친구들과 달리, 그들은 서로에게 더 많은 기회를 줌으로써 '남의 떡이 더 커 보이는' 함정을 피했다. 서로에 대한 그리고 몇 가지 핵심적인 가치에 대한 헌신으로 관계를 유지했다.

슈워츠는 질문했다. 우리는 왜 "선택의 자유가 커질수록 만족하지 못하는 것일까?" 가장 쉬운 설명 중 하나는 단순히 쇼핑 피로 때문이라는 것이다. "밀가루빵을 먹을까, 호밀빵을 먹을까?"를 두고 고민하는 순간이 수천 번 모여서 일상적인 에너지, 의지, 작업기억을 소비한다. 이를 두고 경제학자 프레드 허시Fred Hirsch는 '사소한 의사결정의 횡포'라고 표현했다. "충분히 괜찮은" 선택지로도 만족할 수 있으면 이는 크게 문제 되지 않는다. 그러나 현대인들은 "모든 결정과 구매가 할 수 있는 한 가장 좋은 선택임이 확실하지 않으면" 만족하지 못하도록 훈련받았다.

또한, 우리는 자신이 포기한 선택지에도 괴로움을 느낀다. 아이스크림 가게에 가서 바로 초콜릿 맛을 주문하면 달콤한 즐거움을 온전히 즐길 수 있다. 그러나 초콜릿, 바닐라, 딸기 맛 중에 **고민하다가** 초콜릿 맛을 고르면 다른 걸 먹을 걸 그랬나 하는 생각 때문에 즐거운 마음이 덜해진다. 더 많은 선택지를 탐험할수록 "선택하지 않은 대안이 더 많이 쌓인다."라고 슈워츠는 설명했다. 무한 탐색 모드는 미련을 낳는다.

그리고 우리는 실제 현실에 존재하는 대안뿐만 아니라 "존재하는 모든 매력적인 요소를 합쳐놓은" **허구적인** 대안에도 사로잡힌다. 가령 시카고로 이사하겠다는 의사결정을 내렸을 때, 마이애미, 워싱턴 D.C., 오스틴 등 실재하는 다른 도시들에만 아쉬움을 느끼는 것이 아니라, 마이애미의 해변과 워싱턴 D.C.의 박물관, 오스틴의 음식을 모두 갖춘 상상 속의 도시에도 괴로움을 느낀다는 것이다.

마지막으로 슈워츠는 과도한 선택의 자유가 우리에게 지나치게 많은 책임감을 부여해서 결정 마비를 일으킨다고 지적했다. 만약 삶의 모든 면을 직접 설계할 수 있다면, 그에 대한 **책임**도 전적으로 우리가 져야 한다. 많은 사람이 모이는 모임의 장소를 골라야 한다고 생각해보자. 아무도 그 일을 원치 않을 것이다. 최적의 장소를 선택하지 못했을 때 뒤따라올 책임이 무섭기 때문이다. 사람들이 동전 던지기로 의사결정을 하는 이유도 마찬가지다. 자신이 아닌 동전 탓을 하기 위함이다.

이 모든 것이 합쳐지면 전반적으로 기대가 높아진다. 그러나 이렇게 많은 시간을 들여서 골랐는데도, 내가 고르지 않은 선택지가 계속 머릿속을 맴돌고, 내가 한 선택에는 가혹한 평가가 뒤따른다 **(결과가 안 좋기만 해봐라!).** 우리는 절대로 이 같은 기준에 맞춰서 살 수 없다. 그 많은 선택지와 갖은 노력에도 결과는 언제나 기대만 못 하다. 심리학자 도널드 캠벨Donald Campbell과 필립 브릭만Philip Brickman은 이를 두고 '쾌락의 쳇바퀴hedonic treadmill'라고 불렀다. 사람들이 절대로 이룰 수 없는 만족감을 좇고 있다는 것이다. 그리고 그 목표는 좇으면 좇을수록 더 멀어진다. 그보다 수 세기 전에 살았던 성 오거스틴 역시 같은 개념을 다음과 같이 설명했다.

"(말이 온종일 원을 그리며 뱅글뱅글 돌아야 하는 고대 도구를 가리키며) 욕망은 쉬지 않고, 그 자체로 무한하며, 끝이 없어서... 영구적인 고문이자 연자방아와 같다."

이러한 현상을 보여주는 사례 중에서 나는 1998년 심리학자 데이비드 슈카데David schkade와 대니얼 카너먼Daniel Kahneman이 '캘리포니아에 사는 것이 사람들을 더 행복하게 하는가?'를 주제로 연구한 결과를 가장 좋아한다. 두 연구원은 중부와 캘리포니아에 사는 사람들을 대상으로 어느 쪽이 삶의 만족도가 더 높은지 조사했다. 추측과 달리, 두 지역 간의 만족도는 유의미한 차이를 보이지 않았다. 비유적으로든 문자 그대로든, 화창한 캘리포니아로 향하는 것이 지금보다 우리를 더 행복하게 만들어주지는 않았다. 다양하게 선택할 수 있는 능력, 언제든지 그만둘 수 있는 능력, 마음껏 떠날 수 있는 능력, 즉 융통성은 어느 시점까지는 즐겁지만, 그것만으로는 절대 행복해질 수 없다. 사실 융통성은 오히려 행복을 방해할 때도 적지 않다.

아노미

무한 탐색 모드는 고립을 낳을 수도 있다. 누구와도 무엇과도 연결되지 않으며, 아무도 내게 무언가를 기대하지 않는다. 내가 나이지 못하게 하는 관계, 역할, 공동체에서 벗어나는 것은 안도감을 준다. 그러나 그 이후에는 새롭게 속할 수 있는 다른 공동체를 갈망하는 상태에 놓인다. 나와 맞지 않는 방에 갇혀있는 것도 우울하지만, 계속 복도에만 머무는 것도 그에 못지않다.

1890년대 사회학자 에밀 뒤르켐$^{Émile Durkheim}$은 사람들의 자살 이유를 분석했다. 그의 연구는 최초의 근대 사회과학 프로젝트 중 하나로 여겨진다. 뒤르켐 이전에는 하나의 사회적 현상을 근대적 접근의 자료수집과 관찰을 통해 그토록 꼼꼼하게 연구한 사람이 없었기 때문이다. 그리고 그렇게 구체적인 질문을 연구하는 과정에서 그는 전체 사회 조직을 더 넓은 통찰력으로 이해하기 위해 다소 좁은 주제를 활용했는데, 이는 훗날 수많은 사회과학자들에게 본보기가 되었다.

사람들의 자살 이유는 너무 다양해서 답하기에 쉬운 질문이 아니었다. 여러 원인을 연결하는 패턴이 있기는 한 것인지, 아니면 그냥 무작위로 나타나는 것인지조차 확실하지 않았다. 뒤르켐은 먼저 시대별, 지역별, 인구 집단별 자살률을 비교한 자료 등을 모은 후, 그 안에 숨어있는 패턴을 끌어내는 스펙트럼을 제시했다. 스펙트럼의 한쪽에는 구성원 간에 서로 깊이 얽혀있고 규제하는 문화가 있다. 이러한 문화에서는 개인이 집단의 한 부분이라고 느끼고, 집단의 일원으로서 따라야 할 규범이 있으며, 좋은 의미에서든(아프면 죽을 갖다주기 위해) 나쁜 의미에서든(규범을 어기면 응징하기 위해) 모든 사람이 서로를 지켜본다. 스펙트럼의 또 다른 한쪽에는 서로 간의 관계와 규범이 느슨한 문화가 있다. 개인이 집단의 '일원'이라고 생각하지 않으며, 아무도 나를 지켜보지 않는다. 마찬가지로 좋은 점도 있고(원하는 것은 무엇이든 할 수 있음), 나쁜 점도 있다(아무도 내게 무슨 일이 일어나는지 신경 쓰지 않음).

뒤르켐은 문화의 유형에 따라 사람들이 자살하는 이유도 다르게 나타난다는 사실을 발견했다.* 첫 번째 자살 유형은 개인의 특성이 그가 속한 문화의 기준에 지나치게 구속될 때 일어난다. 문화가 나를 지나치게 통제하고 가둔다고 느껴서 죽는 사람들, 뒤르켐의 표현을 빌리면 "강압적인 규율에 미래가 무자비하게 막혀 있고, 열정이 폭력적으로 질식되어" 죽는 사람들이 여기에 속한다. 절망한 수감자, 억압적인 가정이나 공동체에 순응하지 않는 사람들이 그 예다.

또 다른 자살 유형은 반대로 공동체와 기대치가 나를 얽매지 않아서 일어난다. 어딘가에 내가 속한 공동체가 있음을 알면서도 거기에 속하지 못해 절망한다. 또 어떤 이들은 어느 곳에서도 공동체를 찾지 못해 절망한다. 그래서 무엇을 꿈꿔야 하는지, 어떻게 행동해야 하는지, 무엇을 믿어야 하는지, 무엇에 만족해야 하는지, 내 삶을 어떻게 꾸려나가야 하는지에 관한 지침을 얻지 못해 괴로워한다. 무

---

* 뒤르켐은 개인적 또는 의학적 원인보다는 오로지 문화적 원인에 의한 자살에만 집중했으며, 이때는 임상적 우울증과 그와 관련된 자살 원인이 제대로 파악되기 전이었다.

의미, 무관심, 허무주의에서 오는 절망이다.

뒤르켐은 이러한 유형의 자살을 '아노미적 자살anomic suicide'이라고 불렀으며, 그 뒤에 깔린 감정을 '아노미anomie'라고 불렀다. 'nomos'는 그리스어로 '법'을 뜻하며, '아노미'는 삶을 조직할 수 있는 기준이나 법이 없다고 느끼는 것이다. 외부의 도움이 없으면 삶에서 의미를 찾기가 쉽지 않다. 뒤르켐은 이렇게 적었다.

"외부에서 규제하는 힘과 별개로 우리의 감정 용량은 그 자체로 바닥이 보이지 않는 심연이다. 그러나 감정 용량을 통제하는 존재가 없으면, 감정 용량은 그 자체로 고통의 근원이 될 수밖에 없다."

아노미는 경기에서 패배했을 때 느끼는 절망이 아니라, 득점판이 없을 때 느끼는 절망이다. 여행 중에 길을 잃었을 때 느끼는 절망이 아니라, 가치 있는 목적지가 없을 때 느끼는 절망이다.

물론 이는 아노미를 학문적으로 설명하는 방식이다. 좀 더 편하게 말하면, **지나치게 쿨한** 상태라고 말할 수 있겠다. 작가 알라나 매시Alana massey는 바이럴 에세이 「쿨함을 반대하며Against Chill」에서, 남자 친구는 계속 "썸만 타기를" 원하고, 상대는 진지한 관계를 요구하지 않아서 좋다고 말하는 것이 얼마나 괴로운지 묘사했다. 쿨한 게 멋지다는 생각은 "이제 우리의 연애 생활에도 스며들어서 감정과 책임을 교류하길 원하는 사람들에게까지 누가 더 애인에게 무심한가를 두고 경쟁할 것을 강요한다."

쿨함의 단점을 지적한 매시의 이야기는 아노미의 고통을 21세기 방식으로 완벽하게 설명한다. 너무 오랫동안 관계에 무심하면 불행이 찾아온다. 꼬리표는 나를 속박하는 수갑이 아니라, "불이 났을 때

출구를 찾게 해주고, 내가 지금 케이크 위에 뿌리고 있는 것이 비소가 아니라 바닐라임을 확인할 수 있게 해주는" 것이라고 매시는 지적했다. 쿨함의 반대는 억압이 아니라 따스함이다. "사랑에 빠지는 것과 같이 전혀 쿨하지 않은 행위를 하려면" 우리는 그 약간의 온기가 필요하다고 매시는 끝을 맺었다.

매시의 에세이는 사랑에 관한 것이었지만, 삶의 다른 면에도 얼마든지 적용할 수 있다. 어떤 업무나 프로젝트, 공동체, 직장에서 지나치게 쿨한 사람을 본 적이 있을 것이다. 가령 다른 사람과 같은 방을 쓴다고 할 때, 대부분은 쿨한 룸메이트를 선호할 것이다. 그러나 때로는 내가 더러운 그릇을 쌓아두었을 때 룸메이트가 나를 불러서 설거지하라고 요구하는 것도 필요하다. 아무리 쿨한 게 좋아도 부엌에 바퀴가 들끓는 것까지 좋진 않을 것이다.

아노미의 해독제는 진짜 공동체다. 우리는 삶의 의미에 대해 같은 시각을 공유하는 사람들, 우리가 애정을 가지고 또 우리에게도 애정을 가져주는 사람들을 필요로 한다. 진짜 공동체를 잃어버리면, 특히 원래 갖고 있던 것을 잃어버리면, 우리는 공동체의 부재를 강하게 체감한다.

저널리스트 세바스찬 융거Sebastian Junger는 저서 『트라이브, 각자도생을 거부하라Tribe: On Homecoming and Belonging』에서 귀국한 참전 용사들이 느끼는 혼란스러움을 다루었다. 그들은 전쟁터에서 한 가지 사명으로 묶인 공동체를 이루고 있다가, 고국에 돌아와서는 "자기 일은 자기가 알아서 하는" 사회 속에서 각자 고립된 "톱니바퀴이자 소비자"가 되어야 하는 처지에 놓인다. 융거가 만난 어느 참전 용사는 파견지에 처음 배치되었을 때의 상황을 "두려움 없이 서로를 돕는" 공동체에 속한 기분이었다고 설명했다. 거기에는 경쟁이 없었다. 공통된 사명을 위해 힘을 모으는 15명의 부대원만 있었다.

그러나 참전 용사들이 민간인의 삶에 적응하지 못할 때, 사람들은 그들의 문제를 의학적으로만 접근해서 해결하려 한다. 좀 더 근본적인 문제, 즉 그들이 느끼는 문화적 단절은 전혀 고려하지 못한다. 물론 참전 용사의 불안감이 몇 가지 정신의학적, 심리적 진단을 받을 수도 있다. 그러나 그 아래에는 아마도 아노미적 절망, 즉 헌신할 수 있는 공동체의 상실에서 야기된 고통이 깔려있을 것이다. 오늘날 이런 기분을 느끼는 것은 참전 용사뿐만이 아니다. 우리 모두 의미 있는 공동체를 갈망하고 있다. 현재 미국에서는 사람들이 서로에게 좀 더 가까워지고, 이웃을 좀 더 알며, 함께 모여 어우러질 필요가 있다는 생각이 인기를 얻고 있다. 이는 매우 많은 사람의 공감을 끌어냈으므로, 그 어떤 정치적 연설에서도 가장 확실하게 박수갈채를 유도할 수 있는 발언일 확률이 높다.

그러나 아노미가 공동체의 부재 때문에만 나타나는 것은 아니다. 아노미는 규제의 부족, 즉 문화적 규범, 도덕적 지침, 규칙이 부족해서 나타나기도 한다. 같이 어울릴 친구들이 있는 것만으로는 부족하다. 사람들은 같은 사명으로 이루어진 공동체의 일원이 되어 거기에 맞게 부여되는 책임 또한 갈망한다. 따뜻한 온기뿐만이 아니라 부응해야 할 기대치, 이루어야 할 열망, 얻어야 할 명예도 원한다.

생각과 달리, 구성원에게 **더 많이** 요구하는 집단, 단순히 개인의 욕망만 채우기보다 거대한 책임감을 안겨주는 집단이 더 번성하는 이유가 바로 이 때문이다. "아무 때나 와서 아무거나 해도 괜찮아." 라고 말하는 단체보다 "우리는 네가 필요해. 너한테 맡길 일이 아주 많아. 전부 네게 의지할 거야."라고 말하는 단체에 자원봉사자가 몰리는 이유도 이 때문이다. 마찬가지로 학교에서도 학생들에게 요구하는 기대치가 높고 엄격한 선생님들일수록 따르는 학생들이 많은 경우가 종종 있다. 사람들은 책임을 지기 **원한다.** 책임감이 우리를 의미 있는 사람으로 만들어주기 때문이다.

철학자 윌리엄 제임스^{William James}도 1906년에 강의한 「전쟁의 도덕적 등가^{The Moral Equivalent of War}」에서 이와 비슷한 의견을 제시했다. 제임스는 남북전쟁 시대에 성년이 된 세대로, 모든 삶과 경력과 관점이 그 시대의 기억에 영향을 받았다. 그는 남북전쟁의 역사를 다른 버전의 역사(북부 연방군이 승리하고 노예제가 폐지되는 결과는 같지만, 전쟁은 일어나지 않는 역사)와 바꿀 수 있다면, 자기 세대의 사람들이 어떤 선택을 할 것 같은지 질문하며 강의를 시작했다.

그에 대한 답은 강의 중간에 수수께끼를 던져주었다. 의외로 역사를 바꾸려는 사람이 거의 없었기 때문이다. 전쟁에 "참여한 선조들, 그 노력과 기억과 전설"이 "수없이 흩뿌려진 피보다 더 가치 있고 신성한 정신적 자산"이기 때문이라고 제임스는 설명했다. 그러나 물론 또 다른 남북전쟁을 치르길 원하냐고 물으면 "누구도 그러한 제의를 반기지 않을 것이다." 쉽게 이해하기 어려운 일이다. 심각한 투쟁을 원하는 사람은 없지만, 일단 그러한 상황에 부닥쳐 위기를 대처하고 나면, 그 기억이 공동체의 의미를 되새기는 소중한 감각을 제공한다는 것이다.

이 수수께끼를 풀기 위해 제임스는 '전쟁의 도덕적 등가'를 전개해보라고 권했다. 전쟁의 도덕적 등가란 전쟁의 긍정적인 면, 즉 투쟁, 기력, 충성, 용기 등을 공유하되, 분열, 인간성 말살, 유혈 사태와 같은 부정적인 면을 피하는 집단적 프로젝트를 뜻한다. 만약 사람들이 '건설적인 이익'을 위해 일하고(제임스는 "화물 열차, 12월의 어선단... 도로 건설, 터널 공사..." 등을 제안했는데 이는 그 시대에 어울리는 제안이었다) 그 일을 용감하고 집단적인 투쟁의 한 부분으로 볼 수 있다면, 우리는 "어린아이처럼 철없는 유치함"을 떨쳐버리고 "좀 더 건강한 공감과 냉철한 아이디어"와 함께 "더욱 자랑스럽게 이 땅을 밟을" 수 있을 것이다.

물론 19세기에서 20세기로 넘어가는 시기에 살았던 제임스의 시민적 낭만주의는 20세기의 다른 상황에서 다소 불편한 결과를 가져왔다. 그러한 생각이 터널 공사보다 더 어둡고 음침한 목적을 위해 쓰이면 어떤 일이 일어날 수 있는지 우리는 이미 확인했다. 그러나 전체적인 방향은 여전히 일리가 있다. 우리의 깊은 내면은 진짜 공동체 그리고 그와 함께 투쟁할 가치가 있는 무언가를 갈망한다는 것이다.

피상적인 삶

내 친구는 한때 아웃도어 기술을 익히려고 30일간 하이킹을 떠났다. 그는 몇몇 동료들과 함께 차가운 비를 맞으며 울창한 밀림으로 뒤덮인 언덕을 오르내리는 나날을 보냈다. 반쯤 지났을 때 그의 동료 중 한 사람이 무릎 통증으로 중도 하차했다. 그녀는 하이킹을 그만둬야 한다는 사실에 실망했지만, 금세 번지점프도 하고, 따뜻한 물로 샤워도 하고, 캠핑용 난로로 만드는 것보다 훨씬 맛있는 요리를 먹는 등 다른 동료들이 누릴 수 없는 활동으로 시간을 보내며 즐거워했다. 그러나 여행에서 돌아와 사람들끼리 추억을 나누는 시간이 되자 자기도 끝까지 함께 하는 것이 더 나았을 것이라는 후회가 들었다. 그녀가 자기 혼자 즐기면서 찍은 사진을 보여주는 동안, 다른 사람들은 유난히 힘들었던 날의 전쟁 같은 추억을 나누었다. 30일간 함께 하이킹하면서 그들 사이에는 꽤 특별한 무언가가 형성되었으며, 번지점프가 아무리 짜릿했어도 그 무언가를 능가할 수는 없었다.

무한 탐색 모드는 비용을 치른다. 새로운 경험에 집착하며 시간을 보내는 동안, 한 가지에 오랫동안 몰두할 때만 겪을 수 있는, 더 깊이 있는 경험을 놓친다.

페이스북에서 어느 손녀가 할머니와 함께 저녁 식사를 하는 장면으로 시작하는 광고를 띄운 적이 있다. 할머니는 계속 지루한 이야기를 이어나갔고, 손녀는 핸드폰만 쳐다봤다. 손녀가 손가락을 움직일 때마다 화려한 드럼 연주, 발레리나의 춤, 눈싸움 등의 장면이 그녀 앞에 펼쳐졌다. 광고가 전하고자 한 메시지는 아마도 페이스북과 함께라면 가족과 함께 집에 있으면서도 무엇이든 경험할 수 있다는 내용이었을 것이다.

FOMO라고 하면 우리는 대개 번지점프와 같이 무언가 특별한 경험을 놓칠까 불안해하는 감정을 떠올린다. 그러나 스마트폰은 그러한 경험으로 향하는 지름길을 제공한다. 지루한 상황에 놓였을 때도, 간접적으로나마 더 재밌고 새로운 경험을 즐길 수 있다. 그러나 광고 속 손녀가 실제로 놓치고 있는 것은 할머니의 지루한 이야기에 귀를 기울이는 경험이다. 또는 할머니에게 좀 더 마음을 쏟았다면 가꿀 수 있었을 할머니와의 깊은 관계일 것이다. 언제 세상을 떠날지 모르는 할머니, 할아버지와 함께 있는데, 우리가 진짜로 놓치지 말아야 할 경험은 무엇이겠는가?

어느 하나에 전념하다 보면 새로운 경험을 놓칠 수도 있다. 그러나 **전념하지 않으면**, 10년(또는 10분이라도!) 동안 모든 집중력을 한 가지 경험에 쏟아부었을 때만 느낄 수 있는 커다란 기쁨을 놓칠 것이 분명하다. 전념하기는 우리 세계에 형태를 가져오고, 중요한 것과 그렇지 않은 것을 구분할 수 있는 유일한 방법이다. 하나에 집중하는 능력을 키우는 것이 교육의 주요 목적 중 하나인 이유도 여기에 있다. "아이의 발달에서 첫 번째 핵심은 집중력입니다."라고 교육학자 마리아 몬테소리Maria Montessori는 주장했다. 또한 윌리엄 제임스는 "흩어지는 집중력을 자발적으로 반복해서 다시 끌어모으는" 능력이 "판단력과 품성과 의지의 근원"이라고 말했다.

깊이는 대개 새로움을 이긴다. 이를 린디 효과Lindy effect라고 부른다. 뉴욕의 오래된 식료품 가게에서 이름을 따온 린디 효과는 오랫동안 살아남은 생각이나 관습일수록 미래에도 계속 유지될 확률이 높은 현상을 가리킨다. 2017년 여름에는 피젯 스피너(손가락에 끼워서 돌리는 장난감_역주)가 유행했지만, 100년 후에도 살아남을 확률이 높은 것은 줄넘기이며, 올해의 블록버스터 영화보다 지금도 사랑받는 고전 영화가 50년 후에도 계속 사랑받을 가능성이 크다. 이미 그렇게 오랫동안 유지되어온 것들은 아직 그 가치를 증명하지 못한 새로운 것들보다 적어도 평균적으로라도 더 오래 살아남는다.

지속성은 최소한 삶의 몇 가지 측면에서 깊이를 측정하는 대략적인 기준이 된다. 무언가가 우리에게 얼마나 깊이 영향을 미쳤는지 가늠할 때, 몇 년 후에 우리가 그것을 기억하는지를 기준으로 판단할 때가 많다. 수년간 읽은 트윗은 머릿속에서 눈 녹듯 사라지지만, 사무라이에 빠져서 그와 관련된 글이라면 닥치는 대로 읽었던 어느 여름은 아직도 생생하다. 휙휙 넘겨봤던 영상들은 기억이 희미하지만, 두 시간 동안 꼼짝하지 않고 앉아서 본 어느 심도 있는 다큐멘터리는 몇 년이 지나도 머릿속을 맴돈다.

새로움이 피상적이라는 사실은 하나도 새롭지 않다. 현대 생활의 얄팍함이 가져올 위험은 이미 수십 년 전부터 언급됐다. 그러나 안타깝게도 예언가들은 대개 진단에 뛰어났지만, 문제 해결에는 서툴렀다. 그러나 깊이 있는 삶으로 되돌아가는 길이 어떤 모습인지 밝히고자 노력한 문화적 움직임도 있었다.

그것은 1986년 이탈리아에서 시작됐다. 로마에서 가장 유명한 광장 중 하나인 스페인 광장에서 맥도날드가 문을 열자, 이탈리아 전역에서 격렬한 저항이 일어났다. 이탈리아 사람들은 얄팍한 소비주의의 상징이 역사적 중심지를 모독하는 일이라며, 수천 명이 반대 시위를 벌였다. 그중 한 명인 이탈리아 저널리스트 카를로 페트리니 Carlo Petrini는 시위가 가진 메시지의 깊이를 전달하기에 성난 구호와 서명만으로 부족하다고 생각했다. 그래서 광장에 가서 이탈리아의 오랜 전통 음식인 파스타를 한 그릇씩 나눠주기 시작했다. 페트리니와 그의 동료들은 손에 펜네를 들고 소리쳤다. "우리는 패스트푸드를 원하지 않는다. 우리는 슬로우 푸드를 원한다!"

그날, 국제적인 슬로우 푸드 운동이 탄생했다. 달팽이를 상징으로 삼은 그 운동은 '슬로우 푸드 성명서Slow Food Manifesto'를 발표하면서 "우리의 관습을 파괴하고 고향에서조차 우리를 공격하는 '패스트 라이프'"에 반대한다고 선언했다. 지지자들은 "전통 음식이 가진 풍부한 다양성과 향기를 재발견하고", "미각을 길러서" "진짜 문화"를 찾고, "느리고 오래가는 즐거움"을 지키자고 촉구했다.

슬로우 푸드 운동은 전 세계로 퍼졌다. 타이밍도 완벽하게 맞아떨어져서 질보다 양을, 깊이보다 자극적인 볼거리를, 고유하고 지역적인 것보다 추상적이고 보편적인 것을, 느린 것보다 빠른 것을 우선시하는 세계적인 풍토에 문제가 있다는 주장이 논의되기 시작할 무렵이었다. 슬로우 푸드 운동은 단지 음식에 대한 것만이 아니었다. 그것은 세계적인 기업들이 지향하는 것과 완전히 다른 정신으로, 완전히 다른 사회적 분위기를 제공했다.

30년 후, '느림의 가치'를 지지하는 운동의 물결은 삶의 다른 측면으로도 퍼져나갔다. 건축가 존 브라운John Brown은 값싸고 짓기 쉬운 건축물을 위주로 무분별하게 개발되고 있는 교외 문제를 해결하기 위해 '슬로우 홈'을 제안했고, 심리학자 데이비드 트레스머David Tresemer는 만병통치식 치료법 대신 '슬로우 카운슬링'을 주장했다. 한편 수잔 클라크Susan Clark와 오든 티치아웃Woden Teachout은 지역 및 공동체 기반의 '슬로우 민주주의'를 제시했다. 이는 뉴스 토론회와 대

I. 무한 탐색 모드

통령 선거 운동 등을 중심으로 이루어지는, 구경꾼만 많은 대중 정치와 완전히 어긋나는 형태다. 이러한 움직임은 게임 산업에까지 번져서 좀 더 인간적이고, 사색적이며, 개별적인 비디오 게임을 요구하는 '슬로우 게이밍' 운동도 일어났다.

속도와 깊이는 대개 연관이 있다. 지그문트 바우만은 랄프 왈도 에머슨^{Ralph Waldo Emerson}이 "얇은 얼음 위에서 스케이트를 탈 때는 속도가 빠를수록 안전하다."라고 한 말을 즐겨 인용했다. 피상적인 일상의 표면 아래에 깊이가 없으면, 계속해서 새로운 것을 좇으며 빠르게 움직이는 것이 좋다. 자신의 피상적인 삶에서 주의를 돌릴 수 있기 때문이다. 그러나 슬로우 운동이 요구하는 것처럼 속도를 늦추면 삶의 얄팍함을 정면으로 마주한다. 이는 무서울 수도 있다. 그러나 그러한 공포를 헤치고 나아가면 깊이를 다시 회복하기 시작한다.

우리는 탐색이 제공하는 융통성, 진짜 자아, 새로움을 원한다. 그러나 거기에 동반하는 결정 마비, 아노미, 피상적인 삶은 원하지 않는다. 무한한 선택지를 좋아하는 동시에 트레이더 조도 좋아한다. 진짜 자아에 부합하지 않는 헌신에서 벗어나길 바라는 동시에 전쟁의 도덕적 등가를 바라기도 한다. 매일 재미있고 새로운 경험을 공유하길 원하는 동시에 오랜 친구들과 함께 슬로우 푸드를 먹으면서 깊은 대화를 나누기를 원한다.

아리스토텔레스는 도덕적 가치를 세우는 일이 양극단 사이에서 균형을 이루는 기술과 같다고 가르쳤다. 용기는 비겁함과 무모함 사이에서 균형을 이룬다. 재치는 지루함과 우스꽝스러움 사이에서 균형을 이룬다. 친절은 시비와 아첨 사이에서 균형을 이룬다. 우리는 모두 어떻게 하면 올바르게 균형을 잡을 수 있을지 궁금해한다. 융통성을 누리되 결정 마비에 걸리지 않고, 진짜 자아를 찾되 아노미에 빠지지 않으며, 피상적이지 않은 새로움을 추구하려면 도대체 어떻게 해야 하는가?

전념하기 반문화가 그토록 흥미로운 이유 중 하나가 여기에 있다. 전념하기의 영웅들은 올바른 균형을 유지하는 데에 성공한 사람들이다. 자기에게 맞지 않는 방에 갇혀있거나 한없이 복도를 서성대며 이 방 저 방 기웃대는 대신, 그들은 스스로 방을 선택해서 거기에 정착함으로써 이 같은 긴장감을 해소할 방법을 찾았다.

4장 |

해방 vs 헌신

어쩌면 다음과 같은 궁금증이 들지도 모르겠다. 이러한 갈등은 동서 고금을 막론하고 젊은 청년 세대에게 언제나 있었던 문제 아닌가? 그러나 오늘날 우리는 **지나치게** 무한 탐색 모드에 빠져있다. 새로운 선택지가 폭발적으로 증가한 것은 비교적 최근 일이기 때문이다. 20 세기 동안 평균적인 미국인에게 기회, 의사결정, 새로운 경험, 생활 방식 등에서 고려할 수 있는 선택지가 얼마나 증가했는지 과장하기 가 어려울 정도다.

한두 세기 전에는 일반적으로 삶의 대부분이 태어날 때부터 정 해진 비자발적 헌신에 얽매여있었다. 이는 대개 기술적 필요 때문이 었다. 살아남으려면 가족과 공동체에 붙어있어야 했다. 햇빛과 계절이 하루와 1년을 결정했다. 평생을 살면서 만날 수 있는 사람의 수와 목격할 수 있는 생활 방식의 다양성도 한정적이었다. 많은 부분이 **이미** 결정되어 있었다.

정치와 종교는 또 다른 비자발적 헌신을 강요했다. 여성의 경제적, 사회적 생활은 대부분 여성의 아버지 또는 남편과의 관계를 중심으로 결정됐다. 흑인은 대부분 백인과 격리된 병원에서 태어나, 재정 상태가 넉넉지 않은 학교에서 교육받았고, 특정 직장과 동네에서만 생활해야 했다. 장애가 있으면 자신의 삶을 꾸릴 수 있는 능력에 대한 사회적 기대치가 낮았다. 동성애자는 평생 자신의 성 정체성을 숨기고 살아야 했다. 무엇이든 남과 다른 면이 있으면(가령 머리를 길게 기른 남성, 이슬람 교도나 무신론자, 남들과 다른 창법으로 노래하고 싶은 음악가, 남들과 다른 형태의 가족 등 보편적이지 않은 문화를 중심으로 삶을 설계하는 사람들) 삶에서 공개적으로 받아들여질 수 있는 부분이 거의 없었다. 너무나도 오랫동안 너무나도 많은 영역이 고향, 부모님의 바람, 태어날 때부터 정해진 종교와 직업 등에 얽매였다. 애초에 선택할 수 있는 것이 거의 없었기에 '선택지를 열어둔다.'라는 발상 자체가 낯설었다.

그러나 20세기에는 자유를 위한 일련의 투쟁과 발달 덕분에 이러한 비자발적 헌신 중 상당 부분에서 해방될 수 있었다. 새로운 기술과 평등 운동 덕분에 내가 선택하지 않은 지역, 역할, 생활 방식, 기대치와의 관계가 한결 느슨해졌다. 더 많은 사람에게 더 많은 방식으로 선택지가 다양하고 풍부해졌다.

이 같은 투쟁이 완전히 끝났다고 말하는 것은 아니다. 특히 지난 세기에 시작된 평등 운동은 아직도 진행 중이다. 그보다는, 전체적인 흐름으로 봤을 때 우리 대부분이 비자발적 헌신에서 해방된 역사 속에서 살고 있다는 것이다.

우리 문화는 이러한 자유의 미덕을 긍정적으로 여긴다. 무언가에 비자발적으로 묶여있던 주인공이 속박에서 벗어나 진짜 자아를 찾는 이야기를 다룬 영화가 쏟아져 나온다. 《스타워즈》에서는 가엾은 고아 루크 스카이워커가 타투인에서 살아야 할 운명을 거부하고 그보다 더 큰 세상을 향한다. 《금발이 너무해》의 엘 우즈는 금발 머리 여자라면 절대로 법조계에서 일하지 못할 것이라는 편견을 이겨내고 자신의 존재를 증명한다. 《타이타닉》의 잭과 로즈, 아그라바 왕국의 알라딘과 자스민은 서로 사랑하면 안 되는 사이지만, 사랑에 빠졌다.

영화 《빌리 엘리어트》의 11세 소년 빌리는 광부의 아들로 태어났지만, 고향을 떠나 발레리노가 되길 꿈꾼다. 그 사실을 안 아버지는 기겁하며 크게 반대한다. 아들이 어디에서, 어떻게, 무엇을 하며 살 것인지, 어떤 사람이 될 것인지에 관한 기대가 이미 있었기 때문이다. 그러나 빌리의 꿈은 주변 사람들의 기대보다 훨씬 크고 거대했다. 영화의 마지막에 빌리는 주어진 운명을 거부하고 발레 학교로 떠난다. 이처럼 자유와 해방을 다룬 이야기는 우리 시대에 교과서적인 울림을 준다.

액체로 머물다

그러나 자유만으로는 충분하지 않다. 비자발적 헌신에서 벗어나야 하는 것은 맞지만, 그것만으로는 삶을 충족할 수 없다. 자동차를 타면 어디든지 갈 수 있고, 인터넷을 검색하면 무엇이든 볼 수 있지만, 행복은 저절로 찾아오지 않는다. 만약 잭과 로즈가 그들의 사랑을 계속 이어갔다면, 연애 초반의 불꽃 튀는 사랑이 미지근해진 후에는 무엇을 느끼고 어떻게 해야 하는지 고민했을 것이다. 로맨스 영화는 대개 죽음 또는 결혼으로 끝을 맺는다. 실제 결혼 생활까지 다루는 경우는 거의 없다.

진짜 자아를 찾는 극적인 순간도 마찬가지다. 내가 진짜 어떤 사람인지를 밝힌 후에는, 그러니까 진짜 내 모습을 용감하게 선포한 그 날 이후에는, **글쎄, 그다음에는?** 어느 순간 빌리가 발레를 싫증 나고 힘들다고 느끼면 어떻게 될까? 차라리 치과의사나 목수가 될 걸 싶은 생각이 들면? 성인이 되어 아이도 키워야 하고, 발레리노로서 커리어도 유지해야 하는 순간이 오면?

사회적인 측면에서 봐도 자유만으로는 부족하다. 오늘날 우리는 자유롭게 생각하고, 가짜 자아의 거짓을 객관적으로 꿰뚫어 보고, 우리에게 익숙한 이야기 속에서 빈틈을 발견하는 등 비자발적 헌신에서 벗어나는 데에 필요한 모든 도구를 사용할 수 있지만, 우리가 꿈꾸는 세계는 지난 과거의 잿더미 속에서 저절로 만들어지지 않는다. 이 시대의 자유 정신 덕분에 잘못된 제도를 해체할 수는 있었지만, 새로운 제도를 다시 세우려면 그 이상이 필요하다. 일부 비극을 피하는 데에는 도움이 됐지만, 세계적인 평화를 가져오기에는 역부족이다. 우리 시대의 문제점을 진단하는 데에는 유용했지만, 치료법까지 알려주지는 않는다.

심지어 우리가 지금의 자유를 더 나은 수준으로 발전시키려 할 때도 자유의 도구 그 이상이 필요하다. 비판, 회의주의, 분석만으로는 부족하다. 자유로운 세계는 창의성, 신념, 통합, 영감도 필요로 한다. "비전이 없는 곳에서 사람들은 멸망한다."라는 말이 있다. 자유는 우리 정체성의 절반밖에 채우지 못한다. 나머지 절반을 채우는 것은 **헌신**이다. 사람들은 자유롭길 원하지만, 속박에서 벗어난 다음 무언가를 **하기를** 원한다.

이와 같은 해방-헌신 사이클의 예는 주변에서도 얼마든지 찾을 수 있다. 대표적인 예는 결혼이다. 자기가 태어나고 자라온 가정에서 벗어나 새로운 가정을 이룬다. 개종도 그렇다. 기존 종교에 작별을 고하고 새로운 종교에 마음을 다한다. 기존 공동체에 소원해지거나 신뢰를 잃어서 그곳을 떠날 수 있다. 그렇게 되는 데에는 모욕적인 농담이나 비난 등 기존 체계와의 관계를 느슨하게 하는 어떤 계기가 있었을 수도 있다. 어쨌든 그 이후에는 새로운 공동체와 신뢰를 쌓고, 관계를 형성하고, 애정을 느껴야 한다. 결혼식이나 세례식처럼 이를 축하하고 기념하는 의식을 치르기도 한다. 내 삶의 일부를 떼어서 내가 소중하다고 느끼는 관계에 헌신한다.

해방-헌신 사이클은 고대 연금술을 이루는 핵심이기도 했다. 지금은 연금술이라고 하면 대개 주술적 성격을 띤 화학의 시초로 생각하지만, 사실 연금술사들은 연금술을 개인의 영적 변화를 돕는 신비적 시스템으로 받아들였다. '납을 금으로 바꾸는' 과정은 납과 같은 인간의 영혼을 신성한 '금빛'으로 바꾸는 영적 정련을 가리키는 섬세한 비유였다.

연금술은 3단계로 이루어진다. 첫 번째 단계인 **니그레도**nigredo, 흑화 단계에서는 납을 벗기고, 부수고, 녹인다. 다음은 **알베도**albedo, 백화 단계로 녹인 납을 정제해서 불순물을 거른다. 마지막으로 **루베도**rubedo, 적화 단계에서는 물질을 불에 넣어서 새로운 형태로 고체화한다. 이 과정을 끝내면 금이 나타난다.

이처럼 연금술사들은 비자발적 헌신의 무게를 벗어던지고, **그리고** 좀 더 삶을 긍정하게 하는 새로운 신념과 의미에 헌신하는 과정을 거쳐야 온전한 인간이 될 수 있다고 생각했다. 문제는 해방과 헌신, 분리와 융합, 용해와 응고가 저절로 일어나지 않는다는 사실이다. 따라서 우리는 자기 자신을 해방하는 방법 **그리고** 헌신하는 방법을 모두 배워야 한다.

전념하려면 '전념하기의 미덕'을 가꿔야 한다. 먼저 아직 이루어지지 않은 목표를 마음속에 그릴 수 있는 **상상력**이 필요하다. 그리고 관계를 형성할 수 있는 **통합력**도 있어야 한다. 집중할 수 있는 **집중력**, 새롭지 않아도 계속해서 같은 일을 반복할 수 있는 **근성**, 관계를 지탱하는 데에 필요한 **열정**도 중요하다. 열정이 있으려면 **존경심**이 뒷받침되어야 한다. 무엇보다도 **전념하는 능력**, 즉 다른 선택지가 있어도 계속해서 하나에 매달릴 수 있는 능력이 필요하다.

전념하는 사람의 이야기를 영화로 만들기는 쉽지 않다. 일례로 영화 《위플래쉬》는 《빌리 엘리어트》와 정반대다. 영화는 재즈 밴드에서 새롭게 드럼을 맡게 된 아이의 연습 첫날로 시작한다. 드럼을 반대하는 아빠도 없고, 드럼 레슨을 받으려고 깜깜한 밤에 몰래 집을 빠져나가는 장면도 없다. "나는 회계사가 되고 싶지 않아요. 난 드럼이 치고 싶다고요!"라며 절절한 외침으로 끝나는 감동적인 대사도 없다. 영화는 두 시간 내내 그저 아이가 드럼을 연습하는 고된 시간을 담는다. 교수의 기준을 맞추기 위해서 노력하고, 실패하고, 다시 노력하고, 다시 또 노력한다. 보고 있으면 전혀 즐겁지 않다. 《위플래쉬》보다 《빌리 엘리어트》 같은 영화가 더 사랑받는 이유도 아마 그 때문일 것이다.

자신을 해방하는 법은 잘 알지만 헌신하는 법을 모르면, 해방-헌신의 사이클에 갇히고 만다. 오늘날 우리는 비자발적 헌신에서 대부분 벗어났지만, 자발적 헌신을 하는 데에는 어려움을 겪고 있다. 분리되었지만, 융합하지 못한다. 기존 신념은 버렸지만, 새로운 신념을 찾지는 못한다. 용해되었지만, 다시 고체가 되지 못한 채 계속해서 액체 상태로 머물러 있다.

액체 근대

녹이기는 했지만, 다시 고체로 만들지 못해 발생한 결과가 바로 지그문트 바우만이 말한 **액체 근대**다. 바우만은 근대를 전통적인 고체들을 녹이는 과정으로 정의했다. 충성심, 적절하지 않은 의무, 세습되는 영토, 가족 전체에 씌워지는 족쇄 등과 같이 과거 사회를 "빽빽하게 채웠던 윤리적 의무"는 이제 녹아 없어졌다.

그러나 기존 전통을 녹이는 데에는 그 자리를 다른 무언가로 새롭게 대체하려는 의도가 있다고 바우만은 설명했다. 처음에는 그렇게 되려는 듯 보였다. 전통적인 공동체가 헌법, 국민국가, 관료체제, 기업, 군대, 공장, 중장비로 대체됐다. 모든 것이 거대해졌다. 강력한 기업이 되려면 거대한 공장을 운영해야 했다. 강력한 국가는 곧 거대한 군대를 소유했음을 뜻했다. 힘 있는 도시는 큰 다리와 기차역을 갖추었다. 개인은 거대한 기업 중 하나에 소속됨으로써 자신의 길을 찾았다. 그리고 이러한 기관들의 시간 지평은 길었다. 젊은 나이에 한 회사에 입사하면 정년퇴직할 때까지 거기서 일하리라 기대할 수 있었다.

그러나 20세기 후반에 들어서면서 무언가가 바뀌었다고 바우만은 지적했다. 용해 단계가 그 자체로 끝이 됐다. 영구적인 것은 변화한다는 사실뿐이고, 불확실성만이 확실한 것이 되었다. 지금 가장 돈을 많이 버는 사람은 공장 소유주가 아니라 유동적인 정보, 에너지, 금융 네트워크를 통제하는 사람들이다. 예전에는 덩치가 크고, 안정적이고, 오래가는 기업이 사회를 장악했다. 그러나 새로운 액체 근대에서는 온갖 변화에 맞춰 새로운 형태를 취할 수 있는 유연성을 갖춘 기업이 더 큰 힘을 발휘한다. 기업의 목표는 현재에 투자해서 미래를 통제하는 것이 아니라, 미래에 따라 변화할 수 있도록 현재의 관계를 느슨하게 하는 것으로 변했다. 안정적인 노동력을 갖추기보다 단기 계약직을 대거 활용해서 프로젝트를 운영했다. 바우만의 표현을 빌리면, 이제 더는 "레몬을 짜기 위해 레몬 나무를 심지 않았다." 대신 레몬을 매입하는 단기 거래를 체결하면 그것으로 끝이었다.

새로운 형태의 근대에서는 모든 것이 그리스 신화에 나오는 바다의 신 프로테우스처럼 마음대로 모습을 바꿀 수 있다. **액체 근대**라는 용어는 형태를 유지하지 못하는 액체의 특성을 빗댄 것이다. 이처럼 해방과 헌신 사이에 갇히면, 액체가 된 후에 다시 고체가 될 방법을 찾지 못한다.

액체 근대의 증거는 우리 주변에 차고 넘친다. 직장 생활, 연애 방식, 소비 방식, 잦은 이사, 시민 활동 등 모든 것들이 느슨하게 변화했다.

2019년에 밀레니얼 세대의 이직률은 밀레니얼 세대가 아닌 사람들보다 3배가량 높았다. 최근 디트로이트에서 이루어진 한 연구에 따르면 밀레니얼 세대 10명 중 4명이 2년 이내에 퇴사를 계획하고 있다고 한다. 그리고 이 같은 경향이 젊은이들한테서만 나타나는 것도 아니다. 세대교체가 일어난 것이다. 지난 20년을 비교하면 사람들이 대학 졸업 후 첫 5년간 다닌 직장의 수가 1986~1990년 졸업생은 1.6인 반면, 2006~2010년 졸업생은 2.85로 증가했다.

본인 의사로 직장을 옮기는 사람들도 있지만, 대부분은 정리해고나 계약 종료 등의 이유로 어쩔 수 없이 그만두는 경우가 많다. 현재 약 5,500만 명의 근로자가 불안정한 고용 상태에 처해 있다. 프리랜서, 일일 노동자, 임시직, 하도급 계약직 또는 우버나 태스크래빗 TaskRabbits(잡무나 심부름 등을 해줄 사람을 온라인에서 찾아 연결해주는 일자리 중개 플랫폼_역주) 등에서 일하는 긱ᵍⁱᵍ 노동자(배달 대행 기사, 대리운전 기사처럼 필요에 따라 회사와 계약을 맺은 후 온라인 플랫폼을 통해 회사의 고객에게 서비스를 제공하는 노동자_역주)가 여기에 속한다. 불안정한 고용 상태에 있는 근로자의 경우 그들이 한 가지 일에 전념하길 **원하더라도** 경제 구조가 그것을 허용하지 않는다.

이성 관계 역시 느슨해지고 있다. 1962년에는 30세 미만 미국인 5명 중 3명이 기혼이었으나, 50년 후 그 수치는 5명 중 1명으로 대폭 감소했다. 그렇다고 해서 밀레니얼 세대가 결혼 대신 자유로운 성생활을 선택한 것은 아니다. 샌디에이고 주립대학교San Diego State University의 한 연구에 따르면, 같은 또래의 베이비붐 세대나 X세대와 비교했을 때, 밀레니얼 세대가 성관계한 이성의 수가 오히려 더 적게 나타났다. 밀레니얼 세대의 결혼이 늦은 이유 중 하나는 부모 세대보다 만날 수 있는 사람의 폭이 넓고, 따라서 잠재적 연인으로 고려할 수 있는 대상의 수가 훨씬 많기 때문이다. 이 사람이 괜찮다 싶어도, 혹시 더 나은 사람이 있지 않을까 하는 마음에 쉽게 깊은 관계로 발전하지 못한다. 틴더 같은 데이트 앱도 마찬가지다. 팟캐스트 진행자 PJ 폭트Vogt는 데이트 앱이 실제 연애로 이어지기 어려운 이유가 "거기 있는 모든 사람이 꽤 괜찮아 보인다는 점" 때문이라고 말했다.

어릴 적에 부모님의 이혼이나 가족 해체로 상처를 입은 청년들이 많아진 것도 한몫한다. 그들은 과거와 같은 일을 다시 겪지 않으리란 확신이 선 상태에서 결혼하길 원한다. 또한, 다른 사람들에 대해 좀 더 깊이 알아갈 수 있는 동호회, 교회, 직장 내 모임 등도 줄어들었다. 물론 가장 큰 이유는 경제적으로 불안정하기 때문일 것이다.

한편, 젊은 세대는 소위 공유경제sharing economy라는 것을 받아들였다. 공유경제는 자동차, 자전거, 옷, 심지어 집밥 등 우리가 소유하거나 만든 제품 또는 우리가 대여하거나 구매한 제품을 재포장하여 공유하는 것을 뜻한다(신생 개념인 만큼 아직 정확한 정의가 확립되지 않아 관점에 따른 반론의 여지가 있으나, 대체로 따릉이, 쏘카, 에어비앤비 등이 공유경제에 속한다고 볼 수 있다_역주). 그러나 엄밀히 말해서 '공유경제'는 그리 적절한 용어가 아니다. 공유경제는 공유하는 문화, 즉 상호 간의 의무를 느끼는 공동체를 떠올리게 하기 때문이다. 그래서 연구원 지아나 M. 에크하르트^{Giana M. Eckhardt}와 플뢰라 바르디^{Fleura Bardhi}는 그보다 좀 더 적절하게 **접근경제**^{access economy}라는 용어를 제안했다. 사무실 공간에 투자하는 대신 공유 오피스를 신청하면 된다. 앨범 전체를 사는 대신 디지털 음원 서비스인 스포티파이^{Spotyfy}에서 좋아하는 곡만 골라 들을 수 있다. 저녁 메뉴를 정하고 장을 보러 가지 않아도 조리법과 식자재가 문 앞까지 배달된다.

특히 마지막 사례는 굉장히 시험적이다. 역사적으로 봤을 때, 음식을 준비하고 먹는 행위는 소유, 정체성, 공동체를 드러내는 주요한 장 중 하나였다. 장을 보고, 식자재를 보관하고, 음식을 조리하고, 그릇에 담고, 식탁에 차려내고, 맛있게 먹고, 재사용하고, 재배하는 방식은 오랫동안 각 개인의 자부심을 이루는 근원이었다. 그러나 최근 우리는 변화를 맞이했다. 여기저기에서 밀키트 광고가 나오고, 빠르고 간편하게 먹을 수 있는 프랜차이즈 식당이 뜨고 있다. 배달만 전문으로 하는 '고스트 레스토랑'이 미국 전역에 등장했다. 식품마케팅연구소^{Food Marketing Institute}에서 진행한 연구에 따르면, 미국 성인이 먹는 식사 중 거의 절반이 혼밥이라고 한다.

불안정한 직장, 치솟는 월세, 내 집 마련이 어려운 경제 상황 등의 이유로, 청년들은 계속해서 지역과 도시를 옮겨 다닌다. 그러니 자기가 사는 공동체에 애정을 느끼기도 어렵다. 설문 결과 젊은 세대의 2/3가 자기 지역에 관심이 없다고 답변했으며, 절반이 지역 일에 참여할 시간이 없다고 말했다. 역사상 그 어떤 세대보다 이웃을 신뢰하지 않으며, '이웃 간의 행위(이웃에게 미소 짓기, 이름 알기, 이웃집에 놀러 가기 등)' 10가지를 하는지 묻는 설문에서도 이전 세대보다 현저히 낮은 점수를 기록했다.

이러한 결과로 찾아온 것은 거대한 외로움이다. 젊은 세대 10명 중 3명은 종종 외로움을 느낀다고 대답했고, 5명 중 1명은 친구가 전혀 없다고 했다. 우정에도 그리고 우정을 쌓을 기회를 제공하는 기관이나 단체에도 당연히 헌신이 필요하다.

지난 50년간 미국에 있는 거의 모든 기관의 신뢰도가 점점 하락했다. 사람들이 더는 정부, 대통령, 의회를 신뢰하지 않는다는 사실이 여러 설문조사에서 밝혀졌다. 언론은 물론 의료, 법, 교육 체계도 신뢰를 잃었다. 미국인의 50%가 '시스템 전반'이 실패했다고 생각한다. 그나마 전 연령대의 미국인을 대상으로 조사했기 때문에 50%만 나온 것이고, 청년 세대만 대상으로 하면 신뢰 수치는 더욱더 낮아진다. 은행, 사법제도, 실리콘밸리, 시장, 주지사, 연방 정부, 뉴스 미디어를 '매우 신뢰'한다고 답변한 사람은 10명 중 3명도 채 되지 않는다.

그 결과 조부모 세대와 비교해서 우리가 대규모 기관이나 정체성에 느끼는 호감도는 훨씬 낮다. 65세 이상 미국인 중에서는 거의

Ⅰ. 무한 탐색 모드

2/3가 종교를 가지고 있지만, 30세 이하 미국인이 종교를 가진 비율은 10명 중 4명 수준이다. '우주를 향한 경이' 또는 '삶의 의미와 목적에 대한 고민'을 묻는 설문에서는 세대 간 차이가 없었지만, '영적인 존재는 믿지만, 종교는 없다.'라고 답변한 사람은 노년층 대비 청년층이 2배 가까이 많았다. 한편, 정치 측면에서는 젊은 미국인 중 대략 절반이 정치적으로 어느 쪽도 지지하지 않는다고 대답했다. 그러나 그렇게 답변한 사람 중 상당수가 일관되게 한 정당에만 투표해왔다. 이는 곧 사람들이 **사상적으로는** 중립이 아니지만, 어느 한쪽을 지지한다는 생각 자체에 거부감을 느낀다는 사실을 보여준다.

이러한 예는 끝도 없이 많지만, 이쯤이면 이미 충분히 이해했을 것이다. 유대는 느슨해졌고, 신뢰는 얕아졌으며, '선택지 열어두기'가 이 시대의 모토가 됐다. 바우만이 옳았다. 우리는 액체 사회 속에 사는 액체 인간이다. 해방과 헌신 사이에 갇힌 채, 단단하지 않음을 기뻐하는 동시에, 혼란스럽게 유동적인 흐름 속에서 좀 더 단단한 삶을 갈망한다.

뒤로 가지도 말고, 여기 머물지도 말고

탐색과 전념 사이의 긴장감이 계속되면 결국에는 결정 마비, 아노미, 피상적인 삶이 주는 괴로움이 융통성, 진짜 자아 찾기, 새로움이 주는 즐거움을 저해한다. 그리고 사회적으로는 액체 근대에 빠지게 된다. 어떤 이들은 이러한 긴장감을 잠재적 불안, 번아웃, 또는 일방적인 동요로 설명한다. 또 어떤 이들은 단순 무기력 상태, 즉 무언가를 하고 싶긴 하지만 할 수 없는 상태로 이해한다. 어쨌든 무언가 정상적이지 않다는 것이다. 그렇다면 우리는 이를 어떻게 다뤄야 할까?

어떤 사람들은 우리가 비자발적인 헌신에 얽매였던 과거로 돌아가야 한다고 주장한다. 지난 세기 자유와 해방을 위한 그 모든 투쟁과 발전을 살펴보면 시계를 거꾸로 되돌리려는 집단이 언제나 존재한다. 어떤 이들은 계급이 엄격하고 분명하게 나뉘었던 사회로 돌아가길 원한다. 또 다른 이들은 세상의 변화를 무시한 채 사람들이 여전히 기관을 신뢰한다고 믿으며 기존 기관과 제도를 고수한다. 한편 자신의 상식이 보편적이고, 자신의 판단이 '중립적이고 객관적'이며, 자신의 사회적 비전이 '완벽하게 자연스럽고 필요한 것'처럼 가장하는 사람들도 있다. 심지어 자동차와 인터넷을 버리고 산속으로 들어가는 사람도 존재한다.

때로는 '불확실성이 없는 세상', 즉 비자발적으로 헌신해야 하는 세상으로 돌아가자는 주장이 반드시 과거로 회귀하자는 뜻이 아닐 수도 있다. '불확실성이 없는 미래로 가자.'라는 주장일 수도 있다. 시인 W. H. 오든^{W. H. Auden}은 "고통과 악이 없는 행복한 세상"을 꿈꾸는 사람들을 아르카디안^{Arcadians}과 유토피안^{Utopians}, 이렇게 두 부류로 나누었다. 아르카디안은 "시계를 뒤로 돌리려는" 사람들이다. 그들은 "현 세계의 문제가 아직 발생하기 전" 에덴동산을 꿈꾼다. 아르카디아에서는 누구도 헌신을 말할 필요가 없다. 모든 사람이 자신의 존재 방식에 꼭 들어맞기 때문에 자기가 어떤 방식으로 살고 있는지 스스로 인지하지도 못한다. 반면, 유토피안은 현 세계의 문제가 "마

I. 무한 탐색 모드

침내 해소된" "새로운 예루살렘"을 소망한다. 유토피아에서 역시 누구도 헌신을 말할 필요가 없다. 모든 사람이 새로운 질서 속에 주어진 자신의 역할에 매우 만족하고 몰두해서 그에 대해 생각할 필요조차 없다.

그러나 우리는 불확실성이 없는 과거로도, 미래로도 갈 수 없다. 그래서도 안 된다. 작가 마이클 바이스^{Michael Weiss}가 지적한 것처럼, 아르카디안은 자기만의 에덴동산에서 평화롭게 살기 위해 다른 이들의 고통을 무시하고 버려둔다. 그들이 고통의 원인이 되지는 않겠지만, 그들의 무관심은 고통을 악화할 것이다. "살아 숨 쉬는 인간" 대신 "예술과 아름다움"을 선택한 사람들이 어떻게 되겠는가? 예전 사회에서 편안하게 누리고 살았던 사람들은 과거를 갈망하기 쉽다. 그러나 그렇지 않은 사람들, 이전 체제에서 억압받고 속박당한 사람들은 과거를 향한 노스탤지어가 전혀 달갑지 않다.

이번에는 유토피안의 주장을 고려해보자. 이 세상에 모든 사람이 안락하게 들어맞을 수 있는 유토피아는 존재하지 않는다. 철학자 로베르토 웅거^{Roberto Unger}가 쓴 글에 따르면, 인간은 "인간의 맥락을 뛰어넘는다." 다시 말해서 그 어떤 사회적 방식도 모든 인간을 포용할 수 없다는 뜻이다. 임마누엘 칸트^{Immanuel kant} 역시 이에 동의했다. "인간은 휘어진 통나무와 같아서, 거기에서는 그 어떤 올곧은 것도 나올 수 없다."라고 말하면서 완벽한 질서가 불가능하다고 꼬집었다. 바이스에 따르면 유토피안은 해야 할 일들을 무시한 채 완벽함이라는 비전에 모든 사람을 억지로 끼워 넣는다.

"새로운 예루살렘에 도달하기 위해 기꺼이 피로 물든 강을 헤치고 건너갈 것이다."

그래서 우리는 아직도 해방-헌신의 림보에 발이 묶여있다. 거기서 태어났다는 이유만으로 내 정체성과 맞지 않는 방에 계속 갇혀 있을 수는 없다. 그러려면 융통성도 있어야 하고, 진짜 자아도 찾아야 하고, 새로움도 경험해야 한다. 그러나 영원히 복도에만 머물 수도 없다. 우리는 결정 마비, 아노미, 피상적인 삶이 아닌 그 이상을 원한다. 만약 우리가 지나치게 오랫동안 수많은 방과 복도 사이에서 방황하면, 마침내 결단을 내릴 때쯤에는 더 이상 전념할 세계가 남아 있지 않을지도 모른다. 늦은 밤, 술집에서 술을 마시고 있는데 나이 많은 바텐더가 다가와 말을 건넨다.

"이제 곧 문을 닫을 시간이야. 반드시 집으로 돌아가야 하는 것은 아니지만, 어쨌든 여기에는 머물 수 없네."

II

전념하기 반문화

5장 | 전념하기의 영웅

1863년 새해 자정, 노예 해방 선언Emancipation Proclamation이 선포됐다. 미국 노예제 폐지를 위해 수 세기 동안 이어진 투쟁이 마침내 공식적으로 막을 내린, 기념비적인 순간이었다. 수많은 노예해방운동가가 보스턴 뮤직홀에 모여 이를 축하했다.

시인 헨리 워즈워스 롱펠로Henry Wadsworth Longfellow와 랄프 왈도 에머슨이 행사 준비를 도왔다. 20년 전 롱펠로는 노예해방운동가들의 신념을 지지하기 위해 〈노예제에 관한 시Poems on Slaver〉를 발표했고, 이후 20년간 노예해방운동가들의 행사와 조직을 후원하고, 자유를 찾는 노예들에게 금전적 지원을 아끼지 않았으며, 노예제 폐지 입법을 위해 애쓰는 찰스 섬너Charles Sumner 의원을 도왔다. 한편 에머슨은

19년 전부터 노예제 폐지를 주장하는 강연을 시작했다. 본인이 공동 창립자로 있는 잡지 『아틀란틱The Atlantic』을 통해 대의를 진전시켰고, 공격적인 노예해방운동가 존 브라운John Brown을 콩코드에 있는 자택에 초대하기도 했다.

그날 밤, 갤러리에서 해리엇 비처 스토Harriet Beecher Stowe를 발견한 군중들은 손수건을 흔들며 "스토 부인! 스토 부인! 스토 부인!"을 외쳤다. 군중들의 환호 속에서 그녀는 (어느 기자가 관찰한 바에 따르면) "기쁨과 흥분으로 환하게 빛나는" 얼굴로 난간을 향해 걸어가서 고개 숙여 인사하고 눈가에서 눈물을 닦아냈다. 그녀는 약 10년 전, 18세 아들을 콜레라로 잃은 후 소설 『톰 아저씨의 오두막Uncle Tom's Cabin』을 썼다. 노예해방운동가들에게 가장 큰 영향을 준 책이었다.

노예해방운동가이자 언론인 윌리엄 로이드 개리슨William Lloyd Garrison도 그곳에 있었다. 32년 전, 그는 노예해방운동 공동체의 회보 역할을 한 주간지 『해방자The Liberator』를 발간하기 시작했다. 창간호에서 그는 자신의 사명을 크고 명확하게 선언했다.

"나는 얼버무리지도, 변명하지도 않을 것이며, 단 한 걸음도 물러서지 않겠다. **모두의 귀에 내 목소리가 들릴 것이다.**"

그리고 그의 선언은 현실이 되었다. 1860년대에 이르자 『해방자』는 주 의회 의사당, 주지사의 저택, 의회 사무실 그리고 마침내 백악관에까지 전해졌다. 편집자로 일하는 동안 개리슨은 반대하는 무리의 공격을 받기도 하고, 여러 주에서 기소되었으며, 상류사회에서도 배제되었다.

그러나 그날의 보스턴 뮤직홀에는 축하의 공기만 가득했다. 에머슨은 그날을 위해 쓴 시를 낭독했고, 합창단은 멘델스존의 〈찬양의 노래Hymn of Praise〉와 헨델의 〈할렐루야 합창Hallelujah Chorus〉를 불렀다. 한 블록 아래에 있는 트레몬트 템플 침례교회에서도 기념식이 진행됐다. 사회를 맡은 윌리엄 쿠퍼 넬William Cooper Nell은 "대서양에서부터 태평양에 이르기까지, 채찍을 휘두르는 폭군도, 쇠사슬을 찬 노예도 찾아볼 수 없을 것이다."라고 선포했다. 약 40년 전, 넬의 아버지는 매사추세츠유색인종협회Massachusetts General Colored Association를 창립하는 데에 일조했다. 그로부터 20년 후에는 넬이 아버지의 뒤를 이어 도망친 노예들을 돕고 탈주노예법Fugitive Slave Act을 반대하기 위해 뉴잉글랜드 노예해방협회New England Freedom Association 설립을 도왔다. 그곳에는 찰스 베넷 레이Charles Bennett Ray 목사도 있었다. 그는 30년 전부터 노예해방운동에 뛰어들어 언더그라운드 레일로드Underground Railroad(미국 남부에서 도주한 노예들이 북부로 탈출하는 것을 돕기 위해 결성된 비밀 조직_역주)를 홍보하고, 또 다른 노예해방운동 신문인 『컬러드 아메리칸Colored American』의 편집자로 일했다.

그날 밤의 마지막 연사는 프레더릭 더글러스Frederick Douglass였다. 그는 24년 전에 노예 신분에서 도망쳤다. 이후 수십 년간, 세계적인 명성을 가진 목사이자 여러 노예해방운동 협회의 지도자로 활동했다. 또한, 주간지 『해방자』에 글을 기고하고, 신문 『노스 스타The North Star』를 창간했으며, 에이브러햄 링컨 대통령을 비롯한 여러 정치인에게 로비 활동을 펼쳤다. 더글러스의 연설은 환희에 찬 "아멘!", "주님을 찬양합니다!"라는 외침에 때때로 중단되었다. 그는 미국이 오랫동안 견뎌온 "어둠의 시간"이 마침내 "빛의 여명"에 이르렀다고 말했다.

사람들은 노예제 폐지가 진짜로 발표되는지를 확인하기 위해 전신국을 오갔다. 더글러스는 "8시, 9시, 이윽고 10시가 넘어갔지만, 여전히 아무 이야기도 나오지 않았습니다."라고 기록했다. 링컨이 그의 약속을 번복할까 봐 걱정하는 사람들이 생기기 시작했다. 그러나 바로 그때 누군가가 달려오며 "지금 나오고 있어요! 지금 방송되고 있어요!"라고 소리쳤다. 곧 링컨의 목소리가 크게 울려 퍼졌다.

"나는 노예 상태에 있는 모든 사람이... 지금 이후로는 자유의 몸이 되었음을 지시하고 선포한다."

군중들은 뜨겁게 환호했다. 훗날 더글러스는 이때를 회상하며 "웅장하고 격렬한" 장면이었다고 묘사했다. 사람들이 모자를 하늘 높이 던져 올렸다. 내부 분열로 갈라졌던 오랜 적들도 서로를 얼싸안았다. 더글러스의 친구가 자신이 제일 좋아하는 찬송가를 부르기 시작하자 사람들도 이내 따라 불렀다.

"이집트의 어두운 바다 너머로 크게 탬버린을 쳐라. 여호와가 승리했으니 그의 사람들은 자유로다!"

자정이 되자 사람들은 뮤직홀을 박차고 나가 열두 번째 침례교회Twelfth Bapist Church를 향해 행진을 시작했다. '탈주 노예들의 교회The Fugitive Slave Church'로 불리던 그곳은 오랫동안 보스턴 언더그라운드 레일로드의 중심지 역할을 했다. 기쁨의 열기는 새벽이 될 때까지 식지 않았다. 수십 년간 피땀 흘린 노예해방 운동가들의 노력이 마침내 빛을 발했다. 인류를 위한 승리의 순간이었다.

"어쩔 수 없지 뭐."라는 말을 종종 듣는다. 노력해봤자 아무것도 바뀌지 않으며, 우리가 할 수 있는 일도 없다는 뜻이다. 그러나 이 말은 틀렸다. 1863년 새해에 보스턴에서 일어난 일은 우리가 무언가에 헌신하면, 다시 말해서 오랜 기간 무언가를 밀어붙이고, 내가 가진 다양한 재능을 거기에 쏟아붓고, 주의가 흐트러지거나 불확실한 결과에 불안해져 지치고 의지가 흔들릴 때마다 그러한 위협을 이겨낼 수 있다면, 우리도 언젠가는 승리할 수 있음을 보여준다. 우리 시대의 사명에 스스로 헌신할 수 있다면, '전념하기의 영웅'이 되기 위해 꾸준히 전념할 수 있다면, 오랫동안 꿈꿔온 승리를 만끽하는 순간을 우리라고 맞이하지 못할 이유는 없다.

할리우드식 '용 죽이기'

청년들은 대개 무언가 크고 대단한 일에 헌신하길 원한다. 대의를 위해 나서서 "이름을 날리는" 영웅이 되고, 따분한 일상 따위는 뒤로한 채 거침없이 새로운 모험을 찾아 나서는 로맨틱한 상상을 꿈꾼다. 이러한 충동은 무한 탐색 모드도 아니고, 비자발적인 헌신도 아닌, 제3의 길로 우리를 인도할 수 있다. **자발적 전념하기**의 길이다. 방 하나를 선택해서 복도를 떠난다. 비자발적 헌신에서 벗어나 스스로 헌신을 결심한다. 이곳저곳을 탐색한 후에 하나를 골라 거기에 전념한다.

그러나 '자발적 헌신'이라고 하면 지나치게 위대하고 용감한 순간을 떠올리는 사람들이 많다. 할리우드 영화는 극적인 용 죽이기 장면을 연출함으로써 그렇게 해야 진정한 헌신인 것 같다는 인상을 남긴다. 요즘 젊은이들은 자기만 안다는 평이 많지만, 내 생각은 좀 다르다. 나는 우리가 타인과 공동체를 위해 얼마든지 싸울 준비가 되어 있다고 생각한다. 단, 조건이 있다. 우리가 싸워야 할 용이 이례적인 순간에 이례적인 형태로 나타나야 한다는 것이다. 만약 강도가 집에 침입하면 망설임 없이 가족을 지킬 것이다. 내가 일하는 가게에 이상한 사람이 와서 행패를 부리면 여기서 나가라고 단호하게 말할 것이다. 중대한 문제에 맞서는 시위가 일어나면 분연하게 거기에 합류할 것이다.

ABC 방송에서 존 퀴노니스John Quiñones가 진행하는 《당신이라면 어떻게 하시겠습니까? What Would You Do?》를 본 적이 있을 것이다. 가게, 식당, 길거리 등에 몰래카메라를 설치한 후, 윤리적으로 문제가 될 만한 장면을 연출해서 행인들의 반응을 시험하는 프로그램이다. 예를 들어, 배우들이 술이나 담배를 대신 사달라고 부탁하는 미성년자, 다른 손님에게 인종 차별적 발언을 하는 식당 종업원, 마트 계산대에 줄을 선 가난하고 배고픈 가족 등을 연기한다. 행인들이 상황에 개입할지, 아니면 모르는 척할지 망설이는 모습을 보면서 신청자들도 함께 고민한다.

"나라면 어떻게 할까?"

이처럼 할리우드식 '용 죽이기'는 "나라면 어떻게 할까?"에 기반을 둔 행위다. 매우 특별하고 이례적인 순간에 행동함으로써 자발적 헌신을 발휘하는 것이다. 셰익스피어의 명언이 떠오른다

"태어나면서부터 위대한 사람도 있고, 노력해서 위대한 사람이 될 수도 있고, 위대함을 억지로 떠안은 사람도 있다."

우리가 헌신할 준비가 됐다는 것은 위대함을 떠안을 준비가 됐다는 뜻이다. 용이 나타나기만 해봐라. 내가 용감하게 나서서 죽일 거야!

그러나 할리우드식 '용 죽이기'에는 문제가 있다. 현실에서는 그렇게 극적인 순간이 닥쳐도 실제로 우리가 상황을 뒤집기 어렵다. 완벽한 타이밍의 감동적인 연설도 전체 여론을 바꾸지 못한다. 대규모 집회나 파업도 크게 도움이 되지 않는다. 힘든 시간을 겪고 있는 아이 곁에서 얼마든지 울어도 된다고 다독이는 장면(당신의 머릿속에서는 따뜻한 현악기 연주가 흐른다)이 아이의 문제를 해결해주지는 않는다. 악당을 잡아 감옥에 넣는다고 해서 공동체가 치유되는 것도 아니다. 빗속에서 불러주는 사랑 노래가 연인과의 관계를 안전하게 지켜주지는 않는다.

전부 같은 입장을 가진 사람들 사이에서 일어나 "저는 대통령님의 의견에 반대합니다!"라고 외치고 박수갈채를 받는 것이 헌신이라면, 정의의 기사가 되지 못할 사람은 없으며, 그 용기도 그리 가치 있지 않을 것이다. 대표적인 예가 트위터다. 트위터 속에서는 매시간, 그것도 너무 쉽게 용을 베어버릴 수 있다. 그렇게 함으로써 그 모든 노력이 얼마나 헛된지 보여줄 뿐이다. 할리우드식 '용 죽이기'는 싸구려다.

현실 속의 용 죽이기

진정한 변화는 할리우드식 '용 죽이기'와 달리 시간이 걸린다. 관계를 맺는 것도, 망가진 관계를 회복하는 것도 긴 시간이 필요하다. 이

Ⅱ. 전념하기 반문화

방인을 이웃으로, 공간을 장소로 바꿔서 공동체를 이루는 것도, 분열된 공동체를 치유하는 것도 마찬가지다. 기관을 세우는 것도, 부패한 기관을 되살리는 것도 오랜 시간이 걸리는 일이다. 원하는 결과를 즉시 얻을 수 있는 완벽한 청사진 같은 것은 존재하지 않는다. 변화의 과정은 느리고 유기적이다. 빠르고 기계적인 것과는 거리가 멀다.

정치적 변화는 특히 더 긴 시간이 필요하다. 막스 베버^{Max Weber}의 말처럼 "정치는 단단한 나무에 구멍을 내는 것처럼 강하고 느리다." "감히 떠올리지도 못할" 생각을 "떠올릴 수는 있지만 비주류적인" 생각으로 바꾸고, 그것을 다시 "논의해볼 만한" 생각에서 "대중적인" 생각으로 바꾸어서, 결국에 "모두가 동의하는" 생각으로 만드는 과정은 더디고 고되다. 이런 말이 있다.

"처음에 사람들은 당신을 무시할 것이고, 다음에는 비웃을 것이며, 다음에는 싸울 것이다. 그리고 비로소 당신은 승리할 것이다."

하나의 단계만 해도 오랜 시간이 걸린다.

그리고 이와 같이 특정 신념이나 사람, 기술, 공동체와 관계를 형성하고 유지하는 길을 가로막는 용은 영화 속에 등장하는 용과 전혀 다르다. 진짜 현실에서 만나는 용은 훨씬 교활하고 무섭다. 제일 먼저 등장하는 용은 우리가 전념하기로 결단하지 못하게 막는 두려움이다. 무언가에 전념했다가 나중에 다른 것에 전념하지 않은 것을 후회할까 걱정하는 **'후회에 대한 두려움**^{fear of regret}**'**, 무언가와 깊게 관계를 맺으면 자신의 정체성, 평판, 통제감이 위협받을까 걱정하는 **'유대에 대한 두려움**^{fear of association}**'**, 헌신으로 인한 책임감 때문에 그 밖의 다른 것들을 경험하지 못할까 걱정하는 **'고립에 대한 두려움**fear of missing out'**이 바로 현실 속 용들이다.

그리고 헌신의 결단을 가로막는 용뿐만 아니라, 전념하기를 지속하는 데에도 여러 위협이 뒤따른다. 현실 속 용은 만화에 나오는 악당보다는 일상에서 마주하는 지루함, 유혹, 결실의 불확실성(과 그로 인한 불안)에 더 가깝다. 이들은 오랫동안 한결같이 전념하는 능력을 갉아먹는다.

한편 이러한 현실 속 용들을 물리치는 영웅은 오랜 시간 묵묵히 변화를 만드는 사람들이다. 전념하기의 영웅들은 두려움을 극복하고 위협을 이겨내며 꾸준히 헌신한다. 이들의 헌신은 노예해방선언처럼 역사적인 성취를 이뤄내기도 하지만, 수없이 많은 사소한 성과 중 하나에 그칠 수도 있다. 개혁가 제이콥 리스Jacob Riis는 다음과 같이 말했다.

"바위를 두드리는 석수를 보아라. 100번을 두드려도 실금 하나 가지 않다가 101번째 망치질을 하는 순간 바위가 쩍 하고 둘로 갈라진다. 그러나 이는 101번째 망치질의 결실이 아니라, 지금까지 두드린 100번의 망치질이 있었기에 가능한 일이다."

포크송 가수 피트 시거Pete Seeger는 시소에 비유했다. 시소 한쪽에는 커다란 바위들이 잔뜩 올려져 있고, 다른 한쪽에는 빈 바구니만 놓여 있다. 몇 안 되는 사람들이 와서 빈 바구니에 한 숟가락씩 모래를 채운다. 나머지 사람들은 꿈쩍도 하지 않는 시소를 보며 코웃음 친다. 그러다가 어느 날 갑자기 시소 전체가 반대로 기울어진다. 이처럼 변화는 조금씩 조금씩 나타나는 것이 아니라 한꺼번에 느닷없이 찾아온다. 사람들은 "어떻게 그렇게 갑자기 변화가 일어났죠?"라고 물을 것이다. 물론 그 답은 전념하기의 영웅들이 수년에 걸쳐 한 숟가락씩 모래를 채웠기 때문이다.

전념하기의 역사

역사는, 내 힘으로는 아무것도 달라지지 않으리라는 생각을 거부하고, 그러나 변화는 시간이 오래 걸린다는 사실을 이해한 사람들의 헌신으로 가득하다. 헝가리 의사 이그나스 젬멜바이스Ignaz Semmelweis는 손 씻기가 질병의 확산을 막는다는 사실을 알리는 데에 20년을 바쳤다. 그는 끊임없이 무시당하고, 해고되고, 공격받고, 극단론자라는 비난을 받으면서도 주장을 굽히지 않았다. 결국에는 19세기 공중보건의 아이콘으로 인정받았으며, 지금은 그의 이름을 딴 대학교, 병원, 동전, 심지어 행성까지 있다.

지미 카터 대통령과 기니 벌레guinea worm 이야기도 역사 속 전념하기의 한 예다. 카터는 더 높은 위치에 오르는 것을 목표로 생애 초반 50년을 보냈다. 그러나 1980년 11월 대통령 재선에 실패하면서 그의 꿈은 전부 무너졌다. 은퇴 후 과거의 명성에 기대어 살면서 국민의 삶을 외면할 수도 있었지만, 카터는 몇 가지 단순한 대의에 헌신하는 멀고도 험한 길을 떠나기로 결단했다. 그중 하나가 기니 벌레로 인한 질병을 박멸하는 것이었다. 당시 기니 벌레 병은 연간 350만 명의 피해자를 낳았고, 엄청난 고통을 일으켰으며, 국제적 빈곤을 악화했다. 그것은 요란한 문제도 아니었고 즉각적인 관심을 끌지도 못할 일이었지만, 질병은 끔찍했고 해결 가능성도 없지 않았다. 카터 재단의 노력 덕분에 오늘날에는 기니 벌레 병이 인간에게 발병하는 사례가 매년 50건도 되지 않는다. 이제 90대에 들어선 카터에게 바라는 꿈이 있는지 묻자 그는 이렇게 답변한 것으로 유명하다.

"내가 죽기 전에 마지막 기니 벌레가 먼저 죽길 바라오."

참정권 운동가들 역시 전념하기의 영웅이었다. 1848년 7월 뉴욕에서 10대 소녀 샬롯 우드워드 피어스Charlotte Woodward Pierce는 친구 6명과 함께 마차를 타고 세네카 폴스 컨벤션Seneca Falls Convention으로 향했다. 그곳에서 미국 역사상 최초로 여성의 권리를 주장하는 컨벤션이 열렸다. 그중 가장 뜨겁게 논의된 사안은 여성의 투표권을 지지할 것인가 하는 문제였다. 놀랍지 않은가? 미국에서 가장 급진적인 페미니스트들이 모인 자리인데도 여성이 투표에 참여한다는 발상에 찬반이 나뉘다니! 그러나 피어스를 포함한 참석자들은 여성 참정권을 위해 길고도 고된 투쟁에 나서기로 했다. 수십 개의 단체가 수백 권의 책과 신문을 출간하고, 수천 번의 캠페인을 벌이고, 수만 번의 시위를 하고, 수십만 통의 탄원서를 쓰고, 수백만 번의 설득 끝에 무려 72년 만에야 한때는 감히 생각조차 하기 어려운 발상이 법으로 제정됐다. 헌법 수정 제19조가 비준되던 당시, 세네카 폴스 컨벤션에서 감성선언서Declaration of Sentiments에 서명한 피어스의 동료들은 모두 사망한 후였다. 그들의 노력이 열매 맺는 것을 본 것은 피어스뿐이었다. 변화는 이렇게나 오랜 시간이 소요된다. 하지만 언젠가는 반드시 일어난다.

시선을 좀 더 작은 지역 단위로 옮겨봐도 한 가지 목표를 위해 오랫동안 전념한 영웅들을 발견할 수 있다. 1920년대 뉴멕시코 샌타페이에서 공립학교 교육감을 맡은 니나 오테로-워렌Nina Otero-Warren은 시골에 있는 히스패닉이나 아메리칸 원주민 출신 학생들의 교육 환경을 개선하기 위해 노력했다. 낡고 망가진 학교를 수리하고, 교사들의 급여를 인상했으며, 고등학교와 성인 학습 프로그램을 시작하고, 아메리칸 원주민 교육에 더 많은 자금을 투자하도록 연방 정부를 압박했다. 또한, 샌타페이 지역의 학교가 미국, 스페인(히스패닉), 인디언(아메리카 원주민) 문화를 복합적으로 끌어안을 수 있도록 스페인 및 인디언 문화의 예술, 기술, 문학, 관습을 포함해서 커리큘럼을 마련했다. 각종 위원회와 여성 단체에 가입했고, 샌타페이의 여러 이익 단체와 파벌 사이를 중재해서 타협안을 끌어냈다. 샌타페이와 타오스의 역사적 건축물을 보존하는 일에도 힘썼으며, 지역 문화와 환경을 널리 알리기 위해 사우스웨스트의 아름다움에 관한 글을 써서 잡지에 싣기도 했다. 그녀의 삶에 영화 같은 순간은 없었다. 그저 수십 년 동안 꾸준히 공동체를 위해 일했을 뿐이었다. 역사의 구석구석을 살펴보면 오테로-워렌과 같은 사람들이 수천수만 명이 존재한다.

노예제 폐지 이후 이어진 흑인 인권 운동도 전념하기 영웅들의 작품이다. 1892년 봄, 아이다 B. 웰스Ida B. Wells는 친구가 백인들에게 린치(사적 제재)를 당해 사망하는 일을 겪은 후, 린치에 대해 체계적으로 조사하기 시작했다. 같은 해 가을, 그녀는『남부의 공포: 모든 양상의 린치Southern Horrors: Lynch Law in All Its Phases』라는 책자를 발간했다. 이후 웰스는 영국과 미국 각지에서 강연하며 같은 뜻을 가진 사람들을 모았다. 순회 중에도 그녀는 자신의 주장을 심화하기 위해 계속해서 린치 사례를 조사했고, 1895년 저서『붉은 기록: 미국 내 린치에 관한 통계 및 알려진 원인A Red Record: Tabulated Statistics and Alleged Causes of Lynchings in The United States』을 출판했다. 이 책은 미국 최초의 근대적 자료 기반 저널리즘 중 하나로 알려져 있다. 그녀는 린치가 경제 발전에 무질서한 위협이 된다고 주장하면서, 린치 반대법이 제정되기 전까지는 남부와 거래하지 말아야 한다고 북부 및 외국 투자자들을 설득했다.

웰스는 반대 세력에 맞서는 것에서 그치지 않고 동맹 세력에도 압박을 가했다. 새로 설립된 NAACP(전미유색인종지위향상협회National Association for the Advancement of Colored People)에 린치 반대법을 정책상 우선순위에 두어야 한다고 강하게 요구했으나, 단체가 충분한 행동을 취하지 않자 거리를 두었다. 정계 외부에서 펼치는 로비에 한계를 느낀 웰스는 1920년대 말, 직접 일리노이주 상원의원으로 나섰다. 나이가 들면서 예전만큼 공격적인 활동이 힘들어지자 그녀는 자서전을 집필하여 젊은이들에게 흑인 인권 운동을 알리려고 노력했다.

그녀의 첫 번째 책자가 발간된 지 25년 후, 마침내 의회가 린치 반대법을 논의하기 시작했고, 다시 3년이 흐른 후에야 대통령이 긍정적인 반응을 보였다. 주 정부와 지방 정부가 이 문제를 좀 더 심각하게 다루기 시작하자 린치는 1920년대 전반에 걸쳐 급격하게 감소했다. 수십 년간 글을 쓰고, 연구하고, 설득하고, 순회하고, 자신의 주장을 다듬고, 관련 자료를 찾고, 다양한 방안을 모색하고, 여러 동맹 세력과 반대 세력을 압박하고, 다수의 전선에서 캠페인을 벌인 끝에, 결국 웰스는 승리를 거머쥐었다.

마틴 루서 킹 주니어의 극적인 용 죽이기 순간은 다들 기억할 것이다. 마음을 울리는 연설과 두려움 없이 맞서는 태도는 그야말로 한 편의 영화나 다름없었다. 그러나 그 순간에 이르기까지 그가 견뎌온 시간과 노고를 기억하는 사람은 많지 않다. 저서『자유를 향한 발걸음Stride Toward Freedom』에서 킹은 몽고메리 버스 보이콧 사건을 회고하면서 공동체의 신뢰를 얻고, 지역 단체에 합류하고, 끝없는 회의를 통해 연합하고, 공공 집회를 계획하는 등 너무나도 지루하고 평범하고 반복적인 일에 얼마나 많은 시간을 쏟았는지 분명하게 밝혔다.

사람들이 종종 간과하는 것이, 킹은 애초에 어느 침례교회의 목사로 부임하여 몽고메리로 온 것이었다. 부임 초기 그의 일상은 각종 교회 공동체(종교교육 위원회, 사회봉사 위원회, 장학기금 모으기 위원회, 문화생활 위원회 등등)를 조직하는, 재미와 영 거리가 먼 작업으로 채워졌다. 결혼식과 장례식을 진행하고, 예배를 준비하고, 아픈 사람들을 방문하고, 회의에 참석했다.

"나는 이러한 회의를 매주 5~10개씩 소화했고, 내 이른 저녁 시간은 거의 언제나 이와 같았다."

그렇다면 킹이 보이콧을 이끌었다는 생각은 어디에서 비롯된 것일까? 왜냐하면 보이콧 사건이 일어나기 전 몇 달 동안 킹이 여러 지역 단체의 회의에 참석했기 때문이다. 먼저 그는 NAACP 지부에 가입해서 자금 모으는 일을 도왔다. 앨라배마인간관계협의회Alabama Council on Human Relations에도 합류했다. 다양한 인종의 목사들이 모여서 앨라배마에서 일어나는 인종 차별을 바로잡으려는 모임이었다. 또한, 지역 지도자들끼리 연합하기 위해 형성된 모임인 시민조정위원회Citizens Coordinating Committee 회의에도 참석했다. 보이콧 사건에서 우리가 아는 부분, 즉 '로자 파크스Rosa Parks가 버스에서 백인 구역에 앉았고 공동체가 들고 일어났다.'라는 내용은 전체 이야기에서 가장 중요한 부분을 생략한 것이다. 파크스와 킹과 그 밖의 사람들은 보이콧 사건이 일어나기 전부터 흑인 인권을 위해 지역 단체들에서 지속하는 노력을 꾸준히 해왔다. 파크스의 용기 있는 행동이 시발점이 된 것은 맞지만, 오랫동안 모아온 불쏘시개가 없었다면 불꽃은 절대 일어날 수 없었다.

그리고 실제로는 여기에 더해서 보이콧을 지속하게 한 회의, 그리고 그 회의를 주최한 협력 기구들을 구성하기 위한 회의, 그리고 그 협력 기구들을 구성한 단체들이 만들어지기까지 진행된 회의도 포함해야 한다. 킹이 담당한 덱스터 애비뉴 침례교회Dexter Avenue Baptist Church의 신자들이 정치적으로 개입할 준비가 되어있었던 유일한 이유는 전임 목회자 버논 존스Vernon Johns가 수년간 그들을 체계적으로 활성화해왔기 때문이다. 여성정치연맹Women's Political Council이 킹에게 협력할 수 있었던 유일한 이유는 9년 전 41명의 여성이 모여서 연맹을 설립했기 때문이다. 국제벽돌공조합International Union of Bricklayers 지부에서 킹에게 사무공간을 내줄 수 있었던 유일한 이유는 벽돌공들이 조합 회관을 세우고 40년간 유지해왔기 때문이다. 직접 칼을 뽑아 용의 목을 벤 것으로 알려진 로자 파크스 역시 알고 보면 전념하기의 영웅이었다. 체포 당시 그녀는 이미 10년째 NAACP 몽고메리 지부에서 서기를 맡고 있었다.

버스 보이콧은 장장 381일간 계속됐다. 어떤 극적인 사건을 계기로 격렬하게 반발하는 행위를 일주일 정도 유지하는 것은 그리 어렵지 않다. 그러나 13개월간 같은 행위를 유지하려면 감정적인 분노 이상의 무언가가 필요하다. 그것이 바로 헌신이다. 1940년대 시민 평등권 운동가 엘라 베이커Ella Baker는 팀 본부에 보내는 보고서에 이렇게 기록했다.

"저는 작은 교회에서 열리는 야간 회의에 참석하기 위해 지금 떠나야 합니다. 이러한 회의들은 즉각적인 보상이 보장되지 않아 우리를 지치게 하지만, 가장 기초적인 작업의 하나인 만큼, 해야 할 일을 해야지요."

씨를 뿌리기 전에 땅을 가는 것은 전념하기의 전부나 다름없다.

1950년대와 60년대에는 시민 평등권 운동이 일어났다. 그를 위해 낯선 도시로 파견되는 사람들이 있었는데, 도리스 크렌쇼Doris Crenshaw도 그중 한 사람이었다. 이상과 신념을 위해 그녀는 자신의 후원자 외에는 아무도 알지 못하는 새로운 도시에 발을 디뎠다. 기초 작업은 이때부터 시작된다. 하나씩 하나씩 회의를 진행하면서 평등권이라는 씨앗을 심을 땅을 키워나간다. 조금씩 진전이 있을 때마다 그녀는 힘을 얻었다. "두 명이 모였다가 두 명이 더 모이면" 그때부터 시작이었다.

"예수도 제자가 12명뿐이었어요. 그저 계속 나아갈 뿐이죠... 그건 전력 질주가 아니라 장거리 마라톤이랍니다."

예전에 시민 평등권 운동의 전설적인 순교자 메드가 에버스Medgar

Evers의 집에 방문한 적이 있다. 그의 집 앞에는 다음과 같은 안내판이 서 있었다. '메드가와 멀리 에버스Myrlie Evers는 자녀 대럴Darrell과 리나Reena와 함께 1955년에 이 집으로 이사했다. 메드가가 NAACP 미시시피 지부 최초의 총무가 된 후였다... 1963년 6월 12일 자정을 막 넘긴 시각, 그는 회의에서 돌아오던 길에 암살당했다.'

우리가 에버스를 용감한 영웅으로 기억하는 이유는 그가 자신의 신념을 위해 죽었기 때문이다. 그러나 안내판의 마지막 문장, 에버스가 '회의에서 돌아오던 길에' 죽었다는 사실을 간과해서는 안 된다. 삶에 대의와 신념을 부여하는 것은 숭고하다. 그러나 일상에 대의와 신념을 부여하는 것은 그보다 더 숭고하다.

6장 | 반문화 둘러보기

어느 술집에서 다음과 같은 문구가 걸려 있는 것을 본 적이 있다.

"죄책감: 유대인이 만들고 가톨릭이 완성한 것."

나는 이것이 우리 가족에게 잘 들어맞는 문장이라고 생각한다. 나는 가톨릭과 유대인의 핏줄을 이어받았으며, 나쁜 일에 책임을 느끼는 태도를 중시하는 가정환경에서 자랐다. 오늘날에는 'implicated(나쁜 일에 연루된)'가 'guilty(유죄의)'와 단순 동의어로 쓰이지만, 옛날에는 'folded in(말려든)' 또는 'entwined(뒤얽힌)'라는 뜻으로 쓰였다. 때때로 우리 집에서는 예전 의미의 '연루'가 현대적 의미의 '죄책감'으로 나타났다. 거기에는 내가 혹시 다른 사람들에게 잘못을 범하고 있는 것은 아닌지 염려하는 마음이 깃들어있었다. 그러나 그것은 대부분 강박적인 죄책감이라기보다는 나를 둘러싼 세상과 사람들을 향한 책임감에 가까웠다. 가장 고상한 형태의 죄책감은 랍비 아브라함 조슈아 헤셸Abraham Joshua Heschel이 "악에 대한 무관심은 악 그 자체보다 나쁘다. 자유 사회에서 실제로 죄를 짓는 사람은 일부 지만, 그 책임은 모두에게 있기 때문이다."라고 말한 것과 일맥상통한다.

우리 할머니 클라라 르위 거빈스는 일리노이주 리버사이드에서 가장 오래된 거주민이었다. 그녀는 1920년대부터 2000년대까지 대학생 때와 2차 세계대전 때만 빼고 무려 80년간 그곳에서 생활했다. 그동안 7명의 자녀를 키웠고, 가톨릭 지역 교구, 지역 시민단체, 지역 민주당에서 활동했다. 수십 년간 레지오 마리애Legion of Mary의 지역 단원으로 있으면서 도움이 필요한 이웃 가정을 수백 번 방문했고, 엘리너 루스벨트Eleanor Roosevelt의 영향을 받아 국회의원들에게 수백 통의 편지를 쓰며 칭찬과 비판과 조언을 아끼지 않았다.

그녀의 아버지 존 C. 르위는 판사이자 마을의 시민 지도자였다. 훗날 우리 가족은 판사 르위가 1950년대 후반에 며느리에게 사람들이 너무 "사소한 일에 몰입하느라" 사회 문제에 무관심하다고 걱정하는 내용의 편지를 쓴 것을 발견했다.

"정치는 '그들'만의 일이 아니라 '우리'의 일이기도 하다. 따라서 모두가 각자의 역할에 성실하게 임해야 한다."

르위는 이렇게 적었다. 이후 꽤 많은 지면을 할애해서 매카시즘McCarthyism(1950년대 미국의 극단적이고 초보수적인 반공주의 열풍_역주)이 "프랭클린 루스벨트가 이루어낸 모든 것"을 망치고 있다고 비난한 다음, 다음과 같이 편지를 끝맺었다.

"이웃의 생각이 너와 다르다고 해서 분노하지 말아라. 논리적으로 설득하려 노력하되, 어떠한 상황에서도 참고, 인내하고, 다정하게 해라. 결국에는 그들의 인정을 얻게 될 거란다."

지역에 대한 애정, 정치적 가치에 대한 헌신, 한결같은 이웃 사랑 등의 품성은 어머니에게로 이어졌다. 어머니는 아이들과 학생들을 위해 일하는 한편, 나와 누나가 '공장'이라고 부르곤 했던 일도 계속했다. 온종일 틈만 나면 사람들에게 나눠줄 선물을 만들었는데, 아기들을 위한 뜨개 모자, 길 아래편 학교에 줄 미술 놀이 키트, 힘든 시기를 보내고 있는 동료들에게 선물할 브라우니, 우리가 재미있어 할 만한 신문 기사 스크랩, 친구들이 좋아할 만한 시 모음 등 종류도 다양했다. 어찌 보면 사소한 것들이지만, 어머니가 전한 애정과 격려는 단 한 순간도 사소하지 않았다. 한편 어머니는 거침없이 의견을 내는 능력과 이해심 있게 경청하는 능력을 모두 갖춘 보기 드문 사람이었다. 그녀의 생각에 동의하지 않는 이웃들조차도 그녀의 열린 마음과 공감하는 귀는 거부하지 못했다.

아버지는 유대인 이민자의 아들로 태어나 피츠버그의 이스트엔드 지역에서 자랐다. 어린 시절 그의 행복한 추억거리 중 하나는 엠마 카우프만 캠프였다. 엠마 카우프만 캠프는 한 지역 재력가가 도심에 사는 가난한 유대인 아이들을 위해 만든 여름 캠프였다. 아버지는 처음에 캠프 참가자로, 그다음에는 주방 보조로, 그다음에는 카운슬러로, 그리고 마침내 캠프 관리자로 10년이 넘게 그 일에 참여했다. 캠프 관리자는 일종의 사회복지사에 해당했으므로 그는 사회복지 업무가 배우고 싶었다. 그래서 1960년 안티오크 대학Antioch College에 처음 들어갔을 때도 '사회복지 업무'와 가장 비슷한 사회학을 전공했다.

1960년대 초반에 안티오크 대학에 다닌 것은 매우 특별한 시민적 경험을 제공했다. 총학생회장의 말을 빌리면, 안티오크 학생회는 "인도적인 대의와 인류 문제 해결을 선도하고자 기꺼이 관습에 도전하려는 의지가 있으며" 그 사실에 자부심을 느꼈다.

"인류를 위한 승리를 얻기 전까지는 죽기를 부끄러워하라."

이는 창립자 호러스 맨Horace Mann으로부터 유래한 학교 이념으로, 안티오크 대학의 인재상을 명확하게 보여준다. 게다가 마틴 루서 킹 주니어가 아버지의 졸업식 연사였다(킹의 아내 코레타 스콧Coretta Scott이 안티오크 동문이었다). 킹은 1965년 안티오크 대학 졸업식에서 "세계적인 시각을 개발"하고 불평등에 "신성한 불만"을 가지라고 요구했다.

아버지가 졸업 직후에 쓴 편지를 발견한 적이 있는데, 거기서 그는 "20세기 인류의 위기에 아주 작게나마 영향을 미칠 수 있는 것"이 목표라고 밝히고 있었다. "세계적인 시각"을 개발하라는 킹의 요구에 따라 아버지는 행동하는 운동가이자 인류학자가 되어 비영리 단체를 설립하고, 책과 보고서를 쓰고, 집단 간 연계를 모색하고, 토착민 공동체가 그들의 삶을 통치하는 권력체에 더 큰 목소리를 내도록 돕는 일에 앞장서면서 50년의 세월을 보냈다. 10년 전 아버지가 세상을 떠난 후 그의 친구들로부터 편지가 쏟아졌다. 너무 많은 사람이 아버지를 indefatigable(포기할 줄 모르는)'이라고 표현해서 단어 뜻을

II. 전념하기 반문화

찾아봤던 기억이 난다. 그러나 어린 시절 내가 아버지의 일에 대해 알았던 전부는 20년간 수도승 같은 일상을 지속하는 모습뿐이었다. 매일 아침 같은 시간에 일어나 언제나 똑같이 통곡물 시리얼을 먹던 모습, 손에 펜을 들고 이런저런 기록을 넘겨보면서 중요한 부분에 밑줄을 긋고 여백에 메모를 남기던 모습, 세계 곳곳으로 출장을 갈 때마다 항상 똑같은 방식으로 짐을 챙기고 풀던 모습 등. 당시 나는 어려서 아버지가 정확히 어떤 일을 하는지 몰랐지만, 그런 나조차도 그 일의 한결같음만큼은 분명히 이해하고 있었다.

한편 나는 버지니아주 폴스 처치에서 자랐는데 그곳 역시 정체성이 분명했다. 폴스 처치는 소규모 학교 시스템과 (특히 아이들을 위한) 풍부한 시민 생활을 갖추고 있었다. 보이스카우트와 걸스카우트, 환경보호 활동, 유소년 축구와 토요일 아침마다 열리는 리틀리그, 매주 목요일마다 집 앞에 놓이던 『폴스 처치 뉴스』, 10월의 가을 축제, 5월의 메모리얼 데이 행렬 등이 있었다. 사람들이 좋아하는 행사 뒤에는 언제나 헌신하는 사람들이 있었다. 하워드 허먼은 매주 농산물 시장을 열었고, 니키와 에드 헨더슨은 매년 열리는 블루스 페스티벌을 담당했다. 닉 벤튼은 폴스 처치 주간지를 관리했고, 바브 크램은 꾸준히 미술 전시회를 유치했으며, 수 존은 유치원을 운영했다.

아네트 밀스와 데이브 에커트는 우리 공동체의 슈퍼맨이었다. 아네트는 우리 동네의 재활용 및 쓰레기 줍기 프로그램을 공동체가 함께 할 수 있는 재미있고 즐거운 활동으로 바꾸었다. 티셔츠도 만들고, 소풍도 가고, 학교 동아리도 만드는 등의 노력을 통해 수백 명의 아이가 프로그램에 참여했다. 그리고 데이브는 여러 지역 단체 및 행사의 착수를 도왔다. 도시하천환경대책위원회^{Urban Stream Task Force}부터 새해 전야의 주민 파티, 폴스 처치의 흑인 역사를 기념하는 길거리 축제 등이 그의 손길을 거쳤다. 아네트와 데이브에게는 공동체에 대한 사람들의 관심을 더 깊이 끌어내는 능력이 있었다. 아네트는 쓰레기 줍기 활동에 폴스 처치의 역사 이야기를 접목했고, 데이브는 폴스 처치의 하천에 관한 다큐멘터리를 만들었다.

사실 데이브의 헌신은 그보다 훨씬 작은 일에서부터 출발했다. 30년 전 데이브는 작은 개울이 흐르고 나무가 우거진 땅이 민간 개발자에게 팔릴 위험에 있다는 소식을 들었다. 그는 폴스 처치숲보호단체^{Falls Church Tree Commission}와 함께 언론사를 찾아가서 소동을 일으켰고, 그 땅에 공원을 조성해야 한다고 주장했다.

"지역 일에 나서본 것은 처음이라 다소 과하게 대응했었지."

그는 인정했다. 데이브의 접근 방식을 바로잡아준 것은 마을 지도자들이었다.

"자네가 정말로 무언가를 이루고 싶다면, 우리한테 무엇을 하라고 요구하기보다 자네도 여기에 합류해서 우리를 돕는 것이 옳네."

데이브는 그 조언을 받아들여 지역환경보전및개선단체^{Village Preservation and Improvement Society(VPIS)}에 가입했다. 그러나 그 작은 땅을 지키기 위해 시작한 데이브의 활동은 점점 더 영역을 넓혀갔다. VPIS를 통해 데이브는 농산물 시장 부스, 하우스 콘서트 등 공동체 발전을 위한 다른 프로젝트에도 참여하기 시작했다. 그는 이렇게 회상했다.

"내가 처음 생각한 것보다는 훨씬 더 멀리 갔지. 그러나 온전히 즐겼단다."

아네트의 말에 따르면, 아네트와 그녀의 남편이 꾸준히 시민 활동에 참여할 수 있었던 비결은 "사회적 요소"였다. 만약 당시 그녀의 활동이 사람들 간에 관계를 형성하지 않았다면, 결실을 보지 못했을 것이라고 그녀는 말했다. 그녀의 프로젝트가 점점 더 커지고, 그럼에도 아네트가 계속해서 열정을 잃지 않을 수 있었던 이유는 프로젝트를 통해 이웃들이 서로를 더 잘 알아가는 기회를 얻었기 때문이다. 예를 들어 그녀는 시 정부에 나무를 더 많이 심어달라고 요구하는 대신, 나무 심기 프로그램을 만들어서 주민들이 함께 모여 나무를 심고, 그 과정에서 이웃 간에 유대감을 형성하도록 했다. 사람들을 모으고 거기서 즐거움을 찾는 일은 "나 자신을 배부르게 하지." 데이브가 끼어들며 말했다. 공동체를 위해 시작한 일이 오히려 자신의 삶에 의미를 찾아준 것이다. 아네트는 이렇게 말했다.

"내 묘비에는 이렇게 새기고 싶어. 이 사회와 이 세계를 모두에게 더 나은 방향으로 움직이기 위해, 내가 할 수 있는 한 모든 것을 다 했다고 말이야."

2000년대 초 아네트와 데이브는 다른 지역으로 이사했지만, 그들이 몸담은 프로젝트 중 상당수는 여전히 폴스 처치에 남아 있다. 이 책을 쓰는 동안 나는 종종 집 근처 공원을 걸으면서 휴식을 취하고 머릿속을 정리했다. 나무 사이로 난 오솔길과 작은 개울이 아름다운 그 공원은 데이브와 아네트의 헌신이 맺은 수많은 열매 중 하나로, 지금도 지역 주민들에게 사소하지만 큰 행복을 안겨주고 있다.

크면 클수록 나는 전념하는 사람들에게 매료되었다. 대학생이 되어서는 반세기 동안 기업의 권력 남용과 싸운 운동가, 수십 년간 미국의 사회적 경향을 조사한 괴짜 사회과학자, 사회를 이해하는 새로운 방식을 밝히기 위해 수년간 묵묵히 고생길을 걸은 고집스러운 철학자 등을 멘토로 삼았다.

충실함의 가치를 평가절하하는 분위기가 형성될수록, 전념하기의 영웅들에 대한 내 마음도 점점 더 커졌다. 수년째 월요일 밤마다 길거리 바에서 단골손님들을 위해 아메리카나 앨범을 커버하는 남자, 주변 지인들을 전부 지역 쉼터 일에 끌어들이는 이웃, 종교적 신념으로 꾸준히 어르신들을 방문하는 동급생, 가족의 전통을 계속 지키고 유지하려는 직장동료 등이 내게는 훨씬 더 대단해 보였다. 나는 내게 가장 큰 행복감을 안겨주는 것들을 관찰하기 시작했다. 오랜 친구와 오랜 단골집, 우리끼리만 아는 농담, 때마다 찾아오는 의식, 읽고 있으면 아늑하고 편안한 마음이 드는 책들, 수없이 연주한 피아노곡. 이들은 전부 오랫동안 함께 해왔기에 존재할 수 있는 보물들이었다.

그러나 어느 하나에 헌신하는 모습에 존경심을 느끼는 사람은 나뿐만이 아니다. 밴조 연주나 영화 시나리오 쓰기에 푹 빠진 동네 이웃, 한곳에 뿌리를 내리고 가정을 꾸리기로 한 신혼부부, 누가 봐도 "와, 쟤는 진심인가 봐."라고 할 정도로 농장일에 또는 주짓수에 몰두하는 친구. 이런 사람들은 누구에게나 깊은 울림을 준다. 전념하기에 대한 감탄은 심지어 사람들이 별로 좋아하지 않는 성격을 가진 사람에게도 유효하다. "난 그런 애가 딱 질색이야. 그렇지만 그녀가 진정한 예술가라는 것은 부정하지 못하겠어." 또는 "별로 대화하고 싶지 않은 사람이긴 하지만, 그 캠페인에 대한 헌신만큼은 너도 인정할 수밖에 없을걸." 또는 "그의 관점에 동의하진 않지만, 어쨌든 정말 헌신적인 아버지야."라는 식이다. 이들이 빛나는 이유는 끈기와 꾸준함이 있기 때문이다.

전념하기 사례를 모으는 과정에서 나는 이러한 액체 사회 속에서도 단단함을 유지하는 고체 인간들이 반문화와 많이 닮았다는 사실을 (그와 동시에 우리 문화가 얼마나 전념하기의 반대쪽으로 나아가고 있는지도) 깨달았다. 무한 탐색 모드의 달콤한 속삭임을 거부한 채 그들은 삶의 다른 길로 나아갔다.

전념하기를 향해 가는 길도 여러 갈래로 나뉜다. 우리가 헌신할 수 있는 대상은 무궁무진하다. 전념하기 반문화에 합류하는 것이 꼭 아이다 B. 웰스나 메드가 에버스처럼 대단히 위대한 운동에 뛰어들거나, 아네트 밀스나 데이브 에커트처럼 공동체를 위한 슈퍼맨이 되는 것을 뜻하지는 않는다. 신념은 별 게 아니라 그저 내가 스스로 전념할 수 있는 한 가지면 충분하다. 우리의 헌신을 기다리는 기술, 프로젝트, 지역, 공동체, 기관, 사람들은 얼마든지 있다. 아이러니하게도 전념하기 반문화에 합류하기 위해 우리가 고를 수 있는 선택지는 다양하다.

첫 번째 갈래 : 시민

1983년 법대 3학년이었던 에반 울프슨^{Evan Wolfsom}은 동성 결혼에 대한 헌법상 권리를 주제로 과제를 제출했다. 당시에는 그러한 발상이 성 소수자 공동체의 지지도 얻기 전이었다. 1980년대 초 동성애자 인권 변호사 대부분은 그저 게이라는 이유로 쫓겨나거나 직장에서 해고되는 등 기본적인 법적 보호 문제를 위해 싸우고 있었을 뿐이었다. 그러니 울프슨의 주장이 얼마나 소수의 입장이었는지 굳이 강조하지 않아도 짐작이 갈 것이다.

그러나 울프슨은 그 일에 뛰어들었다. 동성애자의 법적 결혼을 위해 캠페인을 벌이자고 관련 단체들을 설득하는 데에 10년, 최초로 매사추세츠주에서 동성 결혼을 온전히 인정하기까지 10년, 주별로 캠페인을 벌여서 미국 전역에서 동성 결혼에 공감하는 분위기를 형성하기까지 다시 10년, 이렇게 32년간의 투쟁 끝에 울프슨은 모든 미국인의 동성 간 결혼을 합법화하는 대법원 판결을 마침내 목격할 수 있었다. 아무런 영향력도 없는 종잇조각(대학교 과제)을 가장 강력한 영향력을 지닌 문서(대법원판결문)로 실현하기까지, 울프슨의 여정은 물론 순탄치 않았다. 승산이라고는 없어 보이는 싸움에서 이겨 하와이의 동성 결혼 합법화를 이뤄냈다가도, 바로 다음 순간이면 전국적인 반발에 맞서야 했다. 동료 운동가들에게게도 거절당하는 날이 있는가 하면, 안정적으로 투자를 받아서 '결혼할자유Freedom to Marry'라는 단체를 설립하는 날도 있었다.

누군가가 그를 자극하면 또는 다른 사람들이 "지나치게 소극적이거나 비협조적으로" 굴면 울프슨은 역사책을 읽었다. 링컨, 간디, 킹, 여성 참정권 운동, 노예해방운동은 물론 고대 역사에 이르기까지 과거의 투쟁을 읽다 보면 마음에 큰 위안이 찾아왔다.

"자신의 승리를 믿어야 합니다. 세상이 바뀔 수 있음을 믿고, 스스로 페이스를 조절하면서 참을성 있게 그러나 끈질기게 나아가야 합니다."

수십 년간 전진과 후퇴를 반복하면서도 울프슨은 거의 울지 않았다. 그는 간결하고, 절제심이 강하며, 변호사답게 냉철하고 이성적인 사람으로 유명했다. 그러나 2015년 6월, 오버거펠Obergefell 판결문을 읽을 때만큼은 "눈물이 흘렀습니다."라고 고백했다. 그간의 기억이 홍수처럼 밀려들었다.

"각 문단을 읽을 때마다 그때 내가 누군가와 펼쳤던 논쟁, 이미 세상을 떠난 동료 그리고 그 해에, 그 주에서 어떤 투쟁을 했는지에 대한 기억의 조각들이 살아나는 듯했습니다."

2016년, 30여 년간의 전념하기 끝에 마침내 승리를 이룬 울프슨은 단체를 해산했다.

"캠페인은 전략을 목표로 이끕니다."

따라서 목표를 달성하면 캠페인도 끝이다. 이는 변화를 만드는 일이 언제나 끝없고 우울한 싸움만은 아니라는 사실을, 어쩌면 원하는 결과를 겨냥하는 별개의 전략일 수도 있다는 사실을 보여주는 좋은 예다. 도전이 오래(때로는 32년까지) 걸린다고 해서 거기에 끝이 없는 것은 아니다.

울프슨이 전념하기의 길에서 선택한 갈래는 가장 쉽게 인지할 수 있는 형태, 즉 대의에 헌신하는 것이다. 사회의 운명에 주인의식을 가지고 사회를 이로운 방향으로 이끌기 위해 노력하는 **시민**citizens의 헌신이 여기에 속한다. 시민은 비전을 행동으로 옮긴다. 무엇이 정당한지에 대한 높은 이상을 위해 구체적으로 행동함으로써 공동체와 기관을 이상적인 방향으로 이끈다. 시민의 전념하기는, 승리를 이룬 후에는 멋져 보이지만, 그 과정은 험난하다. 마침내 이상을 실현한 사람들은 '영웅'이지만, 그 과정 중에 있는 사람들은 '미친 사람'으로 불린다.

시민단체 공공시민세계무역감시Public Citizen's Global Trade Watch의 창립자 로리 왈라치Lori Wallach는 온갖 별칭으로 불렸다. 1990년대 초, 로리는 워싱턴 D.C.에서 식품 안전 이슈와 관련된 일을 하고 있었다. 의회 청문회는 주로 일정한 흐름에 따라 진행됐다. 먼저 식품 안전 보장을 위한 규제가 제안된다. 온건 집단은 긍정적인 반응을 보인다. 그러나 기업 측은 그것이 말도 안 되는 제안이라고 비난하며 "모든 비즈니스가 중단될 것"이라고 일축한다. 그러면 로리가 일어나서 기존 법안만으로 충분하지 않다고 반박한다. 이것이 일반적인 패턴이었다. 그러나 살충제 관련 법안이 논의되던 그 날은 평소와 좀 다르게 흘러갔다.

중도 집단이 말했다.

"이 법안은 타당해 보입니다."

로리도 일어나서 동의했다.

"기존 법안만으로는 충분하지 않습니다."

다음으로 기업 측 로비스트가 일어나서 발언했다. 그러나 그는 평소처럼 "말도 안 되는 주장입니다."라고 반박하는 대신 이렇게 말했다.

"이 법안은 통과될 수 없습니다. 이는 국제식품규격Codex Alimentarius

에 어긋납니다. 만약 이 법안을 통과시키고자 한다면 다자간 무역 협정으로 쓰여야 합니다."

도대체 무슨 소리를 하는 거야? 점심때 술이라도 마셨나? 그러나 국제식품규격을 확인한 결과, 로리는 그것이 실제로 살충제 기준에 대한 국제무역협정의 일부임을 발견했다. 기업 측 로비스트가 옳았다. 의회는 국제협정을 재협상하지 않는 이상 법안을 바꿀 수 없었다.

몇 달 후 또 다른 청문회에서도 같은 일이 일어났다. 미국축산협회National Cattlemen's Beef Association측은 북미자유무역협정North American Free Trade Agreement을 근거로 제시하며 의회가 육류에 '원산지' 표시를 요구할 수 없다고 주장했다.

"같은 곳을 두 번 맞은 느낌이었어요."

로리는 회상했다. 무언가 수상한 일이 진행되고 있었다.

"난 정문에 서서 식품 안전을 지키는 문지기였어요. 수상한 사람이 드나들지 못하도록 철저하게 지키고 있었죠. 그러나 뒷문이 있었던 거예요. 그 뒷문이 정확히 어딘지는 알 수 없었지만, 무역과 관련이 있었어요."

25년 전, 바로 그때부터 로리는 기업의 부정행위를 감싸주는 국제무역협정을 파악하고 감시하기 위한 긴 싸움을 시작했다. 누군가는 "그 모든 기술적 헛소리를 해석"해야 했다.

"그게 바로 나였어요."

당시 로리는 해외 정책에 대해서는 아는 바가 거의 없었다. 무역 전쟁의 공익 측면에 있는 사람들도 무슨 일이 일어나고 있는지 아는 사람은 드물었다. 그러나 법대 출신인 그녀는 복잡한 문서를 깊게 파고들어서 해석하는 분석 기술을 갖추고 있었다. 쉬운 일은 아니었다. 국제무역협정은 "의도적으로 접근하기 어렵게 만들어진 법적 문서"였고, 상대방은 이러한 문서를 이해하는 사람들을 수십 명씩 고용할 수 있었다. 그러나 그녀는, 적어도 처음에는, 철저히 혼자였다.

그럼에도 불구하고 로리는 두 팔을 걷어붙였다. 어마어마한 양의 무역 협정 문서 전체를 구해서 꼼꼼하게 들여다보기 시작했다. 식품 안전, 살충제, 육류 검사, 라벨 등을 어떻게 정의하고 있는지 해석했다. 목표는 그러한 것들이 "바로 우리 집에서, 바로 우리 식탁 위에서, 바로 우리 아이들이 먹는 음식"에 어떤 영향을 미칠 수 있는지 사람들에게 설명하는 것이었다. 이후 수십 년 동안 그녀는 모든 무역 협정과 거래를 검토하며 이와 같은 과정을 반복했다.

1990년대 기득권층 대부분은 로리를 반대했다. "잘못된 생각이다. 쇄국주의적 발상이다. 보호무역론자냐." 등의 비난을 받았다. 해외 정책을 다루는 주요 잡지 표지에 로리가 올라갔을 때는 너무 많은 사람이 분개한 탓에 두 명이 잡지사 이사회에서 사직하기도 했다. 한 번은 중대한 의회 투표 두 건을 지고 난 후 눈물을 보인 적이 있다. 더는 희망이 보이지 않는다고 생각했다. 그때 그녀를 다시 일으켜준 것은 멘토 랄프 네이더Ralph Nader였다. 네이더는 그녀에게 좀 더 멀리 봐야 한다고 조언했다.

"자네는 좁다란 골목에서 기업이라는 증기 롤러에 쫓기는 중이라네. 납작 엎드려서 증기 롤러가 그냥 위를 지나가게 둘 수도 있고, 이런저런 시도를 하면서 끝까지 증기 롤러를 멈춰보려고 노력할 수도 있다네. 그리고 일단 증기 롤러를 멈추는 데에 성공하면, 이제는 자네가 원하는 방향으로 그것을 굴릴 수 있게 되지."

로리와 그녀가 형성한 작은 국제 네트워크(말레이시아 소비자 단체, 인도의 식품안전운동가, 우루과이의 기자들 등)는 포기하지 않았다. 보이는 것들을 곧이곧대로 믿기 거부하고 끈질기게 증거를 모으면서 대화의 발판을 마련했다. 괴짜 같은 소리라고 비난받았던 그들의 주장은 90년대 말에 이르자 주요하게 논의할만한 합리적 비평으로 인정받았다. 로리가 처음 전념하기를 시작한 지 20년이 흐른 2010년대 중반, 그녀와 그녀의 동맹 세력은 마침내 기업이 주도하는 방식의 무역 합의에 제동을 걸었다. 내가 로리와 만났을 때는 그녀가 이 길에 발을 들인 지 27년이 지났을 때였다. 그녀는 이제야 드디어 증기 롤러를 멈추는 데에 성공한 것 같다고 말했다. 이제부터는 증기 롤러의 방향을 거꾸로 돌릴 차례다. 그녀의 전념하기는 앞으로도 계속될 것이다.

두 번째 갈래 : 애국자

전념하기의 또 다른 형태는 자신이 사는 지역과 공동체에 헌신하는 것이다. 이렇게 헌신하는 사람들은 **애국자**patriots다(애국자는 원래 자기 나라를 사랑하는 사람들까지 포함한다_역주). 오늘날에는 애국심, 애향심 등의 단어가 잘못 사용되어 마치 지역주의와 같은 뉘앙스를 풍기기도 한다. 가령 정치인들은 자신의 법안을 통과시키기 위해 또는 스캔들을 덮기 위해 애향심에 호소하고, 국수주의자들은 정치적 반대 세력을 협박하고 굴복시키고자 애국심을 들먹인다. 덕분에 요즘에는 애국심이 진지하고 숭고한 헌신이 아니라, 하프타임 쇼와 퍼레이드 정도의 피상적인 덕목에 지나지 않는다고 생각하는 사람이 많다.

그러나 내가 속한 장소를 사랑하는 마음은 소중한 것이다. 내가 제일 좋아하는 독립기념일 노래는 E 스트리트 밴드의 멤버 스티븐 반 잔트가 쓴 〈나는 애국자^{I Am A Patriot}〉다. 노래의 후렴구는 애국심의 진정한 의미를 상기해준다.

"나는 애국자다. 내 조국은 내가 아는 전부이기에, 나는 내 조국을 사랑한다... 그 외에 내가 갈 곳은 없으리."

여기서 알 수 있듯이 애국심은 우리나라가 '최고'라서 사랑하는 것이 아니다. 우리나라가 유일하게 위대하고 정의로워서 또는 우리나라 사람들이 다른 나라 사람보다 더 많은 보살핌을 받아 마땅하다고 믿기 때문에 사랑하는 것이 아니다. 그보다는 그저 내가 우리나라의 한 부분이기에 사랑한다. 내가 알고, 내가 속한 나라이기 때문에 사랑한다. 진정한 의미의 애국심은 지배하고 배척하는 마음이 아니라, 국가와 사람들에게 헌신하는 마음이다.

이러한 종류의 애국심은 좀 더 작은 규모에서 찾기가 더 쉽다. 열정적인 지역운동가 빌 카우프만^{Bill Kauffman}은 미국의 작은 도시와 마을의 "지극히 지역적인 애국심"에 대한 글을 썼다. "TV 속에서는 폭탄이 터지는데도 소파에 앉아서 〈God Bless America〉를 부르는 엉터리 애국심"이 아니라, "음악, 시, 장소, 독특함과 평범함, 역사적인 별종, 신성한 바보, 걸출한 캔자스 사람들"을 사랑하는 마음을 다루었다. 이것은 **이질성**^{heterogeneity}을 지키는 애국심이다. 이러한 애국심은 각 지역의 고유하고 독특한 방식들을 전체를 위해 제거해버리는 것이 아니라, (시몬 베유$^{Simon Weil}$의 표현을 빌리면) "가장 섬세한 식물을 다루듯이 귀하게 여기고, 무한한 가치와 희귀성이 있는 보물처럼 대접한다."

그러나 애국심이 언제나 특정 관습을 지키고 유지하는 형태로 나타나는 것은 아니다. 철학자 리처드 로티$^{Richard Rorty}$가 주장한 것처럼, 어떤 단계의 애국심은 오히려 변화를 위한 재료가 된다. 그는 이렇게 적었다.

"개인이 스스로 발전하려면 자기 존중이 있어야 하는 것처럼, 국가가 스스로 발전하려면 국민적 자부심이 있어야 한다."

지나친 자부심은 우리를 자만하게 한다. 그러나 자부심이 부족하면 "도덕적 용기를 내거나", 변화를 위한 자원과 에너지를 소환하기가 어렵다. 링컨과 킹의 연설, 『분노의 포도$^{The Grapes of Wrath}$』, 『정글$^{The Jungle}$』 등과 같은 미국의 역사적 혁명을 다룬 작품들은 잃어버린 대의를 향한 냉소적 경멸이 아니라, 사랑하는 국가에 대한 진심 어린 염려에서 나온 비평이었다고 로티는 주장했다.

아마도 현존하는 인물 중에서 이렇게 깊은 의미의 애국심에 대해 사색한 가장 위대한 미국 사상가는 웬들 베리$^{Wendell Berry}$가 아닐까 한다. 베리는 농부이자 철학자, 운동가, 소설가, 수필가, 시인이었다. 그는 미국 국가인문학훈장$^{National Humanities Medal}$을 받았으며, 문화와 환경에 관한 글로 극찬을 받았다. 그러나 베리에 대해 알아야 할 가장 중요한 사실은 이 모든 것이 그의 고향인 켄터키주 포트 로열$^{Port Royal}$을 위해 그리고 포트 로열로부터 영감을 받아 한 일이라는 점이다.

그의 멘토 윌리스 슈테그너^{Wallace Stegner}의 말을 빌리면, 베리는 이 세상에 두 가지 유형의 사람들, 즉 '뜨내기^{boomers}'와 '붙박이^{stickers}'가 있다고 생각했다. 뜨내기들은 기회를 쫓아 여기저기로 옮겨 다닌다. 그중에서도 최악은 돈, 재산, 권력을 좇느라 "약탈하고 도망가는" 사람들이다. 반면 붙박이들은 "한곳에 정착해서 자신이 만든 삶과 삶을 꾸린 장소를 사랑"한다. 뿌리를 내리고 살고, 애정이 동기가 되며, "장소와 삶을 사랑하기에 그것을 지키고 그 안에 머물기를 원한다."

베리는 요즘 문화가 붙박이보다는 뜨내기가 되기를 장려한다고 안타까워했다. 물론 옛날에도 시골에서 자란 젊은이들은 "도시로 가서 돌아오지 않았다."라는 사실을 그도 인정했다. 그러나 지금은 떠나서 돌아오지 않는 것이 마치 "반드시 그래야 하는" 규범이라도 된 것처럼 보인다. 시골뿐 아니라 다른 모든 곳에서도 사람들은 부모의 뒤를 잇는 것이 아니라 그들을 넘어서는 것을 목표로 했다. "장소나 공동체와는 아무런 상관없는 일시적인 미래에서" 돈을 벌기 위해 고향 공동체를 거래하도록 교육받았다.

그러면서 베리는 붙박이들만 아는 진실, 즉 장소에 대한 헌신이 우리를 제한하는 것이 아니라 오히려 자유롭게 한다는 사실을 밝혔다. 비평가 조지 샬라바^{George Scialabba}는 베리의 철학에 대해, 뜨내기들의 삶은 "대학, 기업, 직업, 정부"와 같이 추상적이고 제도적인 권한에 의해 정의된다고 적었다. "형체가 희미한 관료체제"의 "모호한 기준"에 갇히면 나아갈 방향을 찾고, 진척 정도를 측정하고, 일상에 애정을 느끼기가 어렵다. 그러나 붙박이들은 자기가 뿌리내린 장소의 사람, 건축물, 자연, 문화 등 구체적이고 실재하는 것들을 다룬다. "내가 잘하고 있나?" 또는 "내가 지금 어디에 있지?"를 걱정하는 대신 천천히 그리고 꾸준하게 전진하며, 이웃과의 관계를 돈독히 하고, 주변과의 친밀감을 높이고, 자신이 천직으로 삼은 기술을 갈고 닦는다.

그리고 장소에 헌신하면 세계의 한구석이 지닌 멋진 면들을 속속들이 전부 알 수 있을 뿐만 아니라, 그 장소가 서로 어떻게 연결됐는지 **전체성**wholeness을 확인하는 시간을 가질 수도 있다. 뜨내기들은 세계의 각기 다른 요소를 계속해서 쪼개고 분석한다. 그것들이 조절하는 거대한 사회적 시스템을 잘 다루기 위함이다. 반면 붙박이들은 자신이 속한 장소 내에서 모든 것이 어떻게 조화를 이루는지 이해할 수 있다. 땅과 기후가, 식물과 동물과 사람이, 건축물과 산업과 전통이 상호작용하는 관계를 파악한다. 이처럼 전체성을 깨달으면 지역의 문제를 심층적으로 해결할 수 있다. 데이터 중심의 일회적인 "처치"로는 심도 있는 문제 해결이 어렵다. 심층적인 문제 해결을 위해서는 손상된 생태계 전체를 다시 치유하는 작업이 필요하다.

베리는 자신의 철학을 한데 묶어 설명하기 위해 다음과 같은 추억을 떠올렸다. 할아버지네 농장 울타리에는 오래된 양동이가 하나 걸려 있었다. 양동이는 몇 년째 그냥 거기에 있었다. 봄에는 빗방울이, 가을에는 낙엽이, 겨울에는 눈송이가 그 안으로 떨어졌다. 다람쥐들이 거기에 도토리를 모아두면, 쥐가 와서 몇 개쯤 까먹고 껍질만 남겼다. 곤충이 들어왔다가 그 안에서 죽기도 하고, 낙엽은 썩어갔다. 그 위에 앉아서 지저귀던 새들은 깃털 한두 개를 떨구고 갔다.

그렇게 오랜 시간이 흐르자, 마침내 양동이 바닥에는 비옥한 흙이 잔뜩 쌓였다. 베리는 이렇게 회상했다.

"양동이 안에서 일어난 일은 내가 아는 한 가장 숭고하고 위대한 기적이었다. 그것은 흙을 만들고 있었다."

베리는 안정적인 공동체가 이 양동이와 같다고 생각했다. 세월이 흐를수록 이야기가 쌓인다. "추억, 방식, 기술"을 보존하고 지식과 노래를 축적한다. 지역적 지식을 "오랫동안 기억하거나 기록하고, 다음 세대에 전하고, 고찰하고, 수집하고, 실천하고, 다듬는다." 그리고 마침내는 심고 추수하기에 좋은 비옥한 지역 문화가 탄생한다. 그러나 이러한 과정이 저절로 일어나지는 않는다.

"인간 공동체는 지역의 흙과 기억을 그곳에 붙잡아둘 수 있는 일종의 구심력을 행사해야 한다."

베리는 이렇게 주장했다. 그러나 오늘날에는 지역 문화 만들기에 헌신하는 애국자가 턱없이 부족하다. 그 결과 여러 지역 공동체와 문화가 점점 사라지고 있다.

어떤 이들은 베리의 생각이 향수에 젖은 몇몇 농부들에게만 해당하는 주장이라고 일축한다. 그러나 나는 그의 메시지가 모든 공동체에 적용된다고 생각한다. 노스캐롤라이나주 더럼시 시의회에 소속된 피어스 프릴론Pierce Freelon은 제리와 완전히 다른 성장 배경을 지녔다. 작은 시골 마을이 아닌 규모가 큰 도시에서 자랐으며, 백인 농부가 아닌 흑인 건축가이자 재즈 보컬리스트의 아들로 태어났다. 그의 주요 표현 수단은 수필이나 소설이 아닌 음악과 영화 제작이다. 그러나 프릴론 역시 베리만큼이나 지역을 사랑하는 애국자다.

프릴론은 평생 더럼에서 살았다. 어렸을 때는 그곳을 떠나서 "다른 세상이 어떤지" 알고 싶기도 했다. 그리고 실제로도 잠시 벗어난 적이 있었지만, 다니면 다닐수록 자신의 고향이 얼마나 특별한지 깨달았다. 자기와 함께 자란 친구들이 기업을 운영하거나 공동체 지도자가 되는 모습을 지켜봤고, 더럼의 역사 속에서 여러 훌륭한 영웅들을 발견했다. 프로 풋볼 선수에서 독특한 화풍의 화가로 변신한 어니 반스Earnie Barnes, 브라운 대 교육위원회Brown vs. Board of Education 판결에 영향을 미친 페미니스트 운동가이자 인권 변호사 파울리 머리 Pauli Murray, 소작농의 손자로 태어나 『보그Vogue』의 편집자가 된 안드레 리언 탤리André Leon Talley 등이 있었다. 프릴론은 창조적이고 진취적인 이 남부 도시의 매력에 새롭게 눈뜨기 시작했다.

프릴론은 재능 있는 예술가였으므로, 나는 그에게 젊은이들이 흔히 '대박을 내려고' 가는 LA나 브루클린 등에 살지 않아서 예술가로서의 커리어에 한계를 느낀 적이 없는지 물었다. 실제로 프릴론은 그와 관련된 감정을 담아 〈브루클린〉이라는 노래를 썼다. 가사를 살펴보면, 주인공은 원래 노스캐롤라이나 출신이지만, 뉴욕에 방문한 동안 재미있고 멋지고 묘한 매력이 있는 브루클린 사람들에게 흥미를 느낀다. 그러나 노래의 마지막 부분에서 그는 "뚜껑에 구멍이 난 유리병과 그 속에 든 반딧불이", "푸른 하늘과 허리케인", "옥수수빵, 메기, 콜라드 그린"이 있는 고향을 그리워한다. 브루클린으로 떠나고자 했지만, 그의 마음과 심장에는 캐롤라이나가 자리 잡고 있었고, 결국 그는 짐을 챙겨 집으로 향한다.

프릴론은 자원이 많은 도시라고 해서 그것이 **나한테도** 풍부한 자원이 된다는 뜻이 아니라는 이야기를 동료 예술가들에게 자주 한다고 말했다. "지하철을 타고 15분이면 온갖 자원을 누릴 수 있는 세상이 있다고 해도, 거기서 나를 받아들여 주지 않으면" 이웃끼리 전부 알고 지내는 작은 마을보다 더 나을 것이 없다. 상대적으로 자원은 부족할지언정 그곳에 뿌리를 내리고 사는 사람은 아무리 풍족한 자원이 있어도 그것을 전혀 활용하지 못하는 사람한테 질 이유가 없다. 프릴론이 "네가 심어진 곳에서 꽃을 피워라."라는 할머니 말씀에 따라 사는 것이 편안한 이유가 여기에 있다. '어딘가에 더 크고 나은 무언가가 나를 위해 준비되어 있지는 않을까?' 하는 의구심이 들 때마다, 프릴론은 그러한 불안이 내가 사는 장소와 아무런 상관이 없다는 사실을 스스로 상기한다. 내가 충분히 뛰어나지 않다는 생각, 일을 제대로 하고 있지 않다는 생각, 주어진 기회를 빠짐없이 누리지 못하고 있다는 생각….

"이러한 것들은 다른 도시에 산다고 해서 사라지지 않아요. 평온과 성공을 얻는 핵심은 자기 자신에게 성공이 어떤 의미인지를 정의하는 것입니다."

배부르기만 해도 진수성찬을 먹는 것과 마찬가지라는 속담을 그는 스스로 되새긴다.

"동네 텃밭에서 딴 재료로 정성스레 만든 음식을 먹는 것도 호화롭고 값비싼 레스토랑에서 식사하는 것과 똑같이 배부르죠."

어떤 애국자들은 장소가 아니라 공동체에 헌신한다. 페기 베리힐은 다섯 살 때 아버지와 함께 TV 시리즈 《데비 크로켓Davy Crockett》을 본 것을 기억한다. 유명한 개척자(페기 또래의 아이들 사이에서 아메리카 너구리 모자를 유행시킨 사람이었다)가 아메리칸 인디언 부족 중 하나인 머스코기^{Muscogee}족과 전투를 벌였다. 페기네 가족은 머스코기족이었다. TV 속 머스코기 사람들은 몹시 우스꽝스럽게 묘사됐다.

"대평원 인디언처럼 수술이 달린 사슴 가죽을 입고, 얼굴에는 매우 바보스러운 전투 분장을 했으며, 머리는 길게 땋았죠."

더 최악은 크로켓이 한 손으로 서너 명의 머스코기를 가볍게 제압하는 장면이었다. 어린 나이였음에도, 그때 페기는 결심했다.

"내 인생에서 무언가 할 수 있는 게 있다면, 나는 인디언에 대한 선입견을 바꿀 거야."

그리고 지난 50년 동안 페기는 그 결심을 지켰다. 원주민들과의 인터뷰 수백 건을 수집하고, 제작하고, 방송하여 '원주민 라디오 최초의 여성'이라는 타이틀을 얻었다.

1970년대 초, 원주민 이슈에 초점을 맞춘 어느 라디오 쇼가 캘리포니아 버클리의 지역 라디오 방송국 KPFA에서 거의 썩혀지다시피 하다가, 당시 학생 저널리스트였던 페기에게 넘겨졌다. 캘리포니아주 프레즈노부터 네바다주 리노까지 송출되는 방송이었다. 페기는 마이크를 손에 든 채 여러 지역의 원주민 공동체 행사를 돌며 취재했다. 페기의 《리빙 온 인디언 타임^{Living on Indian Time}》은 금세 주변 지역 원주민들뿐만 아니라 원주민이 아닌 청취자들에게도 인기를 끌었다. 이후 수십 년간 페기의 방송은 20세기 후반에 일어난 '원주민 권리 찾기 캠페인'의 실질적인 공동체 센터 역할을 했다. 그녀는 체로키족 지도자 윌마 맨킬러^{Wilma Mankiller}와 포니족 대리인 존 에코혹^{John EchoHawk} 같은 운동가들을 인터뷰함으로써 원주민의 민권과 민족 자결권을 위해 활발하게 진행 중인 투쟁들을 소개했다. 그뿐만 아니라 오나이다족 코미디언 찰리 힐Charlie Hill, 크리족 싱어송라이터 버피 세인트 마리Buffy Sainte-Marie, 수족 배우 플로이드 웨스터맨Floyd Westerman 등과 같이 운동가가 아닌 사람들도 인터뷰하여 아메리칸 원주민 중에도 전문성을 갖춘 인재들이 다양하게 존재한다는 사실을 알리고자 했다.

한번은 페기가 한 부족 지도자에게 지난 5년간 만난 원주민들이 어떤 모습이었는지 물은 적이 있다(그녀는 이 일이 아주 까마득한 옛날처럼 느껴진다며 미소를 지었다). 그는 "자기 소유의 은행과 인디언 항공사를 가진 인디언들"을 본 적도 있다고 말하면서 "기본적으로 다른 사람들이 하는 일을 우리도 합니다. 그러나 토착 원리에 따라 그 또한 인디언화할 것입니다."라고 대답했다. 그의 대답 속에 담긴 미래지향적 정신에 페기는 머리를 한 대 맞은 듯했다. 그리고 그러한 정신을 그녀의 방송에도 담고 싶었다. 원주민 문화가 화석 속에 갇혀있는 것이 아니라, 미래와 함께 살아 있는 것임을 알리고 싶었다. 진정한 애국자들이 하는 일이 바로 이런 것이다. 그들은 공동체의 정체성에 대한 어떤 고정관념에 헌신하는 것이 아니라, 진화하는 공동체와 그 속에서 살아가는 사람들에게 헌신한다. 1973년 처음으로 마이크를 든 이래로 거의 50년이 지났지만, 페기는 지금도 평일 아침마다 북부 캘리포니아 방송국KGUA에서 인터뷰를 진행하면서 인디언에 대한 선입견을 깨고, 공동체를 일으켜 세우고, (베리의 양동이처럼) 인디언들을 하나로 모으는 구심력을 유지하기 위해 노력한다.

세 번째 갈래 : 건축가

건축가builders의 전념하기는 꿈을 현실로 만드는 형태를 취한다. 미래에 대한 비전이 있고, 그 비전을 현실로 만들기 위해 길고 험난한 여정을 선택했다는 점에서 건축가는 시민과 공통점이 있다. 그러나 이미 존재하는 현실을 이상적인 방향으로 밀거나 끌어당기는 시민과 달리, 건축가는 무언가를 창조함으로써 자신의 비전을 미니어처로 미리 그려본다.

10년 전, 아이린 리와 그녀의 형제들은 부모님과 가까이 살기 위해 고향으로 돌아왔다. 그들은 생계를 위해 푸드 트럭을 시작하기로 계획했다. 처음 중국에서 미국으로 건너와서 식당을 차렸던 조부모님의 발자취를 지키고 싶기도 했다. 2012년 그들은 보스턴 다운타운에서 '메이메이 스트리트 키친'이라는 푸드 트럭을 열었다. 아이린은 식품 정의food justice에 관한 그녀의 신념에 따라 트럭을 운영하려고 노력했다. 지역에서 난 재료를 사용해서 음식을 만들고, 목초지에서 자란 가축을 육류로 썼으며, 보스턴 다운타운의 평균적인 근로자가 일주일에 서너 번 정도 사 먹을 수 있도록 가격을 책정했다. 푸드 트럭은 큰 인기를 끌었고, 1년 후 아이린과 그녀의 가족들은 트럭 대신 식당을 열었다.

보스턴 파크 드라이브에 '메이메이' 식당을 열면서 그들은 '따뜻한 환대'라는 가족 전통을 실천하고자 했다. 아이린에게는 의미가 각별한 단어였다. 따뜻한 환대는 "서로에게 책임감을 느껴야 이룰 수 있는 덕목"이다.

"사람들이 필요로 하는 것을 살피고, 내가 가진 것이 있으면 기꺼이 내어주죠."

만약 내가 그녀의 어머니 집에 방문하면, 그녀의 어머니는 내게 "식사를 했는지 묻고, 잔이 빌 때마다 몇 번이고 음료를 채워주며, 추워서 닭살이 돋은 것을 알아차리고 스웨터를 가져다줄 것"이라고 그녀는 말했다.

"어머니는 심지어 이것저것 묻지도 않아요. 그냥 세심하게 살피고 알아서 대접하는 거예요."

아이린은 메이메이 식당에서 이러한 정신을 이어나가고 싶었다.

때로는 식당에 속박되는 느낌이 버겁기도 했다. 예를 들면, 식당은 언제나 바쁘고 일손이 부족했기에 긴 휴가를 보내기가 어려웠다. 그러나 어쨌든 힘겹게 하루를 마치고 나면 "무언가에 깊이 헌신하지 않는 삶이 과연 만족스러울 수 있을지" 상상조차 할 수 없다는 생각이 들었다. 또한, 식당은 그녀의 공적 정체성에도 영향을 미쳤다. 거의 10년째 식당을 운영한 결과, 그녀는 여러 비영리 단체의 이사회에 들어갔다. 사람들이 "메이메이는 이미 수년간 이 일을 해왔으니, 그들에게 물어봐요."라고 하는 말을 들을 때마다 그녀는 아직도 기분이 이상하다고 말한다. 요식업계의 베테랑이라는 그녀의 명성은 "뭐랄까, 나도 모르게 슬그머니 생겨난" 것이기 때문이라고, 그녀는 설명했다.

식당 운영에서 재미있는 점은 오늘 내가 아무리 멋진 결과를 냈더라도 다음날이면 다시 맨 처음부터 시작해야 한다는 사실이다. 반복되는 일상에 지치지 않기 위해 아이린은 "평가 지표를 추적"해야

겠다는 아이디어를 냈다. 현재 그녀는 직원 만족도, 고객 후기, 공동체 리더십 등을 기준으로 자신이 얼마만큼 진전했는지 가늠하며 힘을 얻는다.

"무언가를 어떤 방식으로 하겠다고 확고히 정하고, 오랫동안 그 방식을 고수하면, 그것이야말로 진짜 가치죠."

네 번째 갈래 : 관리인

만약 모든 사람이 건축가이고 개혁가이면 세상은 돌아가지 않을 것이다. 이미 존재하는 것을 유지하려면 누군가는 **관리인**stewards이 되어야 한다. 앤드루 러셀Andrew Russell과 리 빈셀Lee Vinsel은 온라인 잡지 『이온Aeon』에 기고한 수필 「메인테이너를 환영하라Hail the Maintainers」에서 요즘 우리 문화가 혁신, 그리고 혁신을 이끄는 운동가와 창조자를 과대평가하는 반면, "새롭고 거창한 아이디어"가 실현된 이후에 이어져야 할 유지 활동을 과소평가한다고 지적했다. 이들의 주장에 따르면 혁신은 단지 기술 발전의 첫 번째 단계일 뿐이다. 기술의 생애주기는 대부분 유지보수 작업으로 이루어져 있다. 닦고, 부품을 교체하고, 소프트웨어를 업데이트하고, 사소한 문제를 고치고, 이러한 과정을 지속하기 위해 사람들을 조직하고 교육 훈련하는 프로그램을 유지한다. 그리고 이 모든 작업을 하는 사람은 개혁가가 아니라 메인테이너maintainer, 유지하고 지키는 사람이다.

최신 기술이 제대로 기능할 수 있는 이유는 그것을 뒷받침해주는 네트워크가 있기 때문이다. 아무리 최신식 아이폰도 잘 가꾸어진

커뮤니케이션 네트워크가 있어야 작동할 수 있고, 아무리 비싼 고급 샤워기도 잘 관리된 상하수도망이 없으면 무용지물이며, 제아무리 획기적인 자율주행기술을 갖춘 테슬라도 도로망이 잘 갖춰져 있어야 달릴 수 있다. 지하철, 다리, 파이프, 공기조절시스템 등 실질적으로 우리 생활을 편리하고 현대적으로 만들어주는 것들은 대부분 그다지 최신 기술이 아니다. 그러나 우리는 이들의 존재를 알아차리지 못한다. 러셀과 빈셀이 지적한 것처럼, 이것들이 문제없이 굴러가는 이유는 개혁가가 아니라 메인테이너, 즉 조경사, 정비공, IT 지원팀, 병원 기술자 등이 있기 때문이다.

한편 사회가 제대로 기능하기 위해서는 기술적인 유지 작업뿐만 아니라, 사회 시스템을 유지하는 활동도 중요하다. 사회는 관계를 유지하는 사람, 일상적인 절차와 의식을 돌보는 사람, 규범을 집행하는 사람, 새로운 구성원을 훈련하는 사람이 필요하다. 예를 들어, '법체계'가 운영되려면 변호사, 판사, 집행인, 법원 서기, 법학도서관, 로스쿨, 서류 작업, 건물 등이 전부 필요하다. 심지어 동네 독서모임이나 기도 모임처럼 규모가 작은 사회 시스템조차도 거기에 참여하는 사람들이 있어야 유지될 수 있다. 친구 하나가 지역 도서관에서 열리는 월간 독서 토론에 갈지 말지를 두고 고민하는 것을 본 적이 있다. 유난히 춥고 비가 오는 날이었다. 한참을 고민한 끝에 그녀는 코트를 집어 들고 "아무래도 내가 가야 할 것 같아."라며 도서관으로 향했다.

"내가 해야 한다."라는 생각이 세상을 지탱한다.

마크 T. 미첼Mark T. Mitchell은 관리인 정신이 "문화의 번영에 없어서는 안 되는 특성"이라고 했다. 우리가 물려받은 "기관, 사고방식, 이야기, 노래, 전통, 관습"은 모두 보살핌이 필요하다. 돌보는 사람이 없으면 결국에는 아무것도 남지 않을 것이다. 그렇다고 해서 관리인 정신이 무언가를 유리 상자 안에 넣고 가만히 보존하는 것을 가리키지는 않는다. 그보다는 식물이나 동물을 돌보듯이 무언가를 살아 있게 유지하는 것을 뜻한다. 관리인 정신은 능동적이다. 물려받은 유산의 "강점과 약점을 깊이 숙고해서 개선하려고 노력하고, 다음 세대에 소중하게 물려주는 행위"를 포함한다. 감사하게 받아들이고, 정성스레 관리해서, 열정적으로 전달해야 문화가 생존할 수 있다.

볼리비아 출신의 가브리엘라 그라헤다는 2003년에 버지니아의 우리 동네로 이사를 왔다. 그녀는 볼리비아 문화와 멀어지고 싶지 않아서 이 지역의 볼리비아 무용단 '알마 볼리비아나'에 가입했다. 처음 버지니아 폴스 처치에 왔을 때 그녀는 낯설고 외로웠다. 이전에 살았던 로스앤젤레스보다 히스패닉 비율이 훨씬 낮았기 때문이다. 그런 그녀에게 알마 볼리비아나는 비슷한 배경과 열정을 가진 사람들로 이루어진 친숙한 공동체로, 마치 고향 같은 존재가 되어주었다.

마크 T. 미첼의 말처럼 가브리엘라가 알마 볼리비아나를 사랑했던 이유는 자신이 속한 문화를 물려받아서, 돌보고, 다시 물려주는 집단이었기 때문이다. 알마 볼리비아나에는 실제로 볼리비아에서 살았던 경험이 있는 사람이 많지 않았다. 대부분은 부모님 세대 때 미국으로 건너온 2세들이었다. 그러나 알마 볼리비아나는 문화의 본거지에서 수천 마일 떨어진 곳에서도 문화의 정신을 지켰다. 춤은 어려웠다. 그러나 춤을 춘다는 것은 그녀에게 자신의 문화를 직접 표현한다는 것이었다. 어려움은 오히려 자부심이 됐다.

또한, 춤은 볼리비아에 관해 이야기할 기회를 제공했다.

"춤을 본 사람들이 와서 우리에게 왜 춤을 추는지, 그 춤의 기원은 어떻게 되는지 묻곤 해요."

그러면 그녀는 자신의 핏줄과 문화를 사람들과 나누었다.

"각각의 춤은 그 자체로 하나의 이야기예요. 그리고 각각의 춤과 의상 뒤에는 정말로 매력적인 역사가 숨어있죠."

그뿐만 아니라 댄서들은 노래를 통해 토착어인 케추아 말뿐만 아니라 볼리비아 은어도 약간 배웠다.

문화와 집단을 지키는 일이 절대 쉽지 않았다고 가브리엘라는 말했다. 집단 내에서 생기는 갈등을 해소하고, 자금 마련을 고민하고, 새로운 구성원을 찾아야 했다. 그러나 그렇게 몇 계절을 보내고 나니 탄력을 얻었다. 가브리엘라는 알마 볼리비아나를 유지하는 것이 자신의 할 일이라고 받아들였다.

"우리는 이 지역에서 가장 오래된 집단이에요. 그래서 난 이것이 해체되는 모습을 보고 싶지 않아요."

그러면서 당차게 덧붙였다.

"무언가를 지키려면 일종의 책임감과 목적의식이 필요하죠."

관리인의 가장 대표적인 사례는 아마도 성직자가 아닐까 싶다. 종교적 전통을 수행하고, 살아 있게 유지하고, 매주 신도들에게 전파하는 일은 그야말로 관리인 정신의 교과서다. 랍비 에이미 슈왈츠먼은 우리 동네 유대교 회당에서 30년간 자리를 지켰다. 연간 축일과 주간 안식일 예배는 물론 유대교 성인식, 결혼식, 장례식 등의 전통과 의식을 진행했다. 믿음 그리고 때로는 의심에 관한 이야기를 사람들과 나누었다. 그녀의 목표는 언젠가 신도들이 자신의 믿음을 더욱 깊이 탐구할 준비가 될 때까지 그들의 흔들리는 신앙을 붙잡고 지켜주는 것이다. 그때가 되면 "유대교가 언제나 그들과 함께 해왔음을 그들도 알게 될 거예요."

아마도 랍비 슈왈츠먼의 일 중에서 가장 중요한 부분은 믿음 속에 있는 아이들을 가르치는 일일 것이다. 그녀는 전체 학생 수가 900명가량 되는, 미국에서 두 번째로 큰 유대교 학교를 운영한다. 성인식을 앞둔 아이들은 히브리어뿐만 아니라 "성인(율법의 자녀)이 된다는 것의 의미"도 배운다. 여기에는 각자의 헌신을 받아들이도록 아이들을 격려하는 과정도 포함된다. "신앙의 전통을 나보다 더 우선할 준비가 되는 때가 언제인지" 스스로 질문한다. 그러나 이러한 교육이 아이들에게만 국한하는 것은 아니다. 랍비 슈왈츠먼은 모든 신도에게 "비전을 품는 유대교"를 강조한다. "내가 한 선택이 유대교의 미래와 유대인으로서의 내 미래에 어떤 영향을 미칠 것인가?" 언제나 이를 고민해야 한다고 가르친다.

랍비 슈왈츠먼은 이처럼 의식을 진행하고, 사람들을 인도하고, 교육하는 일을 좋아해서 랍비가 됐다. 그녀에게 이러한 역할은 짐이 아니라 기쁨이다. 그러나 많은 신도를 이끄는 일에는 진심 어린 마음으로 공동체를 지키고 돌보는 것 외에도 회의를 계획하고, 주최하고, 금융 관련 서류를 검토하고, 자금을 모으고, 건물 허가를 신청하는 등의 지루한 행정 업무도 동반한다. 그럴 때마다 그녀는 이러한 일도 아이들에게 유대교 교리를 가르치는 것만큼이나 랍비로서 중요한 부분임을 상기한다.

천년도 넘은 전통이 아직도 살아 숨 쉴 수 있는 이유는 전 세계 모든 유대교 회당의 랍비들이 이러한 역할을 마다하지 않은 덕분이다.

"내가 유월절 축제 때마다 하는 말이 있어요. 세계 곳곳에서 우리와 똑같이 교리를 지키며 살아가는 유대인들을 떠올리라고요. 그리고 우리의 조부모님과 증조부모님도 그러한 삶을 살았다는 사실을 떠올려봅니다. 바라건대, 우리의 자녀와 손자, 그리고 우리는 알지도 못할 미래의 사람들도 그러한 삶을 살겠죠."

가볍게 숨을 내쉰 후 그녀가 말을 이었다.

"이를 상상할 때마다 내 마음은 기쁨과 충만함으로 차오릅니다."

다섯 번째 갈래 : 장인

기술을 연마하는 것도 전념하기의 한 갈래다. 빵 굽는 기술을 연습하는 아마추어 제빵사, 손가락 움직임을 갈고닦는 클래식 기타리스트, 강의법을 연구하는 선생님 등 이들의 기술은 전부 시간과 반복을 요구한다. 어떤 기술을 통달하기까지 '10,000시간'이 필요하다는 말을 들어봤을 것이다. 그러나 개인적으로 나는 뉴욕의 원예사 앤디 페티스가 스승에게 들었다는 말을 좀 더 좋아한다.

"적어도 식물 100개를 죽여보기 전까지는 진짜 원예사가 아니다."

이처럼 **장인**artisans은 오랫동안 노력해서 기술을 갈고닦는다.

미키 라파엘Mickey Raphael은 수십 년간 윌리 넬슨의 공연에서 하모니카를 연주했다. 그러나 미키가 처음부터 세계적으로 유명한 하모니카 연주자를 꿈꿨던 것은 아니다. 그는 1960년대에 나고 자란 사람들이 다들 그랬듯이 원래는 기타를 연주했다. 그러나 고등학생 때 달라스의 어느 커피하우스에서 도니 브룩스^{Donnei Brooks}의 블루스 하모니카 연주를 듣고 완전히 매료되었다.

"그래, 이게 바로 내가 원하는 길이야."

그래서 그는 호너 마린밴드 하모니카를 하나 구해서 블루스 릭 licks(블루스, 재즈, 록 등과 같은 대중음악에서 솔로 즉흥 연주나 멜로디, 반주에 사용되는 짧막한 악절_역주)을 연습했고, 그것이 시작이었다.

미키의 아버지는 가구 제작자였지만, 미키는 목공에 소질이 없었기에 가업을 물려받을 생각이 전혀 없었다. 따라서 아버지는 미키가 자신이 물려준 장인 정신의 유전자를 하모니카에 쏟는 모습을 보는 것만으로 만족해야 했다. 얼마 지나지 않아 미키는 가는 곳마다 하모니카를 들고 다녔다. 그는 외톨이었고, 학교에서 그를 받아주는 밴드가 없었기에 매일 점심마다 운동장에 가서 혼자 하모니카를 불렀다. 그는 하모니카가 "누구나 쉽게 연주할 수 있는 악기"라고 설명했다. "노래에 맞는 조성의 하모니카만 있으면 꽤 그럴듯하게 연주할 수" 있지만, 제대로 된 실력을 갖춰서 "표현력이 풍부한 연주를 하려면" 끊임없는 연습이 필요하다.

"먹고 잘 때만 빼고는 언제나 하모니카를 입에 물고 있어야 할 정도로요."

어느 밤, 댈러스의 루바이야트 클럽에서 미키는 그의 영웅 도니 브룩스를 만났고 심지어 몇 가지 릭을 직접 배우기도 했다. 불과 5분 정도의 짧은 시간이었지만, 미키는 계속 이 길로 나아가도 되겠다는 자신감을 얻었다. 그의 노력은 곧 성과를 거두었다. 미키는 근처 녹음 스튜디오에서 시간을 보내기 시작했다. 하모니카 릭을 쓸 수 있는 세션에 들어가서 짧은 CM송은 물론 앨범 전체에 참여하기도 했다. 그러던 어느 날, 한 파티에서 그의 연주를 들은 윌리 넬슨이 미키에게 자신의 밴드와 가끔 합주할 수 있는지 물었고, 오래지 않아 미키는 아예 넬슨의 밴드에 합류했다. 그때 이후로 그는 넬슨과 함께 무대에 올랐다. 전 세계를 돌며 공연했고, 어느 날은 대통령 앞에서도 연주했다.

그러나 오랫동안 꾸준히 기술을 연마하는 것만으로는 한 분야의 장인이 될 수 없다. 진정한 장인은 고수의 경지에 이른 후에도 활동을 멈추지 않는다. 어떤 장인은 그들의 최고작, 즉 자기가 가진 모든 것을 쏟아부은 단 하나의 '위대한 작품'으로 기억된다. 그러나 일반적으로는 그들이 만든 코퍼스corpus, 즉 작품 전체를 관통하는 고유한 분위기로 기억되는 경우가 더 많다.

아주 어릴 때부터 나는 심야 토크쇼 진행자들을 좋아했다. 특히 데이비드 레터맨David Letterman은 역대 최장수 토크쇼를 진행했는데, 그렇게 오랫동안 활동하면서 형성해온 레터맨만의 분위기야말로 그의 '위대한 작품'이라고 나는 생각한다. 자기만의 고유한 영상미에 몰두하는 아마추어 영화제작자, 고유한 사운드에 몰두하는 밴드, 고유한 맛에 몰두하는 요리사도 마찬가지다. 물론 이들에게도 자신의 모든 것을 담은 최고작이 있을 수 있다. 그러나 어쨌든 사람들이 열광하고 매력을 느끼는 부분은 다름 아닌 그들의 코퍼스다. 윌라 캐더Willa Cather의 표현을 빌리면, 예술가는 "자기만의 빛으로 집단의 감정과 경험을 표현한다." 우리가 어떤 장인의 코퍼스와 사랑에 빠질 때, 우리가 사랑하는 것은 바로 그 한결같은 '빛'이다.

여섯 번째 갈래 : 동료

전념하기의 마지막 갈래이자 가장 중요한 헌신은 다른 사람에게 헌신하는 것이다. **동료**companions는 아름다운 단어다. '함께'라는 뜻의 'com-'과 '빵'이라는 뜻의 'pan-'이 합쳐진 'companion'은 '빵 한쪽도 다른 사람과 나눠 먹는 사람'을 가리킨다. 누군가의 동료가 되려면 그들의 삶에 함께 존재하며 **동행**accompany해야 한다. 내가 누군가와 동행하고, 누군가가 나와 동행한다면, 그보다 더 좋은 삶이 어디 있겠는가?

프란시스 교황은 성당이 '야전병원'과 같은 역할을 하길 바란다고 말했다.

오늘날 성당이 갖춰야 할 가장 중요한 능력은 신도들의 상처를 치유하고 마음을 따뜻하게 어루만져주는 것이다. 그러려면 신도들에게 가깝고 친밀하게 다가갈 수 있어야 한다. 나는 성당이 전투 후의 야전병원과 같다고 생각한다. 심한 상처를 입은 사람에게 콜레스테롤 수치나 혈당을 묻는 것은 아무 의미가 없다! 일단은 상처부터 치료해야 한다. 나머지는 그 이후에 할 이야기다. 상처를 어루만져라. 상처를 치유해라.

동료는 삶의 전투를 치른 후에 상처 입은 우리를 곁에서 어루만 져주는 사람들이다.

그런 의미에서 가장 훌륭한 교사란 수업을 잘하는 선생님이 아 니라 배움의 과정 내내 학생들과 동행하는 선생님이라고 생각한다. 타마이코 차펠은 조지아에서 아이들에게 수학을 가르쳤다. 그녀는 학생들에게 그들이 수학을 이해하기 위한 기나긴 여정 중에 있으며, 거기까지 가는 동안 그녀가 항상 함께할 것이라고 알려주는 것이 제 일이라고 생각했다. "풀 수 없는 문제는 없다."라는 사실을 보여주고 아이들이 그 과정을 헤쳐나가는 모습을 옆에서 지켜봐 주었다. 수학 을 배우는 과정은 매 단계 좌절로 가득하다. 시행착오도 많다. 타마 이코의 역할은 아이들이 포기하지 않게 하는 것이었다. "막히면 도 움을 요청할 사람이 언제나 곁에 있음"을 아는 아이들은 두려움 없 이 문제에 도전하고 이를 해결했다.

그러나 누군가에게 신뢰할 수 있는 동료가 되는 일은 금세 또는 쉽게 이룰 수 있는 것이 절대 아니다. 제이슨 슬래터리[Jason Slatery]는 DC 드림 센터에서 멘토가 필요한 아이들과 멘토 역할을 해줄 성인 자원봉사자들을 이어주는 멘토링 프로그램을 담당하고 있다. 처음 멘토를 맡은 봉사자들은 아이들과 "즉각 가깝고 친밀한 관계를 형성 하기를 원하지만" 대부분 생각처럼 되지 않아 좌절하는 경우가 자주 일어난다고 그는 내게 설명했다. "아이의 신뢰를 얻고, 아이를 제대 로 이해하고, 또 아이도 봉사자를 제대로 알기까지" 보통 3년이 걸 린다고 센터 책임자 어니스트 클로버가 덧붙였다. 이때 가장 중요한 것은 멘토가 계속해서 아이와 만나는 자리를 갖는 것이다. "내가 너

를 선택했단다. 너를 돕기 위해 내가 여기 있단다."라는 말을 수없이
반복해야 비로소 아이들의 마음이 열리기 때문이다. 그러다 보니 제
일 무던하고 평범한 봉사자가 결국에는 최고의 멘토가 될 때가 많
다. 이 관계에서 가장 중요한 요소는 매력이나 리더십이 아니라 꾸
준함과 헌신이기 때문이다.

종교 활동도 마찬가지다. 노스캐롤라이나 샬럿의 네이버후드 교
회에서 담임목사로 있는 조셉 필립스^{Joseph Phillips}는 '목회자'의 의미를
진지하게 받아들였다. 목사가 신도들 이름을 기억할 수 없을 정도로
큰 교회에서는, 교리를 가르치는 것은 가능할지언정, 진정한 의미의
목회는 할 수 없다고 믿었다. 조셉이 생각하기에 목회는 매우 구체
적인 것이었다. 매주 예배에 참석하는 바로 그 특정한 신도들을 믿
음과 연결하는 일이 목회이며, 따라서 어떤 가정이 어떠한 어려움을
겪고 있는지 알고 그 과정을 함께 하는 데에 시간을 들여야 한다고
생각했다. 조셉은 동료 목사들에게 이렇게 말했다.

"어려울 때 닿을 수 있는 '진짜 관계'를 가진 사람들은 별로 없습
니다."

조셉은 "그러한 수준의 친밀함을 가질 때" 나타나는 긴장감을 끌
어안는 것이 자신의 사명이라고 여겼다. "모든 것이 노출되고, 모든
것이 발가벗겨지지만, 그래도 그 모든 것을 위해 자리를 내어주고,
그저 들어주는 것"이 목회자가 할 일이라고 이해했다.

앞서 살펴본 선생-제자, 멘토-멘티, 목사-신도의 사례는 다소
격식을 차리는 동료 관계이지만, 우리 삶에서 나타나는 동료 관계
는 대부분 그보다 좀 더 편안하다. 몹시 가까운 사람들을 가리키는

'kith and kin'이라는 옛 표현이 있다. 그중 '친인척(kin)'과 있었던 일을 이야기하는 경우는 요즘에도 더러 있지만, 가까운 이웃과 오랜 친구들을 뜻하는 '이웃사촌(kith)'에 관한 이야기는 이제 거의 사라졌다. 그러나 공동체를 단단하게 엮는 힘은 충실한 '이웃사촌'이 되기 위한 헌신에서 나온다.

작가 그레이시 올름스테드Gracy Olmstead는 아이다호주의 어느 작은 마을에서 태어났다. 마을 주민들은 몇 세대 전부터 그곳에 정착해서 살아온 사람들이었다. 그녀의 말에 따르면 그곳은 "이름보다 성이 더 의미 있는" 곳이었다. 이웃들이 그녀뿐만 아니라, 그녀의 부모님, 조부모님, 증조부모님까지 알기 때문이었다. 이렇게 여러 세대에 걸쳐 이어진 유대 덕분에 동네 전체가 서로를 돌보았다.

다른 지역으로 이사한 후에야 그레이시는 고향에서 너무나 당연시됐던 '이웃사촌'의 힘을 알아차리기 시작했다. 새로 이사한 동네에서는 이웃끼리 서로를 돌보기는커녕, 누가 누군지도 모르는 경우가 더 많았다. 이러한 차이를 깨달은 그레이시는 그녀의 고향이 알려준 가치를 다른 사람들에게도 알리고 싶어졌다. 하지만 그녀가 무엇을 할 수 있을까? 사람들이 그녀가 자란 것과 같은 환경에서 살고 있지 않다면, 아니 아예 그런 곳에서 살아본 적도 없다면, 그래도 그녀가 할 수 있을까?

그레이시는 예전에 어디선가 읽은 글을 떠올렸다. 좋은 친구가 된다는 것은 상대방과 완벽하게 잘 맞는 사람 또는 공통점이 아주 많은 사람이 아니라, 그저 오랜 시간에 걸쳐 '좋은 친구가 되는 기술을 쌓은' 사람이라는 내용이다. 좋은 이웃이 되는 것도 마찬가지일 거라는 생각이 들었다.

　"내 이웃들이 나와 공통점이 많은 사람 또는 좋은 이웃이 될 자질을 갖춘 사람이어야만 내가 좋은 이웃이 될 수 있는 것은 아니에요. 내가 좋은 이웃이 되는 기술을 연습하다 보면 어느새 주변 이웃들도 그러한 기술로 화답할 거예요. 그렇게 시간이 흐르고 나면, 바라건대 또 다른 좋은 이웃을 자극할, 말하자면 어떤 구성 요소가 조성되겠죠."

　다시 말해서 다정하고 우호적인 태도는 전염성을 갖는다.

　그레이시의 부모님은 금요일 저녁마다 누구나 참석할 수 있는 피자 파티를 열었다. 처음에는 그레이시와 형제들만 참석했다. 그러다가 아이들이 친구를 하나둘씩 데리고 오기 시작했고, 이윽고 이웃들도 그 소식을 알게 됐다. 이제 금요일의 피자 파티는 "가지각색의 사람들"이 드나드는 행사가 됐다. 금요일 저녁이 아니더라도 그녀의 부모님 집에는 **일주일 내내** 방문객이 끊이지 않았다.

　"사람들은 조언 한마디를 구하러 또는 차 한잔하러 또는 감정적인 위로를 받고 싶어서 부모님의 집에 들러요."

　금요일 저녁에 집을 개방한 그들의 작은 헌신 덕분에 모든 이웃이 그 집을 언제나 따뜻하게 환영해주는 곳으로 느끼게 된 것이다.

　요즘 같은 시대에도 헌신이 가능하냐는 질문을 받을 때마다 나는 이 세상의 모든 부모를 떠올린다. 우리는 부모가 되어 아이를 양육하는 행위를 그다지 특별하게 여기지 않는다. 주변에서 흔하게 접할 수 있는 일이기 때문이다. 그러나 그것은 정말로 경이로운 일이다. 아이를 갖겠다는 선택은 내가 아닌 존재를 돌보는 일에 평생, 그것도 처음 20년간은 거의 내 모든 것을 내팽개쳐야 할 정도로 온전하게 헌신하겠다고 결심하는 것이다. 다가올 미래가 얼마나 암울할지를 예측하는 이야기가 곳곳에서 들려오지만, 아이를 낳고 기르는 부모들의 모습은 우리의 절망이 거짓임을 보여준다. 출산과 육아는 곧 미래에 헌신하는 것이다.

그러나 출산과 육아보다 더 놀라운 것은(어쨌든, 아이에게 헌신하는 것은 어느 정도 본능이니까) 결혼이다. 액체 근대가 가져온 그 모든 탐색과 선택지 열어두기 속에서도 결혼제도는 살아남았다. 결혼하고 아이를 낳아 기르는 것은 아마 현시대에서 가장 마지막으로 남은 헌신이라고 말할 수 있을 것이다. 그래서인지 사람들은 자기가 특별히 애착을 갖고 헌신하는 대상을 말할 때도 이와 관련된 표현을 많이 쓴다. "나는 수학이랑 결혼했어." 또는 "이 프로젝트는 내 아이나 다름없어." 이런 식으로 말한다. 웬들 베리는 무엇이 우리 세계를 치유할 것인지에 대한 답을 '결혼(배우자와의 결혼뿐만이 아니라, 대의와의 결혼, 장소와의 결혼 등 관계와 헌신이 필요한 모든 형태의 결혼을 포함한 개념)'에서 찾을 수 있다고까지 말했다. 기꺼이 약속하고 맹세하는 것, 내 삶에 대한 통제력을 일부 포기함으로써 찾아올 불확실성을 직면하는 것, 한계를 받아들이는 것, 관계 형성 이후의 모든 순간이 늘 행복하지는 않더라도 전체로써의 유대 그 자체는 행복이라는 사실을 이해하는 것. 이것이 바로 결혼이고 헌신이다.

베리는 우리가 이혼이 잦은 시대에 살고 있다고 안타까워했다. 문자 그대로의 결혼뿐만 아니라 모든 종류의 헌신이 쉽게 깨진다고 슬퍼했다. 우리가 개별적으로 그 모든 것을 다시 합쳐놓을 수는 없다. 그러나 "내가 하는 일은 내가 할 수 있는 유일한 일이다." 베리는 이렇게 조언했다.

"꼭 함께해야 할 두 가지를 골라서 다시 합쳐라. 전부가 아니라 단 두 가지에만 집중하면 된다. 이것이 우리가 사회를 회복할 수 있는 길이다."

지나치게 자주 분열되고, 지나치게 자주 고립되고, 지나치게 자주 단절되는 세계를 좀 더 온전하게 만들기 위해서 내가 할 수 있는 일을 하는 것. 이것이 전념하기 반문화의 사명이다.

7장 ┃

후회에 대한 두려움과
목적의식이 주는 자유

전념하기의 길을 가고자 할 때 우리는 종종 후회에 대한 두려움에 사로잡힌다. 무언가에 전념했다가 나중에 다른 것에 전념하지 않은 것을 후회할까 두려워한다. 20년 후 '다른 길을 선택했더라면 좋았을 텐데...' 하는 생각에 시달리며 아침을 맞이하고 싶지는 않다. 무언가를 결정하는 일이 고통스러운 것은 자연스러운 현상이다. 'decide(결정하다)'에 있는 '-cide'는 'homicide(살인)'에 있는 것과 같이 무언가로부터 분리하기 위해 '잘라내다' 또는 '치다'라는 의미가 있다. 한 부분은 남겨놓고, 나머지는 버린다는 뜻이다. 청년들은 "각기 다른 미래가 담긴 상자가 잔뜩 쌓여 있는 창고"와 같다고 철학자 로베르토 웅거는 말했다. 그러나 그 상자를 모두 가질 수는 없다. 하나의 상자를 선택하는 것은 "자기 발전을 위해 필수적"인 동시에 "그 선택으로 인해 다른 많은 상자를 포기해야 하는" 일종의 "절단"이기도 하다. 우리가 후회에 대해 이토록 강렬한 두려움을 느끼는 것도 이 때문이다. 하나의 상자를 선택하는 고통스러운 과정을 겪어야 한다면, 올바른 선택을 하는 것은 무엇보다 중요해진다.

부담감 내려놓기

후회할까 두려운 마음을 극복하려면 선택에 대한 부담감을 내려놓는 것부터 시작해야 한다. 전념하기를 결심했다고 해서 거기에 목숨을 걸어야 하는 것도 아니고, 평생 절대로 포기하면 안 되는 것도 아니다. 전념하기는 관계를 맺고 유지하는 일이며, 관계는 생명체와 같다. 그리고 모든 생명체는 언젠가 죽는다. 삶이 헌신에서 멀어지면 그것은 더는 관계가 아니다. 그저 죽은 규칙일 뿐이다. 관계를 받아들이고 거기에 시간과 마음을 들이는 것은 좋다. 관계가 삐거덕거릴 때 그것을 회복하려고 노력하는 것도 좋다. 그러나 관계가 죽으면 그걸로 끝이다. 이미 죽은 관계를 두고 애써 살아있는 것처럼 연기하는 것은 전혀 바람직하지 않다.

전념하기를 주장하는 책에서 그만두기를 권하는 것이 의아할지도 모르겠다. 그러나 내가 선택한 길이 잘 안 풀릴 수도 있다는 생각을 담담하게 받아들이는 것은 전념하기에서 핵심적인 요소다. 그래야 부담감 없이 전념하고자 결심할 수 있기 때문이다. 볼티모어의 전념하기 영웅 맥스 폴락은 도시 이곳저곳에 버려진 벽돌과 나무를 재가공해서 판매하는 사업을 하고 있다. 그러나 맥스는 자기가 하는 일을 헌신이라고 생각하지 않는다.

"매일 아침 이 일에 전념하겠다고 다짐하며 일어나진 않아요. 그냥 이게 내가 하고 싶은 일이고, 그러니까 내가 할 수 있는 모든 것을 다 하겠다고 생각할 뿐이에요. 이게 내가 원하는 길인지 의심해본 적은 한 번도 없어요."

살아있는 관계란 이런 것이다. 따로 의식할 필요도 없이 그저 내 삶의 일부가 된다.

그러나 맥스가 지금처럼 전념할 수 있는 이유는 이전에 집중하던 것들을 중도 포기했기 때문이다. 몇 년 전 로스쿨에 입학한 지 6주 정도 됐을 무렵, 맥스는 여자친구와 함께 웨스트 필라델피아를 걷다가 어떤 남자들이 오래된 집을 고치는 모습을 보았다.

"으, 난 사실 로스쿨에 있기 싫어. 저 사람들이 하는 일을 하고 싶어."

맥스가 말하자 놀랍게도 여자친구는 이렇게 반응했다.

"음, 그럼 하면 되지!"

그 말을 들은 맥스의 머릿속에 떠오른 생각을 그는 지금도 생생하게 기억한다.

'그래, 정말 단순한 거잖아. 하기 싫은 일은 그만두고, 하고 싶은 일을 시작하면 되는 거야.'

며칠 후 그는 학교를 자퇴하고, 폐벽돌이나 나무를 되살리는 설계 시공 회사에 들어갔다. 맥스는 로스쿨이 힘들어서 또는 지겨워졌거나, 다른 데에 유혹을 느꼈거나, 결과가 불확실해서 그만둔 것이 아니었다. 살아있는 관계가 아니었기 때문에 그만두었다. 그만두기를 부담스러워하지 않는 것은 그래도 괜찮은 정도가 아니라, 전념하기의 영웅이 되기 위해 꼭 필요한 태도다. 이 사실을 기억하면 어려운 결정을 해야 하는 순간에 직면했을 때, 좀 더 가벼운 마음으로 선택할 수 있을 것이다.

결정하고 행동하기

일단 부담감을 내려놓았다 해도, 여전히 선택은 해야 한다. 많은 선택지 중 하나를 고르는 일은 어렵고, 심지어 결정 마비를 겪을 수도 있다. 전념하기의 영웅들과 나눈 대화에서 나는 결정 마비를 극복하는 데에 유용한 방법 몇 가지를 터득했다. 그중 하나는 감정의 도움을 받는 것이다.

내 친구 존은 다소 볼품없지만, 효과가 확실한 방법을 사용했다. 사람들이 그에게 조언을 구하면 그는 막연하게 각각의 선택지를 저울질하는 대신 그냥 답을 정해줬다. 예를 들어, 친구가 "필라델피아에 있는 회사로 갈까, 아니면 애틀랜타로 갈까?" 하고 물으면, "당연히 애틀랜타지!" 하고 대답한다.

존의 대답을 들은 사람들은 대개 깜짝 놀란다. 보통은 "음, 어디보자. 애틀랜타는 이러저러한 장단점이 있고, 필라델피아는 이러저러한 장단점이 있네."라며 같이 고민하는 쪽으로 대화가 흘러가기 때문이다. 그러나 존의 방법은 사람들이 실제로 어떤 결정을 내렸을 때 다가올 상황을 좀 더 구체적으로 상상하는 데에 도움이 된다. "당연히 애틀랜타"라는 대답을 듣고 나면 애틀랜타에서 산다는 선택지가 훨씬 현실적으로 다가온다. 그러면 그에 대한 감정도 더 명확해진다.

"글쎄, 내가 애틀랜타에서 산다는 게 좀 상상이 안 가네. 별로 좋은 생각 같지 않아."

친구가 이렇게 말하면 존이 대답한다.

"이제 답이 나왔네. 필라델피아로 가면 돼."

유전학자 수잔 웨슬러Susan Wessler는 진로 때문에 고민하는 학생들에게 스스로 다음과 같은 질문을 던져보라고 조언했다.

"할 일 목록 중에서 내가 항상 제일 먼저 하고 싶어 하는 일은 뭐지?"

아무리 뛰어난 학자들이 모여서 우리가 무엇을 원하는지, 원하지 않는지 냉철하게 분석한다 해도, 우리가 일상 속에서 느끼는 즐거움을 알아차리는 것만큼 정확할 수는 없다.

감정의 도움을 받아 결정하는 방법은 수 세기 전부터 예수회의 관행으로 내려오고 있는 이냐시오적 식별Ignatian discernment의 핵심이기도 하다. 이냐시오적 식별은 마음을 깨끗하게 비운 후 각각의 선택지를 깊이 그려보면서 그때마다 내 감정이 어떻게 움직이는지 느껴보는 것이다. 선택지의 장단점을 **생각하는** 것이 아니라 **느끼는** 것이 중요하다. 이는 단순히 선택지를 세세하게 검토하는 것 이상의 행위다. 선택지가 아니라, 선택지가 주어졌을 때의 내 마음을 들여다보는 것이다. 500년 전, 성 이냐시오Sanctus Ignatius가 한 말처럼 "깨달음과 이해는 적막과 위안을 경험하고 다양한 감정을 분별함으로써 얻어진다."

내가 한 선택지를 고른다고 상상할 때 내 마음이 그것을 지지하고, 응원하고, 평온하게(예수회 신도라면 신에게 더 가까워진다고) 느끼는가? 아니면 불편하고, 불안하고, 신의 뜻과 멀어진다고 느끼는가? 이것을 고민해야 한다.

어느 예수회 신도는 이냐시오적 식별에서 가장 중요한 부분이 '조율'이라고 말했다. 감정은 이성이 접근할 수 없는 정보에까지 닿을 수 있으며, 이냐시오적 식별은 우리 내부의 수신기가 그 정보를 더욱더 선명하게 수신할 수 있도록 주파수를 조율하는 과정이라는 것이다.

이에 더해서, 예수회 신부 제임스 키넌James Keenan은 이것이 우리의 이성과 감정만 들여다보는 것이 아니라, "본능까지 살펴보는 것"이라고 썼다.

두 번째는 가치의 도움을 받는 방법이다. 그러나 이는 쉽지 않을 수도 있다. 자신의 믿음을 인지하고 표현하는 데에 어려움을 겪는 사람들이 많기 때문이다. 자기가 중시하는 가치를 발견하는 한 가지 방법은 여러 영웅의 사례를 수집하는 것이다. 나는 다양한 사람들의 삶을 연구함으로써 내가 어떠한 삶에 감동하는지 그리고 거기서 배울 수 있는 것이 무엇인지 파악했다. 내가 존경하는 영웅의 생각과 태도를 알면, 어려운 결정을 직면했을 때 그 사람이라면 어떤 선택을 했을지 생각해볼 수 있다. 그들이 내게 감동을 주는 이유는 나와 같은 가치관을 공유하기 때문이다. 따라서 내 영웅이 선택할만한 길을 고려하는 것은 곧 내 신념과 일치하는 길을 고르는 것과 같다.

첫 번째 의사결정 방법이 감정의 도움을 받는 것이고, 두 번째가 가치의 도움을 받는 것이라면, 마지막 방법은 이성의 도움을 받는 것이다. 이성적인 의사결정에서 가장 교과서적인 도구는 '장단점 목록'이다. 사실 이것이 근대적으로 처음 언급된 것은 1772년 벤 프랭클린Ben Franklin이 화학자 조지프 프리스틀리Joseph Priestley에게 쓴 편지에서였다.

"… 내가 쓰는 방법은 종이에 선을 그어 두 칸으로 나눈 후 한쪽에는 장점을, 다른 한쪽에는 단점을 쓰는 것이네. 이후 3~4일간 고민하면서 떠오르는 생각을 각각의 칸에 추가한다네. 이유의 가중치를 정밀하게 수치화하기는 어렵겠지만, 그래도 각각의 이유를 개별적으로 그리고 상대적으로 고려해서 한눈에 알아볼 수 있도록 정리하면, 좀 더 잘 판단할 수 있고 경솔하게 결정할 위험을 낮출 수 있다고 생각하네. 실제로 나는 심리적 또는 세심한 대수학Moral or Prudential Algebra이라고 부를 수 있는 이 같은 공식을 꽤 유용하게 활용해왔다네."

프랭클린 시대 이후로 수 세기가 지났지만, '심리적 또는 세심한 대수학'을 활용하는 기술은 크게 달라지지 않았다. 지금도 이성적인 분석을 위한 가장 좋은 도구는 프랭클린이 했던 것처럼 각각의 선택지를 쪼개서 하나씩 분석하고 비교하는 것이다.

매우 중대한 의사결정은 감정, 가치, 이성 세 가지 방법을 전부 동원해야 할 수도 있다. 작가 파커 파머Parker Palmer의 말을 빌리면, 이러한 방법들은 대개 의사결정을 둘러싸고 우리가 지향할 방향을 알려주는 '외골격(외부로 드러난 골격으로 갑각류, 곤충류 등에서 볼 수 있다_역주)'일 뿐이다. 어쨌든 우리가 기대하는 것은 그 선택이 옳다고 느끼게 해주는 삶의 불꽃이다. 결국, 우리를 어느 한 방향으로 끌고 가는 것은 긍정적인 감정과 영감과 이성적인 판단의 혼합물이다.

대부분의 의사결정 방법은 외부의 소음을 제거하고 내면의 목소리에 귀를 기울인다는 공통점이 있다. 블레즈 파스칼Blaise Pascal은 "인간의 모든 문제는 방에서 홀로 조용히 앉아있는 능력의 부재에서 나온다."라고 관찰했다. 또한, 작곡가 조 퍼그는 "내가 무엇을 선택했는지 입을 다물면, 나를 선택한 무언가의 소리가 들릴 것이다."라고 노래했다.

결정을 내렸으면 이제 움직여야 한다. 가만히 있으면 후회할지도 모른다는 두려움이 슬그머니 다시 돌아올 것이다. 우리는 행동으로 옮기고 난 후에야 내가 무엇을 원하는지 온전히 이해할 수 있다. "일단 해보고 생각하라."라는 말에는 이러한 통찰력이 담겨 있다.

전념하기의 영웅들에게 망설임 없이 전념할 수 있었던 이유를 묻자, 그들은 알지 못하는 것들을 미리 걱정하지 않았기 때문이라고 대답했다. 워싱턴 D.C.에서 '버스보이와 시인들Busboys and Poets'이라는 레스토랑을 운영하는 앤디 샬랄은 자신의 선택 이후에 펼쳐질 미지의 세계가 일종의 즐거움이었다고 말했다. 전념하기를 결정했을 때에도 전체 여정은 걱정하지 않았다. 그저 바로 다음 단계만 생각했다.

"처음부터 10년짜리 여정을 떠올리지는 않았어요. 그냥 한 번에

한 걸음씩 밟아나가다 보니 여기까지 온 거예요."

어떤 모습의 레스토랑을 만들 것인지 사소한 것 하나까지 전부 계획하고 시작한 일이 아니었다. 그저 전체적인 윤곽만 그리고 있었다. 회의나 행사를 진행할 수 있도록 넓은 공간을 원했다. 사람들이 배우고, 깨우치고, 새로운 생각을 접할 수 있는 곳이 되면 좋겠다고 생각했다. D.C.의 문화적 중심지처럼 느껴지길 바랐다. 그러나 샬랄이 이 모든 생각을 한꺼번에 구체화한 것은 아니었다. 하나씩 떠오를 때마다 그것을 놓치지 않고 붙잡았을 뿐이다. 한 걸음씩 나아간 그의 여정은 15년간 이어졌고, 현재 그곳은 아마도 D.C.에서 가장 사랑받는 레스토랑이자 모임 장소가 되었다.

킴벌리 와서만Kimberly Wasserman은 그녀가 사는 시카고의 한 동네에서 유독한 석탄 발전소를 없애기 위해 12년간 싸웠다. 처음 투쟁을 시작할 때는 이 싸움이 이렇게 길어질 줄 몰랐다고 한다. 단지 '아무리 오래 걸리더라도 뭔가 조처를 해야 해.'라는 생각뿐이었다. 그리고 날마다 조금씩 할 일을 해나갔다.

"매일 새로운 싸움을 하는 것 같았어요."

아들과 함께 공장 옆을 지나갈 때마다 공장 매연 탓에 폐가 오염된 아들은 "엄마, 오늘은 공장 문을 닫게 했어요?"라고 물었다.

"아니, 아직."이라는 대답과 함께 그녀는 더욱더 결심을 굳게 다졌다. 포기할까 고민한 적도 없지만, **목표에 점점 가까워지고 있다고 생각한 적도 없다. '오늘은 어떤 일을 해야 할까?' 그것만 생각했다.**

애틀랜타 벨트라인(오래된 철길을 따라 그 인근을 개조하여 녹지 및 휴식 공간을 조성한 도심 재개발 프로젝트_역주)을 제안한 라이언 그라벨Ryan

Gravel은 자신을 '단순함의 열성 팬'이라고 소개했다. 오래된 철길을 주요 복합 산책로로 바꾸기까지 얼마나 많은 시간과 노력이 필요할지 미리 알았더라면(그의 삶에 일어날 수많은 드라마는 제쳐두더라도) 아마도 그것을 관철하지 않았을 것이다. 그러나 그는 "단순함의 힘은 정말 강력해요."라고 말했다. 애초에 그 사실을 알지 못했기 때문에, 그는 자신의 거대한 아이디어에 헌신했고, 하나씩 완수해 나갔다. 지금 와서 돌이켜봐도 벨트라인 프로젝트를 시작한 것에 후회는 없다.

이 주제는 전념하기의 영웅들과 나눈 대화 중에 계속해서 다시 등장했다. 위대한 헌신에 거창한 청사진은 필요 없다. 청사진이 거창할수록 허점만 많고, 실망할 구석만 많고, 헌신하지 않을 이유만 많아진다. 이디시어(유럽 내륙 지방과 그곳에서 미국으로 이주하여 간 유대인들이 사용하는 언어. 히브리 문자로 표기함_편집자주) 격언처럼 "인간은 계획하고, 신은 웃는다." 아무리 꼼꼼하게 계획해도 미래는 내 뜻대로 되지 않는다. 위대한 헌신은 처음 한 걸음을 내딛는 것에서부터 시작된다. 그러니 그냥 첫발을 내디뎌라. 그리고 다음 단계가 조금 뚜렷해지면 그때 다시 한 걸음 더 나아가면 된다.

여러 선택지를 두고 고민할 때 가장 완벽한 미래에 가까워질 수 있는 선택지를 고르는 것이 목표인 사람들이 있다. 이는 정답이 정해진 퀴즈를 푸는 것과 같다. 그러나 이것은 잘못된 생각이다. 미래가 이미 존재하는 것은 아니기 때문이다. 우리의 선택이 미래를 만든다. 우리가 헌신하는 것이 우리의 현실이 된다.

따라서 선택지 고르기의 과제는 '올바른' 미래를 선택하는 것이 아니라, 내가 필연적으로 선택한 미래에서 무엇을 할 것인지를 고민하는 것이다. 스탠퍼드 경영대학원 강사 에드 바티스타[Ed Batista]의 말처럼, 올바른 선택을 하려고 노력하기보다는 내 선택이 **올바른 것이 되도록** 만드는 데에 집중해야 한다. 스탠퍼드 경영대학원 교수이자 의사결정과 관련된 신경과학을 연구하는 바바 시브[Baba Shiv] 역시 그와 비슷한 견해를 내놓았다. 의사결정의 성공 여부를 결정하는 주요 요인은 의사결정자의 선택 그 자체가 아니라, 의사결정자가 자신의 선택에 얼마나 최선을 다했는지에 달려있다는 것이다.

내 고등학교 선생님 중 하나는 바티스타와 시브의 의견과 일맥상통하는 연애 조언을 해주었다. 선생님은 운명이 정해준 '단 한 사람'을 만나야 한다는 생각을 버려야 한다고 말했다. '단 한 사람'의 존재를 생각하기 시작하면 지금 내 앞에 있는 이성과 내 머릿속에 있는, 완벽하지만 현실에 존재하지 않는 '단 한 사람'을 끊임없이 비교하게 된다. 그러면 지금 연인과의 관계에서 일어나는 모든 마찰이, 이 사람이 바로 그 '단 한 사람'이 아니라는 증거로 받아들여진다. 그보다는 지금까지 서로에게 헌신해왔다는 사실에 집중하고, 그 관계가 잘 굴러가도록 노력하는 일에 초점을 모아야 한다. 그리고 갈등이 생겼을 때도 상대방과 사귀기로 한 내 결정이 잘못됐는지 돌이키기보다 "이것도 관계를 돌보는 일의 일부분"임을 상기해야 한다.

전념하기의 여정은 처음 그 길을 선택하던 과거의 한순간이 '옳았는지'로 정의되지 않는다. 그보다는 '번영'하고 '쇠퇴'하는 때가 있다고 생각하는 것이 낫다. 최초의 결정이 전념하기의 번영과 쇠퇴에 어느 정도 영향을 미치는 것은 사실이다. 그러나 시간이 흐를수록 전념하기의 생명력은 과거의 어느 한순간이 아니라 그 길을 가는 모든 순간에 의해 결정될 것이다.

내 본능과 신념과 머리의 목소리에 귀 기울이고, 불확실한 미래에도 두려움 없이 행동으로 옮기고, 완벽한 미래를 선택해야 한다는 강박을 버리는 것. 이 모든 것은 물론 말처럼 쉽지 않다. 그러나 아무리 대단한 지혜를 구해봐도 '헌신은 믿음으로 실천하는 것'이라는 사실은 바뀌지 않는다. 자연주의자 존 버로스John Burroughs는 이렇게 조언했다.

"일단 뛰어내려라. 그러면 나를 안전하게 받쳐줄 그물이 보일 것이다."

그러나 이조차도 과한 조언일지 모르겠다. 전념하기의 첫걸음을 떼기 위해 우리에게 필요한 말은 어쩌면 이것이 전부다. **일단 뛰어내려라!**

전념하기에는 가속도가 붙는다

일단 결정을 내리고 행동으로 옮기기 시작하면, 내가 결정한 선택지는 매우 빠르게, 매우 생생하게 현실이 될 것이다. 그리고 거기에 뒤따르는 모든 것(내가 짊어져야 할 짐, 만나야 할 사람들, 따라야 할 지침 등)에 관한 걱정이 물밀 듯이 밀려 들어온다. 전념하기에 요구되는 시간과 에너지를 체득하면서 그 밖의 다른 기회들이 내 손아귀에서 빠져나가는 것을 느낀다. 결정하기 전에는 그로 인해 일어날 수 있는 결과들이 추상적이었다. 그러나 이제 그것들이 구체적으로 드러나면서 후회할지도 모른다는 두려움이 다시 스멀스멀 피어오른다.

문자 그대로의 무한 탐색 모드에 있을 때도 이런 기분을 겪어봤을 것이다. 한참 동안 스크롤을 내리다가 마침내 영화를 골랐지만, 오프닝 크레디트가 올라오기 시작하자 다시 마음이 불안해진다. "내가 정말로 이 영화를 보길 원하는 걸까?" 그리고 '뒤로 가기' 버튼이 아직 사라지기 전 머릿속에서 외침이 들려온다. **다른 걸 고르자!**

이를 극복하는 유일한 방법은 계속 밀고 나가는 것뿐이다. 다행히 좋은 소식이 있다. (출발선에서 그리 멀지 않은) 일정 지점에 이르면 전념하기에 가속도가 붙는다. 영화가 시작하고 몇 분만 지나면 **'이걸 계속 봐야 할까?'** 하는 생각은 온데간데없이 사라지고 마냥 영화에 빠져드는 것과 같다. 전념하기는 스스로 생명력을 얻는다. 그때부터는 그것을 유지하기 위해 그리 많은 의지가 필요하지 않다.

레슬리 메리맨은 우리 동네 도서관 사서다. 레슬리가 중동의 역사와 정치에 관심을 두기 시작한 것은 10년 전부터였다. 뉴스에서 아랍의 봄(2010년 튀니지에서 시작해 아랍, 중동 및 북아프리카 일대로 퍼진 반정부 시위 운동_역주)과 시리아 내전을 본 후, 그녀는 찾을 수 있는 모든 정보를 집어삼킬 듯이 습득하기 시작했다. 이를 계기로 적십자와 시리아계 미국인 의학협회Syrian American Medical Society를 후원하기 시작했지만, 자기가 할 수 있는 일이 더 있을 것이란 생각이 늘 머릿속에 맴돌았다. 그러던 어느 날, 아프간 난민의 미국 정착을 돕는 지역 단체가 있다는 이야기를 들은 그녀는 거기에 동참하기로 했다.

일손 부족에 시달리던 단체는 그녀의 연락을 크게 반겼다. 관리해야 할 난민이 수백 가구나 있었지만, 그들을 챙겨줄 인원은 턱없이 부족했다.

"도와줄 수 있을까요?"

"물론이죠. 정보만 보내주시면 제가 확인해볼게요."

레슬리는 이렇게 대답했지만, 챙겨야 할 난민 가구 목록을 받아본 후 자기가 단지 D.C. 지역의 자원봉사자 중 하나임을 알게 됐다. 각 가정에 전화해서 도움이 필요한 부분이 있는지 확인하라는 것 외에는 별다른 지침이 없었다. 어쨌든 레슬리는 차례차례 전화를 걸어 사람들이 어떻게 지내고 있는지, 필요한 것은 없는지 묻기 시작했다.

"저는 미지의 것을 좋아해요."

그녀 역시 전념하기 영웅들의 공통된 주제를 언급하며 말을 이었다.

"그래서 상대방이 내게 무엇을 요청할지 모른다는 사실이 매우 흥미로웠어요."

또한, 그녀는 사서로 일하면서 갈고닦은 실력을 적극적으로 활용했다.

"전 조사를 잘해요. 그래서 내가 모든 것을 제공할 수 있다고 약속하지 않아요. 그저 답을 찾을 수 있게 도와주죠."

요청사항이 쌓였다. 어떤 사람은 방 하나짜리 아파트에서 여덟 식구가 살고 있었고, 아내가 아팠으며, 일자리를 구하고 있었다. 또 어떤 사람은 아이한테 장애가 있어서 도움이 필요했다. 어떤 가족은 기저귀가 다 떨어졌고, 또 다른 가족은 외투를 사야 했다. 그리고 모두가 영어를 배우는 데에 어려움을 겪고 있었다.

레슬리는 자신이 할 수 있는 범위 내에서 최선을 다했다. 병원에

태워다주고, 기저귀와 외투를 살 수 있게 마트에도 데려갔다. 가족들이 위기를 넘길 수 있도록 격려하고, 심리적 혼란을 겪는 아이들에게 상담사를 연결해주었으며, 부모들을 영어 수업에 등록해주었다. 가끔은 그들이 사는 곳에 방문해서 이야기를 들어주기도 했다. 그것만으로도 그들은 낯설고 새로운 나라에서 따뜻하게 환영받는다는 느낌을 받았다.

마침내 레슬리는 주변 사람들까지 그녀의 헌신에 동참하도록 이끌었다. 치과의사인 친구에게 난민 가족들을 무료로 치료해달라고 부탁했다. 정신과 의사인 친구에게는 다른 의사들을 소개받았다. 페이스북에 글을 올려서 필요한 답을 얻거나 물품 기부를 받기도 했다. 심지어 자녀들에게도 장난감과 옷을 나눠주자고 제안했다.

레슬리의 삶은 불과 몇 달 만에 완전히 달라졌다. 그녀의 냉장고는 아프간 음식으로 가득 찼다. 난민 가족들이 고맙다고 보내온 선물이었다. 명절 때도 가족보다 아프간 친구들이 더 많이 찾아왔다. 레슬리는 구호 활동을 펼치는 작은 왕국을 관리하는 듯한 느낌을 받기 시작했다. 다양한 사례를 분류하고, 기부금과 자원봉사자를 모으고, 그녀의 도움을 받았던 사람들에게 도움이 필요한 새로운 사람들을 연결해주었다.

이제 레슬리는 이전 생활로 돌아갈 수 없고, 그러고 싶지도 않다. 친구들이 아마존 배송이 늦는다고 불평하거나 하루하루가 지루하다고 우울해하는 모습을 보면 조금 답답하다. 우선순위가 바뀌고 중요하게 해야 할 일이 생기면 직장 상사, 개, 애인과의 문제 등과 같이 일상의 "사소한 골칫거리"가 점점 희미해진다고 그녀는 설명했다.

II. 전념하기 반문화

전념하기에 가속도가 붙는 것이다.

레슬리처럼 특별한 헌신만이 스스로 생명력을 얻는 것은 아니다. 은퇴한 지 얼마 되지 않았던 어느 날, 어머니는 D.C. 다운타운을 지나가다가 노숙자 돌봄 센터인 미리암의 부엌^{Miriam's Kitchen}에서 자원봉사자를 구하는 것을 보고 일일 봉사활동을 신청했다. 그러나 그 한 번의 경험이 일주일에 한 번으로 늘어났고, 다시 일주일에 두 번이 됐다. 그렇게 어느 정도 시간이 지났을 때 센터 직원들이 어머니에게 다른 사람들과 나눌만한 기술이 있는지 물었고, 그래서 어머니는 노숙자들에게 뜨개질을 가르치기 시작했다. 얼마 지나지 않아 어머니는 주변 사람들에게도 함께 봉사할 것을 권하고 다녔다. 우연한 기회에 참여하게 된 단 한 번의 활동이 눈덩이처럼 커져서 어느새 삶의 중요한 일부분으로 자리 잡은 것이다.

베러 블록^{Better Block}이라는 단체가 있다. 자기가 사는 동네에서 한 블록을 골라 그곳을 개선하기 위해 노력하자는 캠페인을 벌이는 단체다. 말처럼 단순하다. 한 골목을 분석해서 그곳을 더 낫게 만들기 위해 내가 할 수 있는 일을, 공식적이든 비공식적이든, 뭐든지 다 한다. 베러 블록은 댈러스의 두 친구 제이슨 로버트와 앤드루 하워드가 네 개 블록을 골라서 24시간 만에 얼마나 개선할 수 있을지 시도해봤던 일에서 시작됐다. 만 하루 동안 그들은 자전거 도로, 햇빛 가리개, 야외 테이블을 추가했다. 화분으로 임시 중앙선을 표시하고, 지역 예술가와 음식 판매자들을 초대해서 버려진 가게 앞쪽에 매대를 차렸다. 이토록 사소한 헌신만으로도 얼마나 큰 변화가 가능한지 모든 사람이 확인한 후 블록 전체에 변화가 찾아왔다. 공실률이 급락했고 가게 점포가 거의 세 배로 늘었다. 현재 제이슨은 전국을 돌면서 이와 같은 활동을 권하고 있다. 어떤 사람들은 이것을 '도시에 침놓기'라고 부른다. 별 특징 없는 공간을 크게 사랑받는 장소로 바꾸는 과정을 시작한 것은 이처럼 사소하지만, 다정한 개입이었다.

도시의 아주 작은 부분, 문자 그대로 블록 하나에 초점을 맞춘 덕분에 사람들은 가벼운 마음으로 베러 블록에 참여한다. 문제가 거대해 보일 수도 있지만, 그래도 그냥 시작하라고 로버트는 우리를 격려한다.

"일단 나서서 한 가지 일을 해요. 그 일이 두 달 걸린다고 치면, 두 달 후에는 좀 더 나은 모습이 되어 있겠죠. 그리고 다시 두 달간 또 다른 일을 하면 그보다 좀 더 나아질 거예요. 머지않아, 적어도 1년 안에는 그곳을 둘러보며 **'우와 우리가 여기에 꽤 엄청난 변화를 가져왔잖아.'**라고 생각하는 날이 올 거예요."

전념하기가 스스로 가속도를 얻는 이유는 두 가지다. 첫째, 더 많이 헌신할수록 더 많이 보인다. 외부에서는 내가 헌신하려는 대상의 단편적인 모습밖에 보이지 않는다. 그러나 그 방에, 관계에, 공동체에 들어서면 모든 것이 눈에 들어온다. 그렇게 가속도가 붙는다. 예를 들어 내가 동네에 헌신하기로 하면, 새로운 사람, 장소, 사건이 내 삶에 들어온다. 어떤 신념을 위해 싸우기로 하면 적과 영웅과 도전의 대서사를 배운다. 이는 인간관계와 매우 흡사하다. 면발치에서 보면 관심이 생긴다. 그러나 관계에 더 깊이 들어가면 사랑에 빠진다.

전념하기가 가속도를 얻는 또 다른 이유는 우리가 심리적으로 전념하기에 적응하기 때문이다. 인간은 '심리적 면역 체계'를 갖고 있다. 인간의 뇌는 주어진 환경에 만족하기 위해 특히 더 노력한다. 한 연구에서 복권에 당첨되면 어떤 기분일 것 같냐고 묻자 사람들은 엄청나게 행복할 것 같다고 대답했다. 불의의 사고로 다리 한쪽을 잃으면 어떤 기분일 것 같냐는 질문에는 엄청나게 불행하리라고 추측했다. 그러나 연구원들이 실제 복권 당첨자와 사고 희생자를 인터뷰한 결과, 그들은 그렇게 큰 사건을 겪고도 몇 년이 지나면 이전과 **그렇게** 크게 다르지 않다고 느꼈다. 변화가 심리에 미치는 영향을 사람들이 과대평가하는 이유는 심리적 면역 체계의 힘을 과소평가하기 때문이다.

심리적 면역 체계는 새로운 환경에서 새로운 이야기를 짜내는 방식으로 작용한다. 내가 통제할 수 없는 것에는 의미를 덜 두고, 내가 통제할 수 있는 것에서 새로운 의미를 찾기 시작한다. 그래서 사람들은 과거의 결정이 **옳았는지** 곱씹으며 괴로워하기보다 그렇게 결정했던 이유를 합리화함으로써 과거의 결정에 심리적으로 적응한다.

그러나 이러한 능력은 우리가 과거의 결정을 실제로 계속 유지했을 때만 발휘된다. 하버드에서 심리적 면역 체계를 연구하는 대니얼 길버트Daniel Gilbert는 의사결정을 너무 쉽게 뒤집을 수 있으면 이처럼 긍정적인 심리적 적응이 방해받을 수 있다는 사실을 발견했다. 한 연구에서 길버트는 사진학과 학생들에게 각자 마음에 드는 사진을 두 장씩 찍도록 했다. 그다음에 사진을 인화해서 하나는 돌려주고 나머지 하나는 버리게 했다. 이때 실험참가자 중 절반에게는 그 결정을 바꿀 수 없다고 말했고, 나머지 절반에게는 나중에도 결정을 바꿀 수 있다고 말했다. 며칠 후, 학생들에게 자신이 선택한 사진에 만족하는지 물었다. 그 결과 결정을 바꿀 수 없다고 들은 학생들의 만족도가 그렇지 않은 학생들보다 훨씬 높게 나타났다. 길버트의 발견은 바꿀 수 있는 결과가 바꿀 수 없는 결과보다 오히려 만족도가 떨어진다는 사실을 시사한다.

에이미 존스는 '전념하기를 위한 사업'이라고 불러도 좋을 직종에 종사한다. 그녀는 타투이스트다. 15년 전, 절대 평탄하지 않을 타투이스트의 길을 선택했던 그 순간을 에이미는 아직도 정확히 기억한다. 당시 그녀는 타투 기술을 취미로만 유지할 것인지 아니면 진지하게 공부해서 전문가가 될 것인지를 두고 오랫동안 고민했었다. 그리고 어느 날, 그녀는 마음을 정했다.

"여기에 내 전부를 걸어볼 거야."

결심과 함께 에이미는 얼굴에 타투를 새겼다. 얼굴의 타투는 자신의 결정을 돌이킬 수 없게 만들기 위한 에이미만의 방법이었다.

"얼굴에 타투가 있으면 아무래도 사무직 같은 건 되기 어렵잖아요. 일종의 배수진을 쳤던 거죠."

얼굴에 타투를 새기고 나니 마음이 편해졌다. 타투이스트가 되겠다는 선택을 물릴 수 없으니 흔들리거나 고민할 것도 없었다.

"울타리에서 갈팡질팡하는 순간은 없어요. 이제 이쪽 편으로 넘어왔으니 그냥 이 길을 쭉 가면 되는 거예요. 이 분야에서 원하는 것을 이루기 위해 100% 전력을 다하면서요."

물론 심리적 면역 체계를 작동시키기 위해 에이미처럼 얼굴에 타투를 받을 필요는 없다. 그러나 얼굴의 타투가 뜻하는 비유적 의미, 즉 내 결정을 돌이키기 어려운 것으로 만들기 위한 무언가를 하는

　　　　　　　　　　　　Ⅱ. 전념하기 반문화

것은 도움이 될 것이다.

전환하기

많은 면에서 전념하기의 여정은 가치관을 재설계하는 과정 또는 '전환conversion'으로 볼 수 있다. 가장 흔하게 쓰이는 의미의 전환(영어에서는 '개종'을 뜻하기도 한다_역주)은 주로 종교적 헌신에서 나타난다. 그러나 정치적 헌신에서도 가치관의 재설계가 뒤따른다. 페미니즘에 공감하기 전과 후, 인종 차별 반대에 동참하기 전과 후, 노동조합에 들어가기 전과 후에 찾아온 변화를 이야기하는 사람들을 종종 봤을 것이다. 장소도 나를 전환한다. "나 이제 뉴요커 다 됐어."와 같은 말이 그 예다. 사랑 역시 하나의 큰 전환이다. 내가 그리는 나의 삶 속에 연인이나 아이들이 포함될 때 나는 변화한다. 이처럼 모든 헌신에는 전환이 수반된다. 누군가 또는 무언가에 진정으로 헌신할 때마다, 어떤 면에서 우리는 아예 다른 사람이 된다.

내 친구 리즈는 엄마가 된 이후부터 삶의 의미를 받아들이는 관점이 완전히 달라졌다고 말했다. 예를 들어, 벽을 새로 칠하는 것도 '내 가족이 함께 살아갈 집'의 벽을 칠할 때 더 의미 있게 느껴졌다. 또는, 이전에 중요시했던 것들이 갑자기 별로 중요하지 않게 변하기도 했다.

"금요일 저녁이 와도 밖에 나가서 노는 것보다 집에서 아이들과 있는 게 더 좋아졌어."

그녀에게 엄마가 되는 것은 인생에서 가장 위대한 성취였다. 육아가 힘들기는 했지만, 아이들이 가져다주는 행복에는 비할 바가 아니었다.

"웃긴 일이야. 너무너무 피곤해서 아이들이 얼른 잠들기만을 기다리다가도, 막상 잠들고 나면 침대 옆에 앉아서 아이들을 쳐다보며 이렇게 생각해. **세상에, 이렇게나 예쁘고 사랑스러울 수 있다니!**"

흔히들 전환을 불에 비유한다. 성냥에 불을 붙인다고 생각해보자. 약간의 마찰을 주면 처음에는 자그마한 불꽃으로 시작한다. 하지만 이내 번져서 활활 타오른다. 사형제 폐지를 주장한 헬렌 프레진Helen Prejean 수녀는 매일 아침 일어나서 이해를 구하는 기도가 아니라, 열렬히 타오르기를 기도한다. 헌신에 사로잡히는 기분이란 바로 이런 것이다. 생기가 넘치고 기운이 샘솟으며, 위안이 찾아온다. 때로는 위험하기도 하지만, 무엇보다도 마음의 공백이 채워진다.

일단 불이 붙고 나면 내 결심을 즉시 그리고 공개적으로 표현함으로써 그것을 고정해야 한다. 새로운 헌신의 결심을 다른 사람들에게 드러냄으로써 나의 전환을 '고정하도록' 돕는 의식은 모든 문화에 존재한다. 새로운 장소에 온 것을 축하하는 집들이, 직업윤리를 지키겠다고 맹세하는 서약식, 그리고 가장 대표적인 예로 공동체 앞에서 인생의 동반자에게 헌신하겠다고 약속하는 결혼식이 있다.

이보다 좀 더 자유로운 형태의 의식도 있다. 12단계 프로그램(알코올 중독 치료 프로그램의 일종_역주)의 첫 순서는 술을 마시지 않겠다고 선언하는 것이다. 기독교 세례식도 마찬가지다. 타투이스트 에이미는 헌신의 결심을 '고정하고' 알리기 위한 의식의 일종으로 타투를 받으러 오는 사람들이 꽤 많다고 알려주었다. 그럴 때면 자신이 마치 목회자가 된 것 같은 느낌이 들 때도 있다고 했다.

"누군가의 남은 평생을 위해 그의 신체를 변화시키는 일은 매우 감동적인 순간이에요. 나는 결심을 고정한 그 공간을 존중합니다."

선택하고, 행동하고, 전환하고, 공표하는 이 모든 과정을 마치고 나면, 헌신의 결심이 내 정체성에 선명하게 새겨진다. 대개 이쯤 되면 그때까지 남아 있던 '후회에 대한 두려움'도 전부 사라진다. 나의 외부에서 헌신을 선택하고 그것이 잘 맞을지 고민하는 대신, 그것을 내 안으로, 나와의 관계 속으로 가져와서 내 정체성의 일부가 되게 한다. 두려움은 희미해진다. 이제 헌신은 선택이 아니라, 내 일부가 되었기 때문이다.

사명

전념하기의 여정은 자신의 '사명'을 깨닫는 과정, 즉 부름을 듣고 그것을 실천하는 과정으로 볼 수도 있다. 이에 잘 어울리는 퀘이커 격언이 있다.

"삶이 내게 말하게 하라."

그러려면 작가 파커 파머가 설명한 것처럼 먼저 내 존재의 의미를 말하는 마음속 깊은 곳의 목소리에 귀 기울여야 한다. 그리고 그 목소리에 대한 응답으로 자신이 받은 사명을 세상에 알려야 한다.

50년이 넘게 예수회 신부로 있는 브라이언 맥더모트는 신부가 되기 위해 헌신하는 동안 "누군가가 나를 주장하는" 듯한 느낌을 받았다고 표현했다. "대단히 신비한 순간 같은 것은 없었고, 그저 꾸준히 떠밀려 오다 보니" 여기에 이르렀다고 그는 말했다. 해마다 헌신을 유지할 수 있었던 이유를 묻자, 그는 내 질문의 전제 자체에 이의를 제기했다.

"만약 그것이 내 의지로 한 것이었다면, 나는 진작에 멈췄을 것입니다."

헌신은 온 힘을 다해 붙잡는 것이 아니라, 관계다.

"신이 그의 손아귀에서 나를 놓아주지 않았습니다."

맥더모트 신부가 미소를 지으며 말했다. 이처럼 사명은 나를 끌어당기고, 나를 붙잡는다.

사명 의식은 헌신에 어떤 신성함을 부여한다. 내 헌신이 내가 임의로 선택한 길이 아니라, 더 깊은 곳에서부터 정해진 뜻이기 때문이다. 그리고 그 내부의 목소리는 우리가 모든 것이 되지 않아도 괜찮다고 말한다. 그래서 사명 의식이 있는 사람들은 자신의 한계를 담담하게 받아들이고, 가지 않은 길에 대한 미련에 사로잡히지도 않으며, 자기가 가장 잘할 수 있는 부분을 하는 것이 가장 좋은 방법이라는 사실을 이해한다.

자신의 사명을 찾는 것은 웅장한 오케스트라에서 악기 하나를 맡는 것과 같다. 나의 사명이 다른 사람들의 것과 어우러져 아름다운 화음을 이룬다. 그래서 사명은 소속의 형태를 띤다. 나와 같은 뜻을 가진 사람들과 함께하는 것이기 때문이다. 전념하는 사람들이 반문화를 형성한다는 것도 같은 맥락이다. 만약 내가 어떤 장소를 사랑하면 나는 저마다의 특정 장소를 사랑하는 나머지 '애국자'의 대열에 합류하게 된다. 그리고 그들과 함께 전 세계를 사랑받는 곳으로 만들어나간다. 만약 어떤 사람들을 사랑하면 저마다의 특정 사람들을 사랑하는 나머지 '동료'의 대열에 합류해서 전 인류가 사랑받는 세상을 만드는 데에 일조한다. 무언가를 만들면 세계의 재건축 프로젝트에 참여하는 것이고, 무언가를 보살피면 세계를 유지하는 일에 참여하는 것이다.

이러한 관점에서 보면 우리의 삶은 저마다 의미가 있고 목적이 있다. 자신의 사명을 소중히 여기며 자신의 목적을 좇을 때 우리는 처음에 우리에게 말을 걸었던 깊은 내부의 목소리에 가까이 머물 수 있다. 후회에 대한 두려움의 반대편에는 이처럼 목적의식이라는 귀한 선물이 준비되어있다.

이것이 선물인 이유는 목적의식이 우리를 자유롭게 하기 때문이다. 소위 '요즘 애들'이 자기중심적이라는 말을 많이들 한다. 심지어 나르시시스트 같다고까지 하면서, 자기 자신에게서 그만 '헤어나오라'고 말한다. 그러나 이것은 나르시시즘이 어떻게 작용하는지를 오해하여 비롯된 것이다. 나르시시즘은 사실 다음과 같이 작용한다. 처음 세상에 태어난 아이는 서서히 자아를 확립하고 자아존중감을 형성해나가기 시작한다. 그런데 그 과정에서 진정한 내적 자아와 겉껍데기가 둘로 분리될 수 있다. 나르시시즘은 우리가 진정한 자아 대신 껍데기를 쌓아 올릴 때 뿌리를 내린다. 사실 알고 보면 나르시시스트는 과장되게 부풀린 껍데기에 둘러싸인 약한 사람들이다.

나르시시스트가 되는 것은 전혀 기분 좋은 일이 아니다. 그들은 자신의 내면이 약하다는 사실을 잘 알고, 남들이 그것을 알아차릴까봐 전전긍긍한다. 그러다가 부풀려진 껍데기에 금이 가는 순간 와

르르 무너지고 만다. 악순환은 계속된다. 내면이 약할수록 두려움이 커지고, 두려움이 커질수록 점점 더 병적으로 껍데기를 부풀린다. 이처럼 나르시시즘은 자기 자신에 대한 집착이 아니라, 자신의 겉껍데기에 대한 집착이다.

그러나 손가락을 좌우로 흔드는 것으로는 나르시시즘을 물리칠 수 없다. '자기 자신에게서 헤어나오라.'라는 말을 들으면, 내가 콜라를 끊으려고 시도했을 때 의사가 해준 조언이 생각난다.

"콜라를 적게 마셔야지'라고 생각하는 대신 '물을 많이 마셔야지'라고 생각하세요."

나쁜 상황을 무작정 없애려고 하는 것보다 다른 것으로 대체하는 방법이 언제나 훨씬 효과적이다. 따라서 요즘 젊은이들에게 "이기적으로 살지 말라."라고 다그치는 것은 별로 도움이 되지 않는다. 다른 대안을 제시해주어야 한다.

그 대안이 바로 전념하기다. 전념할 때 우리는 자기 자신보다 더 큰 무언가에 헌신함으로써 자유로워진다. 프랑스 철학자 자크 마리탱Jacques Maritain의 말에 따르면, 삶의 의미는 "자기희생을 위한 자기통제"에 있다. 즉 자기통제를 거쳐 자기희생에 도달하는 것이 우리 인생의 과제다. 그렇다면 '자신의 내면을 들여다보고 성장해서 조화로운 자기 발전을 이루는 사람'과 '외부의 시선에 좌우되어 껍데기에만 집착하는 사람'의 차이는 무엇일까? 헌신이다.

목적의식이 있는 사람은 상황에 끌려가기보다 먼저 나서서 상황을 주도한다. 마음을 어지럽히는 외적 가치보다 내적 가치에 집중한다. 세상을 소비하기만 하는 소비자가 아닌, 세상과의 관계 속에 있는 생산자가 된다. 전념하는 사람들은 원대한 포부를 품으려면 이기심만으로 부족하다는 사실을 종종 발견한다. 분명한 목적이 있어야, 사람들 대부분이 말로는 원한다고 하면서도 실제로는 거의 실천하지 못하는, '불굴의 삶'에 도전할 수 있기 때문이다.

또한, 그들은 목적을 추구하는 과정에서 더욱더 강해진다. 새로운 기술을 배우고, 목적의식이 없었다면 극복하지 못했을 두려움을 이겨내며, 내적 자아를 구축한다. 나르시시즘이 만든 껍데기는 부서지기 쉬운 가짜다. 그러나 전념하기가 만든 내적 자아는 강하며 유기적이다. 그리고 그것은 벽이 아니라, 마치 큰 나무의 든든한 몸통 같은 단단함을 지녔다.

젊은이들은 종종 **세계로부터 벗어나** 자유로워지기를 원한다. 외부의 어떤 것도 나를 건드리지 못하고 책임질 것도, 지켜야 할 규칙도 없이 자유롭게 살면 좋겠다고 생각한다. 그러나 이러한 자유에는 한계가 있다. 앨러스터 매킨타이어Alasdair MacIntyre의 표현을 빌리면, 그것은 "자유의 허상"에 불과하다. 그러나 목적은 **세계 안에서의** 자유를 허락한다. 그러한 자유는 우리가 세계의 특정 부분과 관계를 형성하여 거기에 반응하고, 또 그에 **관해** 책임감을 느낄 때 비로소 주어진다. 그리고 그에 대한 책임을 다할 때 우리는 진정한 자부심을 경험할 수 있다. 전념하기란 존재의 작은 부분을 함께 소유하는 것이며, 그렇게 함으로써 존재 그 자체를 조금 더 사랑하는 것이다.

목적이 주는 자유는 자유의 허상보다 훨씬 심오하다. 내 이웃 크리스토퍼 페이는 이를 아주 멋진 말로 표현했다.

"나는 전념하기를 통해 내가 세상에 가치를 더하는 사람이라는 것을 나 자신에게 입증하는 거예요. 그리고 전념하기를 통해 나 자신에게 진짜가 되는 겁니다."

자기 자신을 외면할 때에야 비로소 내가 누구인지 깨달을 수 있다니. 존재란 얼마나 얄궂은가!

8장 | 유대에 대한 두려움과 오랜 관계가 주는 편안함

전념하기의 길을 가다 보면 다른 사람들의 규칙, 요구, 문제, 처리 방식 등과 엮일 때가 많다. 자기 자신보다 거대한 무언가에 가치를 두고 사는 것은 혼란스럽고, 불안하고, 불편하다. 이는 전념하기의 결심을 막는 또 다른 두려움인 **유대에 대한 두려움**을 가져온다. 무언가와 깊게 관계를 맺으면 자신의 정체성, 평판, 통제감이 위협받을까 봐 걱정하는 것이다.

정체성, 평판, 통제감

우리가 무언가와 유대를 형성하면 그것과 닮아갈 가능성이 생기는

데, 이는 우리의 정체성에 위협이 된다. 그래서 우리는 "내가 정말로 이 일을 하는 데에 어울리는 사람인지" 고민한다. 따라서 새롭게 전념하기의 길을 가려면 기존에 형성되어 있던 자아 개념을 극복하는 것이 필요하다.

예를 들어, 어떤 사람이 "나는 연애 체질이 아니라서 결혼 생각이 없어."라고 말할 때, 그 말속에는 서로에게 집중하는 관계가 자신의 정체성을 위협하리라는 우려가 담겨 있다. 마찬가지로 '정치적인' 사람이 아니라서 대의에 합류하지 않겠다고 말하는 사람은 자신의 정치색을 드러내는 것이 자신의 정체성에 위협이 될 것으로 생각하기 때문에 거부하는 것이다. 노동조합 가입을 꺼리는 사람 중에는 자신이 "불만을 겉으로 표현하는 부류의 사람"이 아니라서 그렇다고 말하는 경우가 많다.

펜실베이니아에서 한 시민단체를 이끄는 조나단 스머커Jonathan Smucker는 유대와 정체성에 대해 재미있는 사실을 알아차렸다. 운동가들이 새로운 조직을 만들면서 내분이 제일 많이 일어나는 때는 조직의 비전과 목표를 정하는 단계라는 것이다. 왜냐하면, 구성원의 정체성이 가장 잘 드러나는 부분이 바로 비전과 목표이기 때문이다. "각자가 자기 자신을 어떻게 이해하고 있는지, 또 그 정체성을 어떻게 투영할 것인지"에 관한 것이 논의되는 순간 구성원들은 쉽게 타협하지 않는다고 스머커는 적었다.

이처럼 내가 나를 이해하는 관점을 위협하는 것이 정체성 위협이라면, **다른 사람들이** 나를 보는 관점을 위협하는 것은 평판 위협이다. 장 폴 사르트르Jean-Paul Sartre는 "타인은 지옥이다."라고 적었다.

그러나 많이들 오해하고 있는 것과 달리, 이 말은 다른 사람들이 참고 견뎌야 하는 고통이며, 따라서 혼자 있는 것이 최고라는 뜻이 아니다. 사르트르가 전하고자 했던 것은 타인의 존재가 우리 삶에 '평가'를 가져왔다는 것이다.

"타인이 등장하는 것만으로도 나는 타인의 평가를 받는 위치에 놓인다. 타인에게 나는 객관적 대상이기 때문이다."

'타인'이 '지옥'인 이유는 타인의 존재로 인해 내가 나를 '타인의 관점에서' 평가하게 되기 때문이다.

평판 위협은 다른 사람의 평가를 두려워하는 마음이다. 만약 내가 무언가에 헌신한다는 사실을 남들이 알면 그들이 나를 보는 관점, 즉 내 평판을 통제하지 못할까 봐 두려워하는 것이다. 예를 들어, 사람들의 비웃음을 살까 봐 내가 지지하는 후보를 드러내지 못하는 이유는 평판 위협 때문이다. 어떤 종교의 결함에 나까지 책임이 있는 것처럼 비칠까 봐 종교 활동에 참여하지 못하는 것도 평판 위협 때문이다. 내가 누구와 연애한다는 사실을 듣고 주변 사람들이 나를 판단할까 봐 걱정하는 것도 평판 위협이 작용한 탓이다.

작가 캐스퍼 테 카일Casper ter Kuile은 오늘날의 젊은이들이 특정 기관과 관계를 형성하는 데에 거부감을 보이는 이유로 평판 위협을 꼽았다.

"유대 관계에 있지 않은 사람들이 특정 기관에 헌신하기는 매우 어렵습니다. 기관의 역사와 정치는 물론 어쩔 수 없는 결함까지도 모두 옹호해야 한다고 느끼기 때문입니다."

마지막으로 전념하기는 내 시간, 에너지, 의사결정 등에 대한 동제감을 위협한다. 무언가와 유대를 형성하면 우리는 그에 수반하는 혼란 전체를 다뤄야 한다. 사람들이 유대를 맺는 이유는 그중에서 마음에 들거나 공감하는 부분이 있기 때문이다. 모든 부분이 다 만족스러울 수는 없다. 대의, 기관, 공동체, 사람 등 우리가 유대를 형성할 수 있는 것들은 대부분 뒤죽박죽이다. 그러나 그 사람 또는 조직에서 좋아하는 부분만 받아들이고 싫은 부분을 내버려 둘 수 있는 관계는 매우 드물다. 사랑하는 남편이지만, 어떤 부분은 불편하다. 한마음 한뜻으로 모인 조직이지만, 내분을 겪는다. 모든 공동체는 각양각색의 사람들로 이루어지며, 그중 상당수는 어렵고 까다롭다. 밴드를 꾸리려면 각각의 악기 연주자를 찾아야 하고, 식당을 개업하려면 시청에 가야 한다. 그리고 거의 모든 일에는 지겨운 회의가 끝도 없이 이어진다.

때로는 혼란이 아닌 지나친 질서가 통제감을 위협할 때도 있다. 모든 공동체에는 따라야 할 의식, 격식, 관습, 규범이 있고, 대부분은 귀찮고 번거롭다. 기술을 갈고닦을 때(특히 처음 배울 때)도 지켜야 할 형식이 있다. 대의를 위해 일하다 보면 '팀을 위해 희생'해야 하는 순간이 찾아온다. 어떤 종교의 여러 부분이 좋아서 종교 활동을 시작했지만, 그중에는 나와 잘 맞지 않는 부분도 분명히 있을 것이다. 처음에는 '내 의지로' 나보다 거대한 무언가에 헌신하기로 선택했지만, 어쨌든 그것은 나보다 거대한 것이므로 결국에는 내가 선택한 것보다 더 많은 것을 요구해올 것이다. 그러면 이런 의문이 떠오른다.

"이 부분에 따르는 것은 동의해. 그렇지만 나머지 **전체**에 따르는 것도 내가 원하는 것일까?"

또한, 유대는 내가 원하는 것 이상으로 나를 노출한다. 다른 사람들과 함께 전념하려면 내 강점, 약점, 능력, 관심 등 나에 대한 많은 부분을 드러내야 한다. 유대가 길어질수록 드러나는 부분은 더 많아진다. 결국에는 서로가 어떤 사람인지에 대한 진실 속에서 모두가 함께한다. 이는 내가 취약한 부분을 전부 드러내는 일이다. 수필가 팀 크라이더^{Tim Kreider}는 이렇게 말했다.

"사랑받길 원한다면, 내 치부를 드러내는 굴욕적인 시련을 받아들여야 한다."

자아를 바라보는 두 가지 관점

유대에 대한 두려움을 극복하려면 자아를 바라보는 관점부터 바꿔야 한다. 정체성, 평판, 통제감이 위협받는 것을 두려워하는 이유는 자신의 자아를 고정적이고 독립적인 것으로 생각하기 때문에, 즉 자신의 개인적 특성이 변할 수 없다고 생각하기 때문이다.

"나는 초밥을 좋아하고, 제일 좋아하는 밴드는 롤링 스톤즈야. 나는 레이커스를 응원하고, 직업은 전기기사야."

이는 마치 데이팅 앱이나 페이스북 프로필 같다 : 나는 선호도가 분명하고, 내 인생의 과업은 내 선호도와 잘 어울리고, 그것을 만족시켜줄 수 있는 사람을 찾는 거야.

자신의 자아가 고정적이고 독립적이라고 생각하면 나와 딱 들어맞지 않는 모든 것이 위협적으로 느껴진다. 나의 '진정한 자아'와 가장 잘 맞는 선택을 해야 한다는 생각에 불안해진다. 그러나 이 세상에 완벽한 상대란 없다. 지금 내가 가진 특성과 한 치의 오차도 없이 완벽하게 어우러지는 대의, 장소, 공동체, 기술, 직업, (그리고 물론) 사람은 없다.

자아를 바라보는 두 번째 관점은 자신의 자아가 정지된 것이 아니라 역동적이며, 뻣뻣한 것이 아니라 유기적이라고 보는 관점이다. 이러한 관점에서 보면 정체성은 고정적이고 변하지 않는 것이 아니라, 여러 관계를 통해 만들어 가는 것이다. 또한, 유대를 맺음으로써 평판이 위협받는 것이 아니라 오히려 윤이 나며, 통제감을 상실하는 것이 아니라 오히려 강화된다. 그리고 이러한 관점에서 보면 자아는 **심어진** 것이며, 이는 전념하기의 여정을 통해 드러난다.

정체성과 심어진 자아

자아를 바라보는 두 번째 관점에서 보면 우리는 초밥, 롤링 스톤즈, 레이커스, 전기기사와 같이 고정된 개인적 특성이 아닌, 우리가 헌신하는 관계를 통해 정체성을 형성한다. 그렇게 생각하면 다른 사람이나 기관은 정체성을 위협하는 존재가 아니라, 오히려 정체성 형성을 도와주는 존재인 셈이다.

빌 손튼은 플로리다주 세인트 피츠버그 소재의 에커드 대학교 Eckerd College에서 무려 50년간 운동경기 기록원으로 일했다. 빌은 그일을 매우 오랫동안 그리고 매우 훌륭하게 수행해서 에커드 대학교의 스포츠 명예의 전당에 오르기도 했다. 캠퍼스에서는 그를 '에커드 운동경기 분야의 걸어 다니는 백과사전'이라고 불렀다. 에커드의

Ⅱ. 전념하기 반문화

농구 코치는 『탬파 베이 타임즈Tampa Bay Times』에서 그를 이렇게 묘사했다.

"그는 하나부터 열까지 에커드 그 자체죠."

이처럼 전념하기를 통해 정체성이 드러나는 것. 이것이 바로 심어진 자아다.

사회학의 하위 분야 중 하나인 '관계사회학'은 내가 관여하는 관계, 즉 내가 심어진 사회적 네트워크가 곧 내가 어떤 사람인지를 만든다고 생각한다. 관계사회학자들은 내가 나를 어떻게 이해하는지, 무엇을 믿는지, 어떤 기대와 요구에 따르는지, 어떻게 행동하는지가 관계에 의해 결정된다고 주장한다. 관계사회학의 관점에 따르면, 사회적 세계는 한 개인의 고정적인 "본질"이 다른 개인의 고정적인 "본질"과 상호작용해서 이루어지는 것이 아니다. 그보다는 관계사회학자 무스타파 에미르베이어Mustafa Emirbayer의 설명처럼 "역동적으로 전개되는 다양한 관계들"이 어우러져 만들어지는 것이다.

2000년대 후반 사회학자 지아드 문손Ziad Munson은 낙태 반대론자들을 대상으로 무엇이 그들을 행동하게 했는지 그 원천을 연구했다. 문손이 세운 가설은 열렬한 믿음이 열렬한 행동으로 이어졌다는 것이었다. 특정 신념에 대한 확신과 열정이 먼저 있었고, 그 결과로 낙태 반대 운동에 뛰어들었다고 보는 것이 타당하고 상식적인 듯했다. 그러나 낙태 반대론자들을 체계적인 방식으로 인터뷰한 결과, 문손은 인과관계가 반대인 경우도 많다는 사실을 발견했다. 인터뷰에 응한 사람 중 상당수가 **먼저** 반대 운동에 참여하고, **그 이후에** 열렬한 믿음을 갖게 됐다고 답변했다. 처음에 그들은 낙태에 관해 특별히 강한 감정 없이 그저 친구, 이웃, 룸메이트, 가족의 권유로 낙태 반대 행사에 참여하거나 단체에 가입했다. 대의를 가깝게 느껴서가 아니라, 그것을 권한 사람을 가깝게 느껴서 시작한 것이다. 그러나 이후 여러 활동에 참여하면서 그들은 훨씬 강한 믿음을 갖게 됐다.

스탠퍼드대학교의 사회학자 더그 맥애덤Doug McAdam이 민권 운동 캠페인 중 하나인 프리덤 서머Freedom Summer 자원봉사자들을 대상으로 진행한 연구 역시 비슷한 결론에 도달했다. 프리덤 서머에 참여한 사람과 신청만 했다가 탈퇴한 사람들을 비교한 결과, 활동에 참여한 사람과 그렇지 않은 사람을 결정하는 요인은 이념적 열정이 아니었다. 그것은 자기와 친한 사람들이 몇 명이나 같이 신청했는지에 따라 달라졌다. 이 두 가지 연구 결과에서 볼 수 있듯이 우리는 개인의 신념이 행동에 미치는 힘을 과대평가하는 반면, 관계의 힘을 과소평가하는 경향이 있다.

민주주의 이론가 존 듀이John Dewey는 이 같은 사고방식을 이용해서 '자아'와 '사회'가 완전히 별개의 독립체라는 생각이 틀렸다고 주장했다. 듀이의 관점에 따르면, 자아는 일정 부분 **사회에 의해** 구성된다. 듀이에게 자유는 **사회로부터의** 자유가 아니라, **사회를 통한** 자유를 의미했다.

"한 사람이 자기만의 개성을 얻는 것도 그리고 그것을 발휘하는 것도 전부 유대를 통해서다."

사회와 자아는 서로 공생한다. 우리가 사회를 형성하고 사회가 우리를 형성하는 것이다.

유대가 우리에게 영향을 미치는 방식은 주로 우리에게 무엇이 가치 있는 일인가를 알려주는 형태로 나타난다. 무엇을 잘해야 하는지, 또 그것을 잘하는 것이 어떤 의미인지에 대한 사회적 기대가 있어야 내가 무언가를 잘한다는 사실을 알 수 있다. 공동체가 정의한 규칙, 관습, 공동의 요구가 있어야 내가 무엇을 목표로 삼을지 판단할 수 있다. 뛰어난 농구 실력을 가치 있게 여기는 사회가 없었다면 르브론 제임스LeBron James도 없었다. 그녀의 음악에 열광하는 관중이 없었다면 아레사 프랭클린Aretha Franklin도 없었다. 이 세상의 모든 '역대 최고'는 전부 대중의 반응이 있었기에 존재할 수 있었다.

자기 자신보다 거대한 무언가와 유대를 맺을 때, 우리는 살아있는 다른 사람들뿐만 아니라 새로운 과거와도 연결된다. 크리스토퍼 래시Christopher Lasch는 과거를 "우리가 미래를 상대해야 할 때... 필요한 것들을 꺼내 쓸 수 있는 정치적, 정신적 보고"라고 묘사했다. 또한 시몬 베유는 "우리가 과거로부터 축적해서 소화하고, 흡수하고, 새롭게 창조한 보물"이 오늘날 우리가 만들어야 할 "살아있는 수액"이라고 적었다. 새로운 집단을 형성하는 과정에서 제일 먼저 할 일은 현재에서 구성원을 모으거나 미래를 위한 비전을 계획하는 것뿐만 아니라, 과거의 선조들 그리고 그들의 '보물'과 '살아있는 수액'을 차지하는 것이다. 유대는 이전까지 내가 속하지 않았던 역사의 흐름에도 나를 이어준다.

자신의 자아를 고정적이고 독립적인 것으로 보는 관점을 버리면, 우리는 전념하기의 길이 그리고 그 길을 함께 가는 공동체와의 관계가 우리에게 더 다채롭고 입체적인 정체성을 제공한다는 사실을 발견한다. 그로 인해 우리는 수행해야 할 역할, 추구해야 할 목표, 따라야 할 규칙, 미래를 위한 비전, 참고해야 할 역사를 얻는다. 그리고 전념하기는 개인의 정체성을 풍부하게 채우기만 하는 것이 아니라, 정체성의 성질에도 변화를 가져온다. 자신의 자아를 전념하기에 심어진 자아로 보면, 정체성은 쌍방향 도로다. 다시 말해, 정체성은 우리가 소유하는 것이기도 하지만, 타인과의 관계 속에 존재하는 것이기도 하며, 차별성의 근원인 동시에 공통성의 근원이기도 하다. 작가 제프리 빌브로Jeffrey Bilbro는 이처럼 자기 자신보다 거대한 무언가에 속한 구성원이 되어서 사는 것을 **소집**convocation이라고 불렀다. 소집이란 다른 사람들과 **함께** 부름을 듣고, 같은 **사명**을 공유하는 것이다. 유대는 우리를 **소집**한다. 사명 의식은 나를 넘어서 우리 공동체 내의 다른 사람들에게로 확장될 뿐만 아니라, 과거의 선조들에게도, 미래의 후손들에게까지도 뻗어 나간다. 웬들 베리가 쓴 시 중에 다음과 같은 구절이 있다.

"그것은 한 가지 삶의 이야기가 아니라, 계속해서 포개지고, 무덤에서 무덤으로 소생하며, 함께 이어져 나가는 삶의 이야기라."

평판과 심어진 자아

자신의 자아가 고정적이고 독립적인 것이 아니라, 심어지며 계속해서 새롭게 만들어져 나가는 것으로 생각하면, 자신의 평판을 바라보는 관점도 달라진다. 사람들은 자신이 무언가와 유대를 맺으면 다른 사람들이 그것 때문에 나를 부정적으로 평가할까 봐 두려워서 유대 맺기를 꺼린다. 극단적인 경우, 마치 연예인들이 이미지 관리를 하듯이 자신의 매력을 최대화하기 위해 자신의 모든 유대 관계를 철저하게 통제하고 연출한다. 의견이 분분한 이슈에 대해 어느 한쪽 편을 들지 않는 스포츠 스타, 모든 사람이 공감할 노래를 쓰려고 애쓰는 작곡가 등에서도 이러한 모습을 볼 수 있다. 이들은 추상적이고 모호한 태도를 유지함으로써 보편적인 사랑을 얻으려 한다. 다른 사람들이 낯설게 느낄 만한 특이성을 전부 제거한다.

그러나 장기적으로 봤을 때 이 같은 전략은 대개 끝이 좋지 않다. 사람들은 대부분 모호하고 보편적인 사람보다 매력점이 분명한 사람에게 마음이 이끌린다. 로르샤흐 테스트(여러 가지 해석이 가능한 추상적인 잉크 얼룩을 보여주면서 그에 대한 피험자의 반응을 통해 심리 상태를 진단하는 방법_역주)처럼 애매한 모습으로 평판을 유지하는 방법은 얼마간 효과가 있겠지만, 오래가지 못한다. 특정 소속을 피하려는 사람들을 우리는 '실체가 없다.'라고 표현한다.

특정한 것에 헌신한다는 것은 좋은 것에도, 나쁜 것에도 책임을 지겠다는 뜻이다. 젠트리피케이션 또는 문화적 전유(주로 주류 문화가 비주류 문화의 요소를 본래의 문화적 맥락에서 벗어나 부당하게 이용하는 것_역주)를 하는 사람들에게 우리가 분노하는 이유 중 하나는 그것을 이루기까지의 과정에 참여하지 않았으면서 특정 지역 또는 공동체가 가진 독특한 면과 스타일을 표면적인 차원에서만 취하려 하기 때문이다. 어떤 대의가 인기를 얻은 후에야 거기에 뛰어드는 정치인들을 회의적으로 바라보는 이유도 마찬가지다. 이들은 전부 처음부터 충성을 다한 사람들이 어렵게 맺은 결실을 무전취식하려는 사람들이다.

특정한 것에 헌신하는 것이 중요한 이유는 단지 사람들의 존경을 받을 수 있기 때문만이 아니다. 이는 다른 사람들과 공명하기 위한 것도 있다. 컨트리 음악과 힙합이 전 세계의 사람들을 연결하는 이유가 여기에 있다. 다른 어떤 장르보다도 특정 영웅, 특정 지역, 특정 격언 등의 특이성으로 가득하기 때문이다. 음악은 **구체적일수록** 감정 전달력이 뛰어나다. 지구 반대편의 사람들은 웨스트버지니아가 어떤 곳인지, 블루리지산맥과 셰넌도어강이 어떻게 생겼는지, '광부의 여자'가 되는 것이 무엇을 의미하는지 알지 못한다. 그런데도 시골 도로를 노래하는 존 덴버John Denver의 감성에는 왠지 모르게 연결된다. 작가 나탈리 골드버그Natalie Goldberg는 이렇게 물었다.

"'꽃'과 '제라늄' 중에 어떤 것이 더 상황을 생생하게 연상시키는가?"

사실 보편성을 찾을 수 있는 최적의 장소는 특정한 것일 때가 많다. 구약성서 학자인 월터 브루거만Walter Brueggemann은 다양한 종교에서 이 같은 모순을 찾았다. 그가 '특정성의 스캔들'이라고 부른 이 모순은 신이 특정 시대에 특정 공동체에 속한 특정 예언자를 통해 전 세계에 그의 계획을 알렸다는 것이다. 심지어 기독교에서는 신이 특정 시대(헤롯왕이 통치하던 시대)에, 특정 동네(나사렛)에서, 특정 어머니(마리아)로부터, 특정 인물(예수)의 모습으로 태어나기까지 했다. 랍비 리처드 프리드먼은 창세기가 우주에 대한 웅장한 이야기에서 출발해서 어떻게 그 시야를 좁혀나가는지 설명했다. 창세기는 "우주에서 지구로, 인류로, 특정 땅과 사람으로" 그리고 마침내는 아담과 이브, 그들의 두 아들 카인과 아벨로 이루어진 "한 가족"으로 이야기의 초점을 옮겨갔다.

이것이 '스캔들'인 이유는 전지전능한 존재가 매우 구체적인 메시지를 전달하기 위해 매우 구체적인 사람들을 선택했다는 사실이 우스꽝스럽기 때문이다.

통제감과 심어진 자아

자아를 이해하는 두 번째 관점은 통제감 위협을 두려워하는 마음에도 영향을 미친다. 만약 내가 독립적이고 고립된 상태에 있으면 어느 정도 통제감을 가질 수 있다. 내가 원하는 것을, 원하는 대로, 내가 원할 때마다 할 수 있다. 그러나 내가 공동체 안에 속해 있으면? 놀랍게도 오히려 그보다 더 강력한 통제감을 느낄 수 있다. 많은 수가 모였을 때 생기는 힘과 그 혜택을 전부 누릴 수 있기 때문이다. 물론 처음에는 개인적인 통제를 다소 포기해야 하지만, 공동체 형성의 불확실성을 거치고 나면 처음보다 **더 큰** 힘을 얻는 결말에 도달할 것이다. 그러나 거기까지 도달하려면, 먼저 평탄치 않은 골짜기를 통과해야만 한다.

공동체를 이루는 사람들은 개인적 통제와 공동체적 통제 사이에 있는 이 골짜기를 걸어가는 사람들이다. 대표적인 예는 민권 운동 단체 조직자들이다. 그들은 자신이 몸담은 집단이 컴포트존(부당하지만 안정적으로 현상을 유지하는 상태)을 벗어나, 불확실한 대립을 거쳐, 바라건대 좀 더 공정한 방식에 도달하도록 돕는다. 스타트업 창립자들이 하는 일도 이와 같다. 그들은 사람들에게 지금 하는 일을 그만두고 불확실한 모험을 하자고 권한다. 몇 년은 힘들고 혼란스럽겠지만, 시간이 흐르면 새롭고 안정적인 독립체로 자리 잡을 수 있으리라는 희망을 이야기한다.

이는 또한 모든 결혼한 부부가 겪는 일이기도 하다. 사람들이 결혼하는 이유는 서로를 사랑하고 서로의 동반자가 되는 것이 기쁘기 때문이기도 하지만, 부분의 합보다 전체가 더 크기에, 즉 둘이 떨어져 있을 때보다 함께할 때 더 강하기 때문이기도 하다. 그러나 두 사람이 함께 이루는 강함에 도달할 때까지, 그들은 안정적인 미혼 상태가 안정적인 기혼 상태로 변하는 과도기의 고통과 어려움을 헤쳐 나가야 한다.

무언가와 유대를 맺는 것은 어렵고 힘들다. 타인이란 존재는 귀찮고, 성가시고, 지나치게 요구하고, 강요하고, 오해하고, 실망하고, 겁주고, 잘난 척하고, 판단하고, 말이 많고, 상처를 주고, 비난한다. 그러나 혼란 없이 세울 수 있는 공동체는 없다. 어떤 집단이든, 그 구성원이 2명이든 200명이든, 어쨌든 같은 길을 가고자 하는 집단은 모두 다 그렇다. 예수회 신부 제임스 키넌은 이러한 도전을 "자비"의 소명, 즉 "다른 사람들의 혼란에 기꺼이 뛰어들기로 하는" 소명이라는 말로 아름답게 표현했다. 키넌 신부는 자비를 베푸는 일이 어떤 위대한 행동을 실천하는 것이 아니라고 했다. 관계로 인해 발생하는 사소한 무시, 갈등, 어려움에 수백 번이고 화해의 손길을 내미는 것이 자비라고 그는 설명했다. 자비는 공동체 형성이라는 롤러코스터를 잘 견디고 이겨내는 데에 꼭 필요한 도구다. 결혼을 예로 들면, "자비의 힘을 갖춘 부부는 상대방의 혼란에 기꺼이 뛰어들어 한두 번이 아니라 70번, 700번이라도 계속해서 서로를 용서한다."

시간이 지날수록 부부는 "자비의 힘"이 필요할 때가 점점 줄어든다는 사실을 알아차린다. 함께 일하고 서로를 이해함으로써 갈등을 피하는 방법을 발견한다. 마침내 혼란으로부터 공동체가 탄생한다. 그리고 부부는 이전과 다른 새로운 통제감을 느낀다.

공동체의 힘은 사회과학의 발견 중에서도 가장 잘 입증된 것 중 하나다. 타인과 함께 공동체를 이룰 때 사람은 더 건강해지고, 풍요로워지고, 행복해지고, 현명해진다. 나를 살펴주고, 조언해 주고, 새로운 기회로 이어줄 사람들이 더 많아진다. 주변 사람들이 서로를 잘 알고, 신뢰하고, 어울릴 때는 무슨 일이든 성취하기가 더 쉽다. 공동체의 힘을 확인하는 데에는 학문적 연구까지 갈 필요도 없다. 우리 주변에서도 얼마든지 찾아볼 수 있기 때문이다. "뭉치면 살고 흩어지면 죽는다.", "모두를 위한 하나, 하나를 위한 모두." 등의 구호, 〈영원한 결속Solidarity Forever〉과 같은 노동조합 노래, 독립전쟁 때 벤 프랭클린이 외친 "뭉쳐라, 아니면 죽는다." 같은 말도 전부 공동체의 힘을 전제한다. 공동체 조직을 다룬 어느 만화에도 이러한 정신이 녹아 있다. 첫 번째 장면에서는 거대한 물고기 한 마리가 작은 물고기들을 잔뜩 집어삼키고 있다. 그러나 다음 장면에서는 작은 물고기들이 모여서 거대한 물고기보다 더 큰 물고기를 만들었다. 그 옆에는 짤막한 자막이 들어가 있다. "뭉쳐라!"

그렇다면 다른 사람들과 유대 맺기를 꺼리게 하는 마지막 불안은 어떨까? 내가 원하는 것 이상으로 나를 드러내야 할 것이라는 두려움은 어떻게 하면 좋을까? 이를 극복하기 위해서는 유대의 취약점, 즉 크라이더가 말한 "내 치부를 드러내는 굴욕적인 시련"을 기회로 생각하는 법을 배워야 한다. 공동체는 영웅이 될 기회를 제공한다. 어째서일까?

사실 영웅적 행동은 특정 공동체의 특정 신화적 시스템 안에서만 가능하다. 쉽게 말해서 공동체와 문화에 따라 사람들이 영웅적 행동을 판단하는 기준이 다르다는 것이다. 스케이트보드를 타는 사람들에게는 공중 900도 회전에 성공하는 사람이 영웅이다. 희극인들에게는 처음부터 끝까지 실수 없이 콩트를 소화하여 관객에게 큰 웃음을 주는 사람이 영웅이다.

내가 어떤 공동체적 신화에 속한다고 느낄 때, 일상은 신성한 것들로 가득 찬다. 볼리비아 문화를 계승하고자 했던 가브리엘라 그라헤다, 애틀랜타의 역사에 자신의 힘을 더했던 라이언 그라벨이 그랬던 것처럼 말이다. 한 공동체 안에서 우리는 서로가 서로의 삶을 들어주는 청중이 된다. 철학자 앨러스터 매킨타이어는 이렇게 설명했다.

"내가 공동체적 관습의 일부가 될 때 나는 책임을 지는 사람인 동시에, 다른 사람들에게 책임을 요구할 수 있는 사람이 된다... 나는 그들의 이야기에 속하고, 그들은 내 이야기에 속한다."

유전학자 수잔 웨슬러가 처음 콘퍼런스에 다니기 시작했을 때, 그녀는 모든 '선배들'이 우러러 보였다. 상을 받고 기조 강연을 하던 '존경받는 원로들'로부터 큰 영감을 얻기도 했다. 그러나 오랜 세월이 흘러 이제는 그녀가 바로 그 존경받는 원로의 위치에 올랐다. 그것은 매우 놀라운 기분이었다.

"제자들이 생기고, 다시 제자의 제자들이 생기는 모습을 지켜보는 기분은 이루 말할 수 없이 감동적이에요."

이것이 바로 신화의 실현이다. 역사의 거대한 흐름 속에서 공동체가 정의하는 영웅적 역할을 다하는 것. 이는 매우 멋지다. 내가 맺은 유대와 헌신에서 체계와 의미가 솟아난다. 이 세상에 그리고 (아마도 그보다 더 중요하게는) 나 자신에게 내가 어떤 사람인지 보여주는 것은 두려워할 일이 아니라 기쁘고 좋은 일이다.

12단계 프로그램은 삶의 의미를 잃어버린 사람들, 자신의 삶이 이미 바닥을 쳤다고 또는 적어도 바닥에 거의 가까워졌다고 느끼는 사람들에게 완전히 새로운 공동체와 신화를 제공한다. 그리고 거기서 그들은 새로운 영웅적 여정을 발견한다.

내 친구 로저는 중학교 때부터 마약에 손을 대기 시작했다. 그는 항상 자신이 사회에 적응하지 못한다고 느꼈는데, 그런 그가 처음으로 잘 맞는다고 느꼈던 것이 바로 마약 문화였다. 그러나 시간이 갈수록 그는 걷잡을 수 없는 중독 상태로 빠져들었다. 경찰에게 욕을 퍼부었고, 사람들을 공격하기 시작했으며, 학교 근처에서 마약을 다루다가 체포되기도 했다. 정신병원과 치료 프로그램을 들락날락했고, 결국에는 고등학교에서 퇴학당했다. 그러나 적어도 로저에게는 자신이 일으킨 문제들 때문에 친구들과도 멀어졌다는 사실이 가장 괴로웠다. 애초에 로저가 마약을 시작한 이유였던 소속감이 이제는 희미해지기 시작했다.

어느 날, 한 친구가 로저에게 12단계 프로그램을 소개해주면서 한번 시도해보라고 격려해주었다. 고민 끝에 첫 번째 미팅에 참여한 그는 큰 충격을 받았다.

"그날 나는 그때까지 들어본 그 어떤 것보다 진솔한 이야기를 들었어. 거기에는 자신의 두려움을 너무나도 담담하게 털어놓는 사람들이 모여있었어."

그중 한 남자는 다른 사람들과 마주하는 상황이 너무 불편해서, 혹시 가벼운 인사라도 건네는 사람이 있을까 봐 미팅 전과 후에는 늘 화장실에 숨어있곤 했었다고 말했다.

"그 이야기를 듣는데, **나도 완전 그래!** 싶더라고. 뭔가 망치로 얻어맞은 듯한 기분이었어. 평생 도망치고 싶기만 했던 두려움을 다 같이 공유하는 공간이 이 세상에 존재한다는 사실에 어안이 벙벙했지."

그러나 미팅에 참여하면서도 그는 계속해서 마약을 하고 술을 마셨다. 다른 사람들과 마약을 할 때 느끼는 '그 잠깐의, 혼자가 아닌 순간'을 포기하기 무서워서 과거의 삶을 청산할 수 없었다. 그러나 마침내 로저는 확실한, 그러나 처참한 '혼자가 아닌 생활'에서 벗어나 불확실한, 그러나 잠재적으로 그의 삶을 구원해줄 약속으로 도약하는 데 성공했다. 그는 12단계 프로그램에 온전히 전념하기로 했다.

12단계 프로그램에 등록함과 동시에 로저는 전념하기의 폭포에 뛰어들었다. 먼저 그는 미팅에 참석해서 앞으로 술과 마약을 하지 않겠다는 결심을 공표했다. 그리고 다른 사람에게 부탁해서 매일 자기에게 전화를 걸어달라고 했다. 또한 90일 동안 90번 미팅에 참석하는 일명 '90:90 챌린지'에 도전했고 심지어 1년간 데이트도 하지 않았다. 물론 12단계를 성실히 따르는 것도 잊지 않았다. 1년간 술과 마약을 하지 않았으면 좋겠다고 생각했다. 그것은 그가 난생처음으로 자유롭게 선택한 결심이자 오랫동안 결심을 지키는 경험이 될 것이기 때문이었다. 그리고 공동체는 로저를 위해 그 헌신을 이루고 축하해줄 형식과 공간을 제공했다.

12단계를 성실히 따른 후 로저는 신규 회원의 위치에서 벗어났다. 다른 사람들이 중독에서 벗어날 수 있도록 자기가 도울 수 있는 일이 무엇일지 고민하기 시작했고, 다른 사람들을 돕는 일이, 곧 자기 자신을 돕는 일이라는 사실을 깨달았다. 로저의 이야기를 들으면서 나는 그가 12단계의 신화를 체득하는 과정을 이해할 수 있었다. 로저는 그 신화 속에 스스로 뛰어들어서 자기만의 영웅적 여정을 찾아갔다. 더 많이 헌신할수록 더 많은 축하를 받았다. 그 공동체 안에서 사용되는 다양한 상징, 의식, 표현방식을 더 많이 이해할수록 그가 느끼는 소속감도 커졌다. 12단계 프로그램을 이야기하는 그의 모습에는 어떤 경외심마저 배어있는 듯했다. 내가 로저에게 특정 단계를 분리해서 논리적으로 분석해달라고 요청하자, 그는 그것이 다소 "신성모독"처럼 느껴진다고 말했다. 변호사들이 하듯이 이성적으로 생각하면 안 된다고, 12단계의 정신을 존중해야 한다고 그는 설명했다.

로저는 그 프로그램이 자신의 정체성에 얼마나 깊이 파고들었는지 깨달을 때마다 지금도 새삼 놀란다고 말했다. 최근 한 직장동료가 그의 신경을 자꾸 건드렸다. 결국, 분노가 머리끝까지 치민 로저는 그녀에게 몹시 화를 냈다. 그때 문득 이런 생각이 떠올랐다.

'12단계 미팅에 함께 하는 사람들이 이런 내 모습을 보면 뭐라고 말할까?'

아마도 분노와 화는 독이며, 따라서 그러한 감정이 그를 소비하

게 하는 것은 스스로 독약을 먹는 것과 같다고 말할 것이라는 생각
이 들었다. 그래서 그는 이성을 잃고 화낸 지 1분 만에 동료에게 사
과했다.

"이건 내가 원하는 모습이 아니야. 내가 미안하네."

다시 한번 12단계의 신화는 그를 붙잡아주었고, 공동체가 공유
하는 삶의 방식으로 그를 이끌었다.

"그 원칙이 내 안에 살아있음을 느껴."

더불어 그는 원칙의 정신에는 언제나 개선할 여지가 있음을 덧
붙이는 것도 잊지 않았다. 현재 로저는 10년 이상 술과 마약을 끊었
다. 그리고 지금처럼 사람들과의 관계가 편안하고, 자신의 삶이 목
적으로 가득 차 있었던 적이 없었다고 말한다.

유대와 변화

이 장에서 우리는 공동체가 요구하는 삶의 방식에 순응한다는 것의
의미에 대해서 살펴보았다. 무언가에 전념하면 융통성 없는 전통주
의자가 되어야 한다고 생각하는 사람들이 있는데, 완전히 틀린 말은
아니다. 그러나 실제로는 그와 반대로 나타날 때가 꽤 많다. 전념하
기로 생겨난 공동체가 언제나 우리를 똑같이 유지하는 역할만 하는
것은 아니다. 사실 종종 그것은 변화를 위한 최고의 길이 되어준다.

무조건적인 사랑은 상대방의 표면적인 조건이 아닌, 온전한 한
인간에게 깊이 헌신하는 것이다. 이러한 사랑은 우리의 변화 능력을
제한하는 것이 아니라 오히려 북돋운다. 초등학교 때 아주 별난 말

과 행동으로 사람들을 웃기는 친구가 하나 있었다. 커가면서 그는 점점 차분하고 진중해지고 싶었지만, 친구들이 자신의 새로운 모습을 좋아하지 않을까 봐 걱정했다. 실제로도 그의 오랜 친구 중 몇 명은 그의 변한 모습을 아쉬워하며 초등학교 때의 그 엉뚱하고 웃긴 모습으로 그를 되돌리려고 노력했다. 그러나 그의 깊은 내면까지 알고 사랑해주는 친구들이 많이 있었기에 그는 마음 놓고 변화할 수 있었다.

혼자일 때는 스스로 변화하기가 어렵다. 변화는 힘들고 두렵기 때문이다. 그러나 공동체는 그러한 불안과 걱정을 이겨낼 수 있게 도와준다. 예를 들어, 이민자가 새로운 나라에 적응할 때 가장 좋은 방법은 의외로 동료 이민자들로 이루어진 단체(그리스계 미국인 또는 에티오피아계 미국인 모임 등)에 가입하는 것이다. 몇몇 사람들의 주장과 달리 이러한 단체는 이민자들의 적응을 방해하는 대신, 그보다 더 큰 공동체로 나아갈 수 있는 자신감과 발판을 마련해준다. 내게 더 강력한 정체성을 부여해주는 공동체와 연결되어 있으면, 나는 압도될 것 같은 두려움 없이 새로운 세계로 뛰어들 수 있다.

전념하기는 더 큰 차원의 변화도 가능케 한다. 변화를 만들기 위해서는 함께 영향력을 휘두를 팀이 필요하다. 내가 아무리 뛰어난 능력과 카리스마를 갖췄어도 혼자서 할 수 있는 것은 그리 많지 않다. 사회적 변화를 꾀하는 일에는 대부분 숫자가 중요하다. 대의에 헌신하는 사람들이 없었다면 현재 우리가 누리는 자유도 존재할 수 없었을 것이다. 전통을 바꾸려면 전통이 필요하고, 규칙을 바꾸려면 규칙이 필요하다. 부정적인 비판을 제시하려면 긍정적인 아이디어가 필요하고, 피상적인 도덕성에 반기를 들려면 그보다 본질적인 도덕성이 필요하다.

또한, 공동체를 변화시키려면, 우선 그 공동체 안에 속해야 한다. 그렇지 않으면 아무도 내 노력과 주장을 진지하게 받아들이지 않기 때문이다. 변화를 주장하기 전에 먼저 헌신이 이루어져야 한다. 개혁가가 되기 전에 먼저 구성원이 되어야 한다. 시민단체 지도자 조나단 스머커가 '운동가'라는 단어 때문에 골머리를 앓는 이유도 이 때문이다. 역사 속에서 사회적 변화를 추구했던 운동은 대부분 일상적인 공동체 생활에 이미 속해 있는 사람들을 정치에 개입시키고, 활성화하고, 조직함으로써 성공할 수 있었다고 스머커는 적었다. 노동운동은 공장 근로자들이 일으켰고, 민권운동은 교회 신도들과 지역사회 주민들을 중심으로 진행됐다. 베트남 전쟁 반대 운동이 성공할 수 있었던 이유는 젊은이들이 이미 밀집된 사회적 네트워크를 이룬 캠퍼스에서 일어났기 때문이었다.

그러나 오늘날 스스로 운동가라고 칭하는 사람들은 대개 자기 자신을 보편적인 공동체에서 분리하고, 특정 하위문화의 일부로 정의한다. 스머커의 표현을 빌리면, 그들은 "스키광, 영화광, 식도락가가 되는 것과 비슷하게 취미에 초점을 맞춘 특정한 정체성"을 띤다. 하위문화의 구성원이 되는 것이 유용할 수도 있다. 그러나 그것만으로는 변화를 만들기에 충분하지 않을 때가 더 많다. 특정 하위문화의 구성원으로만 머물 때, 우리의 주장은 힘을 얻지 못한다. 외부인으로 받아들여지기 때문이다. 사회적으로 깨어있는 사람들이 할 수 있는 가장 좋은 행동은 그들이 개혁하고자 하는 장소에, 공동체에,

기관에 다시 포함되는 것이라고, 스머커는 주장했다. 쉬운 일은 아니다. 공동체가 그들을 반기지 않고 경계할 수도 있다. 그럼에도 불구하고 공동체를 변화하기 위해서는 종종 이러한 과정이 필요하다. "너"가 변해야 한다는 말로는 사람들의 공감을 얻지 못한다. "우리"가 변해야 한다고 말해야 한다. 그리고 "우리"가 되기 위해서는 먼저 공동체와 유대를 맺고 헌신해야 한다.

이는 사회적 변화와 관련된 사례에만 해당하는 것이 아니라, 모든 분야에 공통으로 적용할 수 있다. 장인들은 경지를 넘어서기 위해 먼저 기술을 통달해야 한다고 입을 모은다. 개성 있는 화풍으로 유명한 피카소도 초기에는 전통적인 기법에 따라 그림을 그렸다. 인간관계는 특히 더 그렇다. 먼저 상대방의 신뢰를 얻어야 조언할 수 있다.

여러 면에서 우리 민주주의는 헌신과 변화가 함께 뒤얽혀 있다. 민주주의는 꾸준한 변화를 제도화한 것이다. 지도자를 교체하고, 법을 바꾸고, 격렬한 대화의 창을 열어두고, 프로젝트를 끊임없이 재구성하는 과정을 공식적으로 제도화한 정치 시스템이 바로 민주주의다. 그러나 민주주의가 제대로 굴러가려면 변화만으로는 부족하다. 어느 정도의 헌신과 충성심도 필요하다. 정치 철학자 대니얼 앨런Danielle Allen은 민주주의에서 정치적 싸움의 패자와 그가 한 희생이 얼마나 값진지를 언급했다. 왜냐하면, 패자는 제 뜻을 펼치지 못했는데도 여전히 게임에 남았기 때문이다. 처음에는 말도 안 되는 소리로 여겨졌던 프로젝트가 갈등의 고통을 치를 만한 가치 있는 프로젝트로 변할 수 있었던 것은 그 당시에 패자였던 사람들이 "그럼에도 불구하고 꾸준히 민주주의를 사랑"한 덕분이라고, 앨런은 말했다.

심지어 가장 작은 규모의 민주주의(나와 의견이 다른 사람과 간단한 정치적 대화를 나누는 상황)에서도 전념하기가 필요하다. 두 사람은 각자 자신의 신념이 옳다는 생각으로 대화에 참여해야 한다. 내 신념을 깊이 숙고하는 과정을 거쳐야 내가 변화할 기회도 잡을 수 있다. 상황에 따라 쉽게 내던질 수 있는 신념을 이야기하는 대화에서는 화해, 변화, 공통성의 발견, 더 높은 차원의 통합은 물론 공동체가 공유하는 문화의 발전까지, 민주주의가 굴러가는 데에 필요한 그 어떤 것도 존재하지 않는다.

독재 정권은 시민들이 자신의 신념에 대해 깊이 사유하고 헌신하기를 원치 않는다. 독재 정권은 갈등을 힘으로 다룬다. 아무도 같은 뜻을 공유하지 않는 무질서 상태도 마찬가지다. 애초에 대화가 필요 없기 때문이다. 그러나 민주주의에서는 사람들이 무언가를 위해 함께 힘을 모으고 유대를 형성한다. 그리고 갈등을 해결하는 일에도 모두가 참여한다. 전념하기가 없으면 민주주의도 존재할 수 없다.

연대

유대에 대한 두려움의 반대편에는 연대가 주는 선물이 있다. 연대란 나보다 더 큰 무언가에 헌신할 때 반대로 나도 그 무언가의 헌신을 받는다는 뜻이다. 연대는 나를 고체 인간으로 만들어줄 뿐만 아니라 고체 사회의 일부가 되게 한다. 이것이 바로 연대가 주는 선물이다.

"모든 사람은 운명이라는 하나의 끝에 묶인 채 피할 수 없는 상호관계의 네트워크에 갇혀있다. 무언가 하나에 영향을 미치는 것이 있다면, 그것은 나머지 전체에도 간접적으로 영향을 미친다."

마틴 루서 킹 주니어는 연대의 정신을 이렇게 설명하곤 했다. 따라서 "나머지가 올바른 모습을 갖추기 전까지는 나도 올바른 모습을 갖출 수 없다."

노스캐롤라이나의 시민단체 지도자 샘 본스Sam Wohns는 자기 자신을 기준으로 생각하는 태도와 다른 사람들을 기준으로 생각하는 태도를 합치는 과정이 연대라고 생각했다. 우리는 이기적으로 행동해야 내가 원하는 이익과 즐거움을 얻을 수 있다고 생각하는 경향이 있다. 그러나 내가 다른 이들과 연대를 형성하면 나의 해방이 다른 이들의 해방으로 감싸진다. 내 이익을 추구하기 위해서 매 순간 모든 것을 내가 원하는 대로 할 필요가 사라진다. 이타적인 선택을 하는 것이 부담이 아니라, 기쁨과 만족의 원천이 된다.

이와 같은 방식으로 기쁨은 개인적으로 추구하는 것이 아니라 함께 공유하는 것으로 변화한다. 토머스 머튼은 우리가 축하할 때, 그의 표현으로는 "모든 사람이 함께 기뻐할 때" 이 같은 일이 일어난다고 말했다.

"축하는 시끄럽게 떠드는 것이 아닙니다. 정신없게 요란을 떠는 것도 아니고, 한 개인이 혼자서 기뻐하는 것도 아닙니다."

축하할 때 우리는 "공동의 정체성과 공동의 의식"을 창조하는 것이다.

좀 더 단순하게 접근해보자. 유대의 어려움을 극복할 때, 같은 것을 추구하며 힘을 합칠 때, 연대를 형성하고 축하를 나눌 때, 우리는 더 많은 친구를 얻는다. 내 친구 알렉스는 대학 졸업 후 '매직 더 개더링'이라는 카드 게임에 빠졌다. 뉴욕 브롱크스에서 의과대학원을 다니면서 근처에서 카드 게임을 할 수 있는 가게를 찾아다녔고, 마침내 '은신처'라는 이름의 작고 초라한 만화책방을 발견했다. 그곳에서 알렉스는 함께 게임을 즐길 수 있는 사람들을 만나 무리를 이루었다. 학교의 다른 친구들은 주변 동네와 진혀 어울리지 못했지만, 알렉스는 금세 온갖 계층의 친구들을 사귀었고 주기적으로 만났다. 그중에는 마트 직원도, 엔지니어도 있었고 10대 청소년과 중년의 아저씨도 있었다. 직업도, 나이도, 인종도, 정치적 관점도 모두 제각각이었다. 얼핏 봐서는 전혀 어울릴 것 같지 않은 사람들이 카드 게임 하나로 다 함께 어울렸다.

학업 스트레스를 풀려고 시작한 알렉스의 일탈은 금세 하나의 공동체로 자라났다. 알렉스는 롱아일랜드의 소수 민족 사회에서 근대 정통파 유대교인으로 성장했다. 그곳에서는 모든 주민이 독실하고 협조적이었으며, 지역 문화는 전통과 의식을 중심으로 형성되어 있었다. 알렉스는 '은신처' 공동체와 그의 고향이 놀라울 정도로 닮았다고 느꼈다. 가령 몇몇 정통파 유대교 의식은 엄격한 참석 의무를 수반했는데, 의식이 진행되려면 10명의 인원이 반드시 있어야 했기 때문이다. 그래서 아버지나 할아버지가 "10번째 사람이 필요해."라는 전화를 받곤 했던 것을 그는 아직도 기억한다. 물론 카드 게임과 종교의식은 전혀 다르다. 하지만 토너먼트를 진행하기 위해서 8번째 참가자가 필요하다는 전화를 받았을 때, 알렉스는 거기서 어떤 익숙함과 편안함을 느꼈다.

II. 전념하기 반문화

하루는 마크라는 아이가 '은신처'에 나타났다. 그는 알렉스를 비롯한 다른 사람들과 종종 게임을 하기 시작했고, 금세 그들은 마크에게 게임이 끝나고 같이 햄버거를 먹으러 가자고 권했다. 마크는 매우 어렸기에, 사람들은 마크의 게임 비용을 대신 내주기 시작했다. 어느 날 마크는 평소보다 게임에서 좋은 결과를 냈고, 모두가 그를 축하해주었다. 마크는 그날의 기분을 생생하게 기억하고 있었다. 그는 원래 몹시 내성적인 아이였지만, '은신처'가 자신을 점점 밖으로 끌어내 준다고 느꼈다.

마침내 마크는 사람들에게 자신의 배경을 털어놓았다. 그는 텍사스의 작은 시골 마을에서 자랐다. 아버지는 본 적도 없었고, 어머니는 알코올 중독으로 아이들을 제대로 돌보지 않았다. 고등학생이 된 마크는 동생들을 뒷바라지하기 위해 일을 시작했다. 이내 학교를 중퇴하고 브롱크스로 옮겨왔고, 지금은 걸핏하면 주먹을 휘두르는 할아버지와 함께 살고 있었다. 사연을 들은 알렉스는 이렇게 말했다.

"마크, 혹시라도 도움이 필요하면 망설이지 말고 이야기해. 우리 집엔 네가 필요하다면 언제든지 지낼 수 있는 소파가 있으니까."

그래서 마크의 할아버지가 그를 내쫓았을 때, 마크는 알렉스에게 전화를 걸었다. 알렉스는 몇 개월 동안이나 마크를 그의 집에 머물게 해주었다. 그뿐만 아니라 마크가 사회복지사들과 연락을 취하고 유용한 복지 프로그램을 알아보는 것도 도와주었다. 드디어 그들은 마크가 들어갈 수 있는 교육 프로그램을 갖춘 청소년 쉼터를 찾았다. 마크가 프로그램을 무사히 마치고 고등학교 졸업장을 받던 날, 마크는 어머니, 할아버지, 알렉스 이렇게 세 사람을 졸업식에 초대했지만, 실제로 참석한 것은 알렉스뿐이었다. 알렉스는 졸업 선물로 마크에게 스페셜 매직 카드 세 장을 선물했다. 마크는 아직도 그것을 가장 아끼는 보물로 소중하게 간직하고 있다. 마크에게 알렉스는 제2의 가족이었다.

'은신처'에서 만난 사람들이 아니었다면 자기가 지금까지 살아 있을지도 모르겠다고 마크는 말했다. 현재 그는 다시 텍사스로 돌아갔지만, 알렉스를 비롯한 '은신처' 사람들과 여전히 연락하고 지낸다. 그중 한 명은 최근에 텍사스로 여행 와서 마크와 함께 샌안토니오 스퍼스의 농구 경기를 보기도 했다. 마크는 '은신처'에서의 시간이 자신을 좀 더 자신감 있고 밝은 사람으로 만들어줬다고 말했다. 그리고 거기에 보답하는 것이 자신의 사명이라고 느꼈다. 이제 한결 편안해진 그는 새로운 공동체에서 자기와 같이 내성적인 사람들에게 다가가 손을 내밀 수 있기를 바라고 있다.

알다시피 연대는 처음에 불편할 수도 있다. 그러나 그러한 불편함의 반대편에는 우정이 있다. 아마도 사람들이 친구를 좋아하는 가장 큰 이유는 편안함 때문일 것이다. 초반의 불편함만 견디고 나면 친구들이 주는 즐거움이 유대에 대한 두려움을 넘어선다. 정체성, 평판, 통제에 대한 위협보다는 내 사람들을 위해 그리고 내 사람들과 함께 하는 일이 더 중요해진다.

팟럭 파티^{potluck party}(각자 조금씩 음식을 가져와서 나눠 먹는 파티_역주)를 떠올려보자. 맛만 따지자면 팟럭 파티에 가서 먹는 음식보다 혼자서 제일 좋아하는 메뉴로만 준비한 저녁 식사가 훨씬 맛있다. 그런데도 초대받은 사람들은 즐거운 마음으로 파티에 참석한다. 나도 음식을 가져가고, 다른 사람들도 음식을 가져온다. 만약 일 년에 한 번 하는 팟럭 파티라면 기가 막히게 맛있었던(또는 맛없었던) 음식에 관한 이야기가 마치 신화처럼 두고두고 회자된다. 전설적인 컵케이크나 닭튀김 또는 감자 샐러드를 가져온 사람은 영웅이 될 기회를 얻는다.

당연한 말이지만, 이는 집에서 혼자 먹는 식사보다 훨씬 정신없고, 비효율적이고, 쾌적하지 않다. 그런데도 파티가 끝날 무렵이 되면, 그것은 사랑스러운 식사가 된다. 식탁에 둘러앉아 최근 뉴스나 애피타이저에 관한 수다를 떨다 보면 공동체가 형성되고, 의미가 선명해지며, 우정이 깊어진다. 모든 사람이 기쁘고 행복해진다.

고립에 대한 두려움과
깊이가 주는 기쁨

9장 l

지루함, 산만함, 유혹, 불확실성 등 전념하기를 유지하는 데에는 언제나 갖가지 위협이 도사리고 있다. 힘들게 노력하다 보면 문득 **'한 번뿐인 인생인데 난 왜 허구한 날 회의만 하고 있지?'** 싶을 때가 있다. **고립에 대한 두려움**은 내가 고를 수 있었던 다른 선택을 아쉬워하는 것만이 아니라, 전념하지 않았더라면 **누릴 수 있었을** 모든 새로운 순간을 아쉬워하는 것이다. 전념하기 때문에 포기한 경험이 셀수 없이 많았던 것처럼 느껴진다.

새로움과 목적

작가 펠릭스 비더만Felix Biederman은 새로움과 목적, 이 두 가지가 우리를 계속 살아가게 만드는 힘이라고 주장했다. 우리는 매일 아침 무언가 새로운 것 또는 무언가 추구할 것이 있으리란 기대로 자리에서 일어난다. 새로움과 목적의 차이는 고립에 대한 두려움을 이해하기 위한 핵심 열쇠다. 우리가 새로움의 힘에 지나치게 의존하면, 즉 경험의 영역을 끊임없이 넓혀가야 한다는 생각에 사로잡히면, 만성적인 포모FOMO가 찾아온다. 그러면 무언가가 나를 구속하려는 것처럼 느끼는 순간 내가 전념하기로 인해 포기해야 할 모든 새로운 경험을 자각하고, 이를 놓치기가 두려워서 전념하는 대신 선택지를 계속 열어두기로 한다.

철학자 쇠렌 키르케고르Søren Kierkegaard는 이것을 '미학적' 모드에 있는 삶이라고 표현했다. 지나치게 극단적으로 새로움만 추구하는 사람은 삶의 모든 것이 재미있거나, 반대로 지루하다고 느낀다. 그 사람을 사랑하는 것이 아니라, 사랑에 빠지는 기분을 사랑한다. 신념과 뜻이 있어서 투쟁하는 것이 아니라, 재미있는 일이 일어날 것 같아서 투쟁한다. 여행자만이 느낄 수 있는 흥분과 설렘이 좋아서 어느 곳에도 정착하지 않는다. '미학적 모드에 있는 삶'은 전념하기 없이 정체성을 만드는 방법이다. 아무도 나를 깊이 알지 못하기에 내가 가진 표면적 특성이 다른 사람들 사이에서 두드러질 필요가 있다.

그러나 이러한 게임을 영원히 지속할 수는 없다. 새로운 경험이 주는 보상은 갈수록 줄어든다. 소셜 미디어가 처음 생겼을 때 거기에 올라온 갖가지 영상을 보며 얼마나 큰 재미와 흥분을 느꼈는지 기억할 것이다. **처음 몇 주간**은 사람들을 만날 때마다 그 이야기를 나눴을 것이다. 그러나 얼마 지나지 않아 우리의 관심 지속 시간은 급격히 감소한다. 제아무리 흥미로운 영상을 봐도 며칠이면 관심 밖으로 밀려난다. 오늘날에는 그 시간이 몇 분도 채 걸리지 않는다. 시어도어 아도르노Theodor Adorno와 막스 호르크하이머Max Horkheimer의 말처럼 "즐거움이 지루함으로 굳어졌다."

그러나 목적은 이와 반대로 작용한다. 처음에는 재미있어도 시간이 지날수록 빛이 바래는 새로움과 달리, 목적은 대개 지루하게 시작해서 점점 더 흥미로워진다. 새로움이 삶의 원동력인 사람은 요즘 유행하는 새로운 것을 놓칠까 봐 늘 전전긍긍한다. 그러나 목적이 삶의 원동력인 사람의 두려움은 그와 다르다. 유행하는 새로운 것만 좇다 보면 깊이 있는 경험을 놓친다는 사실을 알기 때문이다. 잠시 멈춰서 아이들을 키우는 시간에 집중하지 않으면 하루가 다르게 자라나는 아이들을 지켜보고 또 알아가는 경험을 놓친다. 어느 한곳에 정착해 살지 않으면 공동체의 연장자가 되는 경험을 놓친다. 목적의식이 있는 사람들, 즉 깊이 전념한 사람들과 이야기해 보면 그들은 자신이 새로움과 깊이를 맞바꿨다고 생각하지 않았다. 그들은 깊이가 곧 궁극적인 새로움이라고 말했다.

마리 데이시 수녀는 50년 넘게 성 요셉 수녀원에서 지냈다. 그러나 그녀 역시 자신이 전념하기를 위해 선택지 열어두기를 포기했다고 느끼지 않았다. 수녀원의 질서에 합류함으로써 그녀의 종교 생활은 오히려 진화했다. 수녀들은 노숙자들을 보살피고, 가정폭력 회생자들을 위한 쉼터와 난민 수용소를 열고, 교도소에 가서 선교 활동을 했다. 데이시 수녀는 당시 여성들에게는 거의 주어지지 않았던 역할인 관리 및 자금 계획 책임을 맡기 시작했다. 외부인들이 보기에는 바보 같을 수 있는 헌신을 통해 그녀는 자신의 목소리를 깨닫고, 삶에 안주하려는 태도에서 탈피할 수 있었다.

"내가 선택한 헌신으로 인해 결혼이라는 선택지가 막혔죠. 아마 결혼했어도 행복했을 것 같긴 해요. 그러나 헌신은 더 많은 선택지로 자라났죠."

데이시 수녀의 경우 헌신은 관계, 경험, 리더십의 기회를 가져다주었다. 헌신하지 않았더라면 절대 누리지 못할 경험들이었다.

그레이트풀 데드Grateful Dead의 드럼 연주자 미키 하트Mickey Hart는 '욜로'라는 단어를 대중적으로 사용한 최초의 인물이었다. 1990년대 초 그는 캘리포니아 소노마에 있는 목장에 '욜로 목장'이라는 이름을 붙였다. 왜냐하면, 경제적인 측면에서 보면 목장 구매가 말도 안 되는 결정이었지만, **'뭐 어때, 한 번 사는 인생인데(You Only Live Once)'**라는 생각으로 구매한 것이기 때문이었다. 그러나 목장은 하트가 그곳에 정착하는 계기가 됐다. 그는 목장 안에 크게 녹음 스튜디오를 짓고 다양한 악기 연주자들을 모았다. 오랜 친구들과 새로운 친구들을 초대했다. 어느새 목장은 음악과 공동체의 중심이 됐다. 결국, 하트의 목장이 뜻하는 '욜로'는 헌신에서 벗어나라는 메시지가 아니라, 헌신 **안으로** 뛰어들라는 메시지를 담게 됐다. **한 번 사는 인생이니**(You Only Live Once) **깊이 파고드는 것이 낫다.** 하트의 목장은 올해로 30번째 생일을 맞았다.

고립에 대한 두려움을 극복하려면 새로움이 아닌, 목적을 통해 삶의 의미를 찾아야 한다.

깊이는 초능력이다

목적을 통해 삶의 의미를 찾으려면, 새로운 경험이 주는 즉각적인 즐거움보다 깊이가 가진 힘이 더 크다는 사실을 명심해야 한다. 헨리 워즈워스 롱펠로는 모루(대장간에서 불린 쇠를 올려놓고 두드릴 때 받침으로 쓰는 쇳덩이_편집자주)가 되어 사회에 의해 단조될 것인지, 아니면 망치가 되어 사회를 단조할 것인지 선택해야 한다고 적었다. 깊이 파고들지 않으면 언제나 모루가 된다. 그리고 망치가 될 수 있는 가장 확실한 방법은 깊이 파고드는 것이다. 항상 표면 위에만 머무는 사람은 가볍게 부는 바람에도 휘청인다. 반짝이는 것만 쫓아다니며, 사회가 가하는 압력을 버틸 만큼 단단하지도 않다. 그러나 깊이 파고드는 사람은 통제력을 얻는다. 빛나는 것을 쫓는 대신 자기 스스로 '빛나는 것'이 된다. 깊이 전념하는 사람이 스스로 움직이지 않고자 하면 누구도 그를 움직일 수 없다. 반면 그가 세상을 움직이기로 마음먹으면 얼마든지 세상을 움직일 수 있다. 그들은 세계를 들어 올릴 힘을 갖고 있다. 꾸준히 한 가지 목적을 추구할 때 뒤따라오는 깊이는 그야말로 초능력이다.

공예품을 예로 들어보자. 그것이 어떻게 만들어졌는지 한 번도 깊이 파고든 적이 없으면 모든 부분이 그저 수수께끼다. 이미 다른 이들에 의해 완전히 완성된 채로 내 손에 들어왔기 때문에 어딘가가 부러지면 누가 와서 고쳐주기를 기다리거나 새로 사는 수밖에 없다. 그러나 몇 달만 투자해서 기술을 익히면 이 세상의 좀 더 많은 부분에 대해 통제감을 느낄 수 있다. 6개월간 기타 연습을 하면 남은 평생 기타를 연주할 수 있다. 하루 정도 시간을 내서 새로운 요리를 배우면 앞으로 영원히 그 요리를 만들 수 있다. 자전거 수리법 영상을 보고 배우면 이후로는 자전거가 좀 더 가깝고 친밀하게 느껴질 것이다.

깊이 파고드는 것이 그렇게 좋은 거라면 어째서 우리는 항상 그렇게 하지 않는 것일까? 힘들기 때문이다. 깊이와 결과는 비례해서 나타나지 않을 때가 많다. 대부분은 기하급수적으로 나타난다. 그동안 내가 뿌린 씨앗의 결실을 마침내 거둘 수 있는 변곡점(굴곡의 방향이 바뀌는 지점_역주)에 도달하려면, 오랫동안 힘들게 노력하며 기다려야 한다. 라디오 진행자 아이라 글래스Ira Glass가 한 이야기를 예로 들어보자. 이제 막 예술계에 뛰어든 신입 예술가들이 진정한 의미의 작품 활동을 시작하려면 먼저 '감각과 현실의 괴리'를 이겨내야 한다. 그들이 예술가가 되겠다고 결심한 이유 중 하나는 어느 정도 예술적인 감각을 갖췄기 때문이다. 그러나 실제로 작품을 만들려고 하면 생각처럼 되지 않는다. 이는 몹시 불편한 감정을 불러일으킨다. 자신이 만든 작품이 훌륭하지 않다는 사실을 알 정도의 감각은 있는데, 현실이 그것을 뒷받침해 주지 않는 것이다. 그리고 감각과 현실의 괴리를 메우는 방법은 어마어마한 양의 작업과 연습을 통해 점점 나아지는 것뿐이다. 이렇게 불편한 감정을 극복하고 끈질기게 매달리려면 불굴의 의지가 필요하다고, 글래스는 설명한다.

또 다른 라디오 진행자인 자드 아붐라드Jad Abumrad 역시 비슷한 패턴을 설명하면서 그것을 '독일의 숲'에 빗대었다. 만약 어떤 사람이 복잡한 스토리를 하나 구상한다면, 그는 이야기의 바깥쪽으로 점점 살을 붙여나갈 것이다. 여기저기 떠다니는 모든 새로운 생각과 아이디어를 먼저 파악한 후, 거기서 자기만의 생각과 아이디어를 얻기 시작하면, 마침내 제멋대로 뻗어나가던 등장인물의 성격을 이해하게 된다. 그러나 이러한 과정을 거치는 도중에 그는 몹시 당황스러운 순간을 맞이한다. 아직 제대로 된 형태를 띠지 못한 아이디어 덩어리에 막혀서 더 나아가지도 못하고, 그렇다고 다시 돌아가기에는 이미 너무 깊이 들어와 버린 진퇴양난의 상황에 놓이는 것이다. 이는 마치 잔뜩 흥분해서 울창한 숲으로 들어왔다가 길을 잃었는데 날이 점점 어두워질 때와 같은 기분이라고 아불라드는 말했다. 빠져나갈 수 있는 유일한 방법은 숲을 통과하는 것뿐이다. 물론 거기에는 어두운 숲속을 헤매며 한참 동안 길을 찾는 것도 포함된다. 인내하고 견디기만 한다면 결국에는 길을 찾게 될 것이라고 아불라드는 자신 있게 말했다. 그리고 숲에 들어갔다가 나오는 과정을 충분히 반복하고 나면 어느새 그 숲이 도구처럼 "다음 버전의 나에게 귀 기울이기 위해 가야 하는 장소"처럼 느껴지기 시작한다.

그뿐만 아니라 D.C.에서 레스토랑을 운영하는 앤디 샬랄도 '버스보이와 시인들'을 시작할 때의 기분을 묘사하면서 비슷한 비유를 들었다.

"숲에서 빠져나오면 어떤 성취감 같은 것이 생겨요. 그러고 나면 막 기운이 나면서, 비록 고생하긴 했지만, 그럴만한 가치가 있었다는 생각이 드는 거예요. 모험의 끝에는 아드레날린과 흥분이 솟구치죠."

여정이 힘들수록 성취감도 크다. 깊이가 주는 기쁨이 또다시 등장했다.

프로젝트를 시작해서 결실을 보기까지 기다리는 시간은 고통스럽다. 그것은 일련의 약속을 한 후에 그것을 지키기 위해 필사적으로 노력하는 과정일 때가 많다. 예를 들어, 내가 스타트업 회사 창립자라면 나는 투자자들에게 그들의 투자가 헛되지 않았음을 보여주겠다고 약속한다. 직원들에게는 1년 후에도 계속 이곳에서 함께 일하게 해주겠다고 약속한다. 친구들에게는 이런저런 부탁을 하면서 언젠가는 꼭 보답하겠다고 약속한다. 모든 스타트업 회사는 아직 실현되지 않은 비전이라는 판타지와 함께 출발한다. 그리고 이러한 판타지를 현실로 바꿀 수 있는 것이 바로 깊이 있는 전념이다.

기다림은 힘들었지만, 마침내 열매를 수확할 때가 되면 그동안의 기다림은 모두 보상받는다. '소득 창출 자산', 즉 채권처럼 시간이 지나면 소득이 창출되는 자산과 비슷하다. 깊이 있는 전념 역시 장기적으로 보면 배당금을 지급하는 '행복 창출 자산'을 형성한다. 만약 오랜 연구 끝에, 어느 여름, 세상에서 가장 완벽한 초콜릿 칩 쿠키를 만드는 데에 성공하면, 10년 후에도 동네 주민들이 쿠키를 먹으려고 문을 두드릴 것이다. 친구와 우정을 쌓기 위해 몇 달간 시간과 정성을 다하면 평생 의지할 친구가 생긴다. 동네에 농산물 시장이 열릴 수 있도록 도우면 10년 후에도 토요일마다 신선한 채소와 과일을 구할 수 있다.

전문지식은 또 다른 예다. 자기가 경험하지 못한 것에 관해 주장할 때 우리는 대개 신뢰의 사슬에 기반을 둔다. **나는 이 사람 또는 단**

체를 신뢰하니까 그들이 한 말도 믿는다. 그러면서도 내가 단순히 직감이나 다른 사람의 말을 근거로 말하고 있다는 사실을 상대방이 알아차릴까 봐 걱정한다. 그러나 지식을 쌓으면 그런 걱정을 할 필요가 없다. 내가 지금 무엇을 말하고 있는지 정확히 이해하고 있기 때문이다. 그러면 적어도 어떤 분야에 대해서만큼은 자신 있게 나아갈 수 있다. 현대인 중에서 남들이 잘 모르는 비밀 지식(알려지지 않은 문서, 음모의 증거 등)을 욕심내는 사람들이 종종 있다. 그러나 사실 비밀 지식은 우리 주변 어디에나 존재한다. 하나의 신념, 기술, 기관, 분야를 제대로 통달하는 지식이 바로 그것이다. 비밀 지식을 손에 넣기 위해 내가 준비해야 할 유일한 열쇠는 약간의 깊이뿐이다. 꾸준히 관심을 유지하면서 깊이 파고드는 것, 그 이상은 아무것도 필요하지 않다.

지식을 깊이 파고드는 일 역시 배당금이 지급된다. 전문가들이 자신의 분야에 관해 즉흥적으로 이야기하는 모습을 보면 어찌나 유려한지 입이 벌어질 정도도. 예전에 철학과 교수 코넬 웨스트Cornel West 밑에서 조교로 일하면서 그가 인터뷰하는 자리에도 몇 번 동행한 적이 있었다. 대본 없이 그 자리에서 즉흥적으로 하는 답변이 마치 며칠간 준비하고 다듬은 문장처럼 아름답고 유익해서 매번 놀라곤 했던 기억이 난다. 어떻게 생각하면 미리 준비한 답변이 맞을 수도 있겠다. 웨스트 교수의 답변은 그냥 뚝딱하고 나온 것이 아니라, 수십 년간 그 분야에 관한 책을 전부 탐독하고, 다양한 현상 간의 연결고리를 설명할 수 있는 수없이 많은 생각과 인용과 문장을 쌓아왔기 때문에 가능한 것이었기 때문이다.

『뉴욕 타임스』 기자 사라 클리프는 언론인이 되겠다는 생각을 후회하거나, 고립에 대한 두려움을 느낀 적이 한 번도 없다고 말했다. 처음부터 그녀는 저널리즘을 사랑했다. 그런 사라에게 가장 어려웠던 점은 저널리즘 중에서도 어떤 주제를 다룰 것인지 선택하는 일이었다. 고민 끝에 그녀는 건강·보건 분야에 뛰어들어 10년간 전념했고, 지금은 미국에서 가장 뛰어난 보건 분야 기자 중 하나로 자리매김했다. 그동안 그녀는 보건정책 관련 비공식 박사 학위라도 받을 것처럼 깊이 파고들었고, 그렇게 전문지식을 쌓은 덕분에 그녀는 언제나 자신 있게 기사를 보도할 수 있었다. 남들보다 까다로운 질문을 던졌고, 판단을 보류하는 기사를 쓰지도 않았다. 보건복지와 의료 서비스가 실제로 어떻게 움직이는지 속속들이 알기 때문이었다. 이러한 전문지식은 또한 그녀가 더 빠르게 움직이는 데에도 도움이 됐다. 2010년 오바마케어가 뜨거운 감자였을 때, 사라는 각각의 법안이 무엇을 의지하는지 깊이 있고 상세하게 분석해서 재빠르게 보도했다. 그뿐만 아니라 그녀는 잠재력 있는 새로운 이야깃거리를 포착하고, 무엇이 중요하고 중요하지 않은지 구분하는 능력도 갖추었다. 가령 수천 가지 법안을 쭉 훑은 후 각각의 법안이 어떤 의미인지, 어떤 것이 평범하고, 어떤 것이 충격적인지 구분할 수 있다. 한 가지 주제에 몰입하는 것을 두려워하지 말라고 사라는 청년들에게 조언했다.

학창 시절 내 친구 알렉스 프리위트는 미국의 스포츠 주간지인 『스포츠 일러스트레이티드Sports Illustrated』에 실린 기사를 처음부터 끝까지 하나하나 다 읽곤 했다. 알렉스가 자신의 흥미와 관심을 살려서 언론계로 가면 좋겠다고 생각한 어머니는 그가 고등학생 때 동네 지역 신문사에 가서 알렉스가『폴스 처치 뉴스프레스』에서 스포츠 기사를 쓰게 해달라고 요청했다. 편집자는 먼저 그에게 레스토랑 기사 몇 가지를 써보게 했고, 이후 기사 쓰는 일에 익숙해진 알렉스는 고등학교 스포츠 기사를 맡았다. 무려 15년 전의 일이지만, 알렉스는 첫 기사를 썼을 때 받은 조언을 아직도 기억하고 있었다.

"글에 지나치게 멋을 부리지 마라."

이후 10년 동안 알렉스는 글 쓰는 실력을 꾸준하게 갈고닦았다. 강의를 듣고, 가능한 한 많은 스포츠 기사를 읽었으며, 고등학생 때는『폴스 처치 뉴스프레스』에서, 대학교에 가서는『터프츠 데일리』에서 끊임없이 기사를 썼다.『USA투데이』에서는 야간 근무 인턴으로 일하면서 신문에 실리는 사진 설명 문구를 썼고,『보스턴 글로브 Boston Globe』에 있을 때는 마이너리그 야구 경기장의 원정팀 라커룸에 가서 선수들을 인터뷰했다. 알렉스는 유소년 축구 토너먼트로 시작해서 경륜 경기를 거쳐 마침내는 보스턴 레드삭스 보도를 맡았다. 그 과정에서 자기만의 루틴이 생겼다. 아침 블로그를 쓰고, 경기 기사를 쓰고, 후속 블로그를 쓰고, 다음날로 넘어갔다.

"바이올린이나 첼로를 켜는 것과 비슷해. 글 쓰는 근육을 꾸준히 써줘야 하지."

어느 날 알렉스는『워싱턴 포스트 Washington Post』에 있는 상사에게 "이제부터 하키를 담당하라."라는 전화를 받았다. 그것은 절호의 기회였다. 하키 경기를 잘 모른다는 사실은 중요하지 않았다.

"알게 될 걸세."

상사는 이렇게 말했다. 알렉스는 여름 내내 하키를 깊이 파고들었다. 과거 경기를 찾아보고, 500장에 달하는 북미아이스하키리그 National Hockey League, NHL 단체협약을 공부했다. 워싱턴 캐피털스 소속 선수마다 개인별로 폴더를 만들어서 정보를 정리하고, 각 선수의 에이전트에 연락하고, 워싱턴 캐피털스의 매니저, 코치 등의 이름을 전부 외웠다. 그리고 마침내 하키의 기본적인 개념을 완전히 내 것으로 만들었다는 확신이 들었다. 처음으로 '뉴트럴 존 트랩'을 알아차리고, 심판보다 먼저 '아이싱'을 선언할 수 있게 되었을 때였다. 여름에서 가을로 넘어갈 무렵, 시즌이 시작됐고, 알렉스는 만반의 준비를 마쳤다.

기자로서 알렉스가 느꼈던 최고의 순간은 그의 114번째 하키 경기를 보도하던 날이었다.

"그 무렵 나는 매일 같은 사람들만 만났어. 시즌 내내 단 한 번의 기자 회견도, 연습 게임이나 훈련도 놓치지 않고 참석했지. **난 모든 것을 완벽하게 파악하고 있었어.**"

114번째 경기를 하던 날, 알렉스는 별다른 사전 준비도 없이 기자석에 앉은 지 30분 만에 기사를 써서 넘겼다.

"그래, 바로 이거야."

"무언가를 보고, 그다음에 내가 본 것을 간결하게 정리해서 종이에 옮기는 작업"에는 몹시 짜릿한 무언가가 있다고 그는 설명했다. 기술과 전문지식을 모두 충분히 갖췄을 때만 느낄 수 있는 깊이의 힘이다. 일단 그 힘을 가지면 그다음은 자연스럽게 흘러간다.

알렉스의 이야기는 심지어 스포츠 영화 같은 결말을 맞았다. 114

번째 경기가 끝나고 몇 년 후, 워싱턴 캐피털스는 스탠리컵(NHL 우승자에게 수여되는 트로피_역주)을 거머쥐었다. 당시『스포츠 일러스트레이티드』에서 기사를 쓰던 알렉스는 하키에 대한 깊이 있는 지식 덕분에 워싱턴 캐피털스 경기를 보도하는 일을 담당했다. 그해에 워싱턴 캐피털스는 차근차근 결승전까지 올라갔고, 결승전에서 다섯 경기를 치른 끝에 베가스를 이겼다.『스포츠 일러스트레이티드』를 사랑했던 소년은 지난 수십 년간 워싱턴에서 있었던 경기 중에서 가장 중요한 경기, 즉 워싱턴 캐피털스의 우승을 다루는『스포츠 일러스트레이티드』의 표지기사를 썼다. 신문은 도시 전체에서 순식간에 매진됐다. 다시 한번 말한다. 깊이는 초능력이다.

원자폭탄 같은 힘

세계는 깊이 파고드는 사람을 필요로 한다. 그러나 우리가 모든 것을 파고들 수는 없다. 농부는 어떤 작물을 기를지 선택하고, 상인은 어떤 물건을 팔 것인지 선택한다. 우주비행사인 동시에 식물학자가 될 수는 없다. 윌라 캐더의 말을 빌리면, 예술가가 처음 작업을 시작할 때 제일 먼저 할 일은 "벽과 한계를 정하는 것"이다. 사람은 누구나 틀이 필요하다.

　관심의 범위를 좁히기는 절대 쉽지 않다. 해야 할 일이 이렇게나 많은데, 이 작은 한구석에만 공을 들인다는 것이 우스꽝스러운 듯하다. 그래서 전념하기가 더 어렵다. 그중에서도 대의를 위해 전념하는 것은 특히 더 괴롭게 느껴진다. 예를 들어, 오리건에서 인종 차별 반대 운동을 하거나, 휴스턴에서 공기 질 개선을 위해 일하거나, 미 국방부 예산을 관리·감독하는 일을 맡았다고 생각해 보자. 앞으로 20년은 투쟁해야 하는 일임을 안다. 그렇게 꾸준히 전념하는 도중에 세계의 다른 지역에서 긴급한 인권 문제가 발생했다는 소식을 들었 다. 또는, 재정 개혁을 위한 새로운 캠페인이나 인공지능 기술 규제 를 위한 운동이 한창이라는 소식을 들었다. 그러나 모든 사람의 관 심이 다른 곳에 쏠리더라도, 나는 계속해서 오리건의 인종 차별 문 제, 휴스턴의 공기 질, 국방부 예산 감독에 전념해야 한다.

그러나 깊이 있는 전념에는 원자폭탄 같은 힘이 있음을 잊어서는 안 된다. 작은 전념이라도 거기에 깊이가 더해지면 외부로 폭발할 수 있다. 아니, 오히려 더 좁게, 더 깊이, 적극적으로, 집중해서 파고 들수록 전념이 외부에 미치는 영향은 더 커질 때가 많다.

마틴 루서 킹 주니어의 투쟁은 전 세계적으로 다양한 캠페인에 영감을 주었다. 그러나 실제로 킹이 국제적인 단체를 조직하고 여러 가지 대의를 위해 싸웠던 것은 아니었다. 오히려 처음 몇 년간 그는 한 지역에서(미국 남부) 한 가지 대의(인종 간 정의)에만 집중했다. 만약 그가 다른 지역, 다른 대의에도 관심을 가지고 기웃댔다면, 지금 우 리 사회가 어떤 모습일지 누가 알겠는가?

다른 예도 많다. 이탈리아에서 출발한 슬로우 푸드 운동은 처음 에 파스타와 맥도날드에만 초점을 두었지만, 지금은 세계 곳곳에서 다양한 형태로 진행되고 있다. 제인 애덤스^{Jane Addams}의 복지관, 도 로시 데이의 가톨릭 일꾼 센터는 각각 시카고와 뉴욕에 세워졌지만, 이내 다른 도시에서도 그들을 모델로 한 기관들이 생겨났다. 랄프 네이더가 처음 관심을 가졌던 것은 자동차 안전과 관련된 추문과 부정부패를 폭로하여 '공익'을 도모하는 것이었으나, 이는 곧 다른 산업으로도 이어졌다.

내가 만난 영웅 중에서도 좁은 분야를 파고듦으로써 더 넓은 곳에 영향력을 발휘한 사람들이 많았다. 애틀랜타의 벨트라인 프로젝트를 추진했던 라이언 그라벨에게는 현재 전국 곳곳에서 그와 같은 프로젝트를 실시하고자 조언을 구하는 연락이 쇄도한다. 랍비 슈왈츠먼의 학생 중 많은 수가 랍비가 됐다. 킴벌리 와서만이 석탄 발전소 폐쇄 운동을 시작할 때 초등학교 2학년이었던 아이들이 이제는 자라서 그녀와 함께 환경보호를 위해 싸운다.

2017년 아트 컬런Art Cullen은 아이오와주 지역 신문 『스톰 레이크 타임스Storm Lake Times』에 쓴 사설로 퓰리처상을 받았다. 놀랍게도 『스톰 레이크 타임스』는 발행 부수가 3,000부밖에 안 되는 소규모 신문사였다. 컬런은 아이오와의 작은 시골 마을들을 이해하고 보도하는 데에만 집중했으나, 그의 사설은 전국적인 찬사를 받았다. 대형 신문사에서도 컬런만큼 육류 포장, 돼지, 옥수수 등에 대해 깊이 아는 사람이 없었기에, 그는 전국적인 이슈에서도 대체 불가능한 사람이 됐다. 만약 그가 신문사의 모토("부에나 비스타 카운티 안에서 일어나지 않은 일은, 일어나지 않은 일과 다름없다.")대로 살지 않았다면, '취재 대상을 360도에서 살펴보는' 컬런만의 특징적인 취재 기법도 개발하지 못했을 것이다.

사람들에게 존경하는 사람이 누구냐고 물어보면, 자기와는 전혀 다른 분야에 있는 사람을 말할 때가 많다. 버락 오바마는 집무실 옆

개인 서재에 무하마드 알리의 글러브를 갖고 있었다. 농구 선수 카림 압둘 자바가 꼽은 영웅 중에는 재즈 음악가 셀로니어스 몽크와 소설가 알렉상드르 뒤마가 있었다. TV 호스트 줄리아 브래드버리는 여성 비행사 아멜리아 에어하트가 그녀의 영웅이라고 언급했다. 깊이 있는 헌신이 발휘하는 영감의 힘에는 한계가 없다.

사람들은 영향력을 키우는 것이 풍선을 부는 것과 같다고 생각한다. 두께를 얇고 넓게 퍼트림으로써 크기를 키운다. 그러나 실제로는 우리가 어떤 일에 더 깊이, 더 힘껏, 더 온전히 집중할수록 영향력이 커지는 경우가 더 많다. 깊이 있는 전념은 강력한 무선 송신기와 같아서, 몸은 한곳에 있지만, 그가 전하는 메시지만큼은 아주 멀리까지 전달된다.

깊이 파고드는 것을 막는 위협들

깊이 파고드는 것을 막는 위협들은, 마치 옛날이야기 속에서 나무가 우거진 길을 따라 걸을 때 여기저기서 튀어나오는 괴물들처럼, 다양한 형태로 나타난다. 첫째는 **지루함**boredom이다. 오랫동안 전념하려면 같은 일을 끊임없이 반복해야 한다. 둘째는 **산만함**distraction이다. 길을 가다 보면 온갖 반짝이는 것들이 계속 눈에 띈다. 셋째, **불확실성**uncertainty도 깊이를 위협한다. 내가 올바른 결정을 했는지, 바른길을 가고 있는지 불확실하기 때문에 불안하다. 넷째는 **유혹**temptation이다. 이는 남의 떡이 더 커 보이는 심리다. 진행 중인 프로젝트가 도중에 막혀서 골머리를 앓던 차에 옆에서 누군가가 근사한 새 프로젝트를 제안했을 때, 권태기 때문에 연인과의 관계가 위태로운 와중에 동료 한 명이 내게 관심을 보일 때, 이럴 때 찾아오는 위협이 유혹이다. **목표 변질**mission creep의 위협도 있다. 목표에 전념하고 있다고 생각했는데, 나도 모르는 사이에 본질을 잊고 다른 목표만 좇는 경우다. 가령 A 사업을 목표로 하는 스타트업을 차렸다. 그러나 자금 마련을 위해 부수적으로 B 사업도 시작했다. 그런데 어느 날 문득 정신을 차리고 보니 B 사업에 과도하게 투자한 나머지 좋아하지도 않는 일에만 매달려 있는 자신을 발견한다. 또는, 처음에 명확한 대의를 위해 투쟁에 뛰어들었지만, 알아차리지도 못할 만큼 서서히 목표가 변질됐고, 마침내는 애초에 내가 왜 투쟁을 시작했는지조차 잊어버린다.

다행히 이 모든 괴물을 무사히 물리친다 해도, 어쨌든 전념하기의 길에는 엄청난 **고통**pain과 **피로**exhaustion가 뒤따른다. 단지 재미있어 보인다는 이유로 레스토랑을 열고 싶다는 사람들이 많다고 앤디 샬랄은 말했다. 그러나 그들은 "한밤중에 막힌 변기를 뚫고, 깨진 유리창을 고치고, 정전이 되면 당장 일터로 달려가야 하는 고충"을 염두에 두지 않는다.

전념하기의 길에는 언제나 온갖 형태의 괴물이 등장한다. 그러나 좋은 소식은 그들을 물리칠 수 있는 무기도 충분하다는 것이다. 그중에서도 가장 강력한 무기는 아마도 '이야기'일 것이다. 자기 자신에게(다른 사람들에게도 공유하면 더욱 좋다) 내가 **왜** 이 일에 전념하기로 했는지 말하는 것이다. 그러면 결심이 흔들릴 때마다 그 이야기를 되새기며 마음을 다잡을 수 있다. 결혼할 때는 혼인서약을 하고,

조직을 설립할 때는 비전과 강령을 정하고, 또 어떤 사람들은 자신의 결심을 타투로 새기기도 하는 이유가 여기에 있다. 이러한 종류의 상징은 내가 이 길을 선택한 **이유를** 되새기게 도와준다.

우리가 소지한 또 다른 무기는 장거리 여정을 단계별로 쪼개서 생각하는 방법이다. 시민단체 지도자들은 작은 승리가 필요하다는 이야기를 종종 한다. 첫 번째 목표는 다 같이 모여서 회의를 여는 것이다. 거기서 승리하고 나면 위원회 결성을 다음 목표로 잡는다. 이런 식으로 계속해서 작은 목표를 세우고 작은 승리를 거두며 나아간다. 처음부터 법 개정을 목표로 하면 실현 가능성에 의구심이 들기 쉽지만, 이렇게 한 단계씩 목표를 키워나가면 법 개정도 해볼 만한 목표처럼 느껴진다.

댈러스의 부동산 개발업자 몬테 앤더슨이 장기 프로젝트에 접근하는 방식도 이와 같았다. 팀원들에게 그는 이렇게 말했다.

"우리는 달에 갈 겁니다. 그러나 지금은 바다의 맨 밑바닥에 있죠."

만약 그가 시작부터 "바다에서 벗어나 해변으로 가서 우주선을 타는 문제"를 걱정했다면, 아마도 금세 "좌절해서 그만두었을 것"이다. 그러나 그는 바로 눈앞에 있는 과제에만 집중하도록 팀을 이끌었다. **먼저 스쿠버다이빙 장비를 장착한 후 헤엄치기 시작한다. 그러다가 해변을 발견하면 그때부터 땅에 도달할 방법을 고민한다. 무사히 땅에 오르면 이제 우주선을 구할 방법을 고민한다. 모든 것을 한꺼번에 생각할 필요는 없다.**

전념하기의 영웅들은 산만함, 유혹 그리고 피로까지도 복잡함을 제한함으로써 해결한다. 이들은 매우 단순한 삶을 산다. 여유가 있어야 헌신이 들어갈 틈이 있기 때문이다. 이는 많은 종교적 인물이 가난을 맹세하는 이유 중 하나이기도 하다.

"절식, 기도, 명상, 금욕, 무소유가 곧 온전함에 이르는 길은 아니다. 그러나 온전함에 이르는 데에 도움은 된다."

5세기 수도사 요하네스 카시아누스John Cassian는 이렇게 적었다. 예를 들어, 아이를 키우는 부모들은 대개 장난감이나 육아용품 이외의 것들을 최대한 간소화하려고 노력하는데, 그렇지 않으면 집이 도무지 정돈되지 않기 때문이다.

전념하기의 영웅들이 구축하는 단순함은 물질뿐만 아니라 감정에도 해당한다. 에반 울프슨은 지난 10여 년간 동성 결혼 합법화를 추진하면서 때에 따라 널뛰는 감정을 무디게 하려고 많이 노력했다.

"제가 고통이나 실망, 두려움, 절망을 전혀 느끼지 못했던 건 아니에요."

그가 인정하며 말했다. 그러나 투쟁 과정에서 패배하거나 휘청거릴 때도 다른 사람들만큼 괴로워하지 않으려고 했고, 승리했을 때에도 지나치게 열광하지 않도록 감정을 다스리며 생각을 단순화했다.

"좋아, 다음은 뭐지? 이제 어디까지 왔지? 앞으로는 어떻게 나아가야 하지?"

감정을 차분하고 일정하게 유지함으로써 그는 불필요한 에너지 소모를 막았다.

몬테 앤더슨도 마찬가지였다.

"일이 잘 안 풀리는 날에도 감사한 마음을 가졌어요. 입을 옷과

먹을 음식이 있는 것만으로도 감사하다고 생각했죠. 그리고 일이 잘 풀릴 때도 겸손을 잃지 않았고요."

이러한 태도 덕분에 그는 언제나 평온함을 유지할 수 있었다. 무언가에 전념하다 보면 행복의 순간도, 슬픔이나 두려움, 평온의 순간도 찾아온다. 그렇다고 해서 지나치게 실망하거나 당황할 필요는 없다. 금세 다시 사라질 것들이기 때문이다.

무엇보다도 중요한 것은 다른 사람들의 의견보다 자기 내면의 목소리를 신뢰하는 단순함이다. 시인 메리 올리버는 "그 여정" 중에 "나쁜 조언을 내뱉으며" 발목을 잡는 목소리들을 침묵하게 하는 경험을 기록했다. 혼란스러운 목소리들을 뒤로 한 채 떠나면, "겹겹이 쌓인 구름 사이를 뚫고" 별들이 빛나기 시작한다. 그리고 "나 자신의 것임이 분명한 새로운 목소리"가 들려온다. 이는 전념하기의 여정 동안 내가 동반자로 삼을 수 있는 유일한 목소리다.

그러나 일을 **지나치게** 단순하게 만들면 지루함이 찾아올 수 있다. 그리고 지루함을 물리치기에는 결심의 '이유'를 되새기는 것만으로 부족할 수도 있다. 그럴 때는 전념하기의 여정 중에 나타난 변화를 알아차리는 것이 도움이 된다고 몇몇 영웅들은 조언했다.

랍비 슈왈츠먼은 대제일(유대교의 신년과 속죄일_편집자주)을 앞둔 랍비와 성가대장에 관한 옛이야기를 들려주었다. 랍비는 유대교에서 수천 년째 쓰이고 있는 기도 책을 연구하고 있었다. 그 모습을 본 성가대장이 와서 물었다.

"25년간 랍비로 계셨는데도 똑같은 기도 책을 계속 연구하는 이유가 무엇입니까?"

랍비는 이렇게 대답했다.

"책은 변하지 않았지만, 나는 변했기 때문이지요."

이 모든 무기의 도움을 받고도 결국은 마지막 **궁극의 무기**를 꺼내야 할 수도 있다. 한 전념하기의 영웅은 그것을 자기 일의 아름다움에서 찾았다. 원예가 앤디 페티스는 구근 심는 작업을 제일 싫어한다고 말했다.

"구근은 가을에 심어야 하는데, 그때쯤에는 이미 땅이 얼기 시작해서 손목이 몹시 아프고 굳은살이 생기거든요."

그런데도 일을 계속할 수 있는 이유는 지금의 고생이 4개월 후에 얼마나 눈부시게 아름다운 장관을 펼쳐낼지 알기 때문이었다.

"2,000개의 구근이 꽃을 피우는 모습은 아마 이 세상에서 가장 아름다운 장면 중 하나일 거예요."

그 장면을 마음속에 담고 있기에 그녀는 힘든 작업을 이겨낼 수 있다.

그러나 그녀가 마지막 결과에서만 아름다움을 찾는 것은 아니다. 페티스는 잡초 뽑기처럼 따분한 작업을 명상으로 바꾼다고 말했다. 식물의 변덕스러움은 그녀를 겸허하게 만들지만, "어려움이나 따분함을 도전으로 바꾸는" 데에서는 기쁨을 찾기도 했다. 특히 아이들은 이러한 생각을 어른보다 더 잘 받아들인다. G. K. 체스터턴^{G. K.} ^{Chesterton}에 따르면, 아이들은 "무언가가 반복되고 변하지 않기를 원한다. 언제나 '다시 해줘.'라고 말한다. 어른들이 거의 뻗기 직전까지 반복해 줘도 아이들은 전혀 질리지 않는다." 또한, 아이들은 "모든 데이지가 비슷하게 생긴 이유는 저절로 그렇게 된 것이 아니라, 신이 직접 하나하나 빚어낸 것이며, 신은 그 작업이 절대로 싫증 나지 않을 것"이라는 사실을 이해한다. 전념하기의 영웅들이 어린아이와 같은 경외감을 고이 간직하고 있음은 그리 놀라운 일이 아닌 듯하다.

평범함을 특별함으로

우리가 가장 큰 기쁨을 느끼는 순간은 가장 평범한 것일 때가 많다. 연인과의 저녁 식사, 아이들과 오순도순 보내는 시간, 친구들을 만나서 하는 술 한 잔, 좋아하는 취미 활동으로 보내는 오후 시간 등이 그렇다. 이렇게 평범한 순간이 즐거운 이유는 깊이가 있기 때문이다. 새로움에서 찾는 설렘은 경험이 쌓일수록 무뎌지기 마련이다. 그러나 꾸준한 관계를 통해 평범한 삶을 설레게 만들면, 시간이 지날수록 행복도 더욱 커진다.

단골 식당, 슈프림스의 오래된 노래들, 핼러윈 때마다 하는 전통, 친한 친구들끼리만 통하는 농담. 이런 것들은 해가 거듭될수록 추억이 켜켜이 쌓여서 더욱 깊은 음색을 낸다. 지극히 평범한 7월, 지극히 평범한 야구 경기 중에 흘러나온 〈스위트 캐롤라인Sweet Caroline〉이 특별하게 느껴지는 이유는 거기에 추억이 있기 때문이다. 2004년 보스턴 레드삭스가 우승기를 거머쥐었을 때 연주된 〈스위트 캐롤라인〉, 10년 전 어느 경기에서 동생과 함께 불렀던 〈스위트 캐롤라인〉을 떠올리게 하기 때문이다.

그래서 물건을 쉽게 버리지 못하는 사람들도 많다. 오랫동안 함께 한 물건은 의미를(심지어 어떤 생명의 기운마저) 지닌다. 특별한 날에

입었던 셔츠나 처음으로 독립했을 때 구매한 소파는 그에 얽힌 추억 때문에 쉽사리 정리하기가 어렵다. 매릴린 로빈슨^{Marilynne Robinson}의 『길리아드^{Gilead}』에서 에임즈 목사는 '오래된'이라는 단어가 물리적인 시간뿐만 아니라 친밀함의 의미도 반영한다고 생각했다.

"'오랫동안 알고 지낸 버튼 목사' 또는 '이 허름하고 오래된 동네'라는 말속에는 내가 그것들을 몹시 친밀하고 가깝게 느낀다는 뜻이 담겨 있다."

이것 역시 깊이가 하는 일이다. 깊이는 무언가를 "오랜 친구", "오래된 극장", "오래된 라켓"으로 부르고 싶게 한다.

깊이가 의미를 부여하는 일만 하는 것은 아니다. 깊이는 또한 우리가 의미를 좀 더 잘 알아차리게 해준다. 한 가지 주제를 깊이 파고들면 미묘한 차이도 구분할 수 있는 시야가 생긴다. 야구광과 함께 경기를 보면, 방금 던진 투구가 그냥 투구가 아니라 체인지업이었다고 알려준다. 그리고 그 투수가 3년 전 디비전 시리즈에서 같은 타자를 상대했었는데, 그때도 체인지업으로 스트라이크 아웃을 시켰다는 부연 설명까지 덧붙인다. 똑같은 경기라도 설명을 듣고 보면 더욱더 재미있다. 그가 아니었다면 나는 끝까지 그것을 그냥 투구로 봤을 것이다.

『관찰의 인문학』의 저자 알렉산드라 호로비츠^{Alexandra Horowitz}도 이러한 현상을 언급했다. 그동안 수없이 많이 지나다닌 동네라도 다양한 분야의 전문가들과 같이 걷다 보면 그녀가 이전에 알아차리지 못했던 것들을 각자의 관점에서 발견하고 알려준다는 것이다. 사람들은 자기 주변에서 일어나는 일의 상당 부분을 놓치고 산다. 이런저런 생각을 하느라 가로등이 지직대는 소리, 지나가는 자동차의 소음, 나무 위의 새를 알아차리지 못한다. 그러나 깊이 있는 전문지식을 가진 사람들은 우리보다 더 많은 것을 본다. 지질학자는 호로비츠에게 이 도로를 포장한 돌이 로마 도로에 쓰인 것을 따라 했다는 사실을 알려준다. 서체 디자이너는 맨홀 뚜껑에 쓰인 글자의 폰트를 짚어준다. 동식물 학자는 산울타리에 있는 거미줄과 알을 발견하고, 의사는 지나가는 사람을 보고 고관절 치료가 필요하겠다는 사실을 알아차린다. 호로비츠가 쓴 것처럼 깊이는 세상을 더 생생하게 만들어준다.

"모든 의미는 지속할수록 축적된다."

이는 다큐멘터리 제작자 켄 번즈Ken Burns의 좌우명이다. 그는 작품을 만들 때도 이러한 정신을 잊지 않았다. 그가 만든 역사 다큐멘터리 시리즈 중에는 10시간이 넘는 것들도 있어서, 마치 우리에게 무언가를 이해하는데 투자하는 시간을 늘리라고, 그러면 더 많은 의미를 찾을 수 있다고 말하는 듯하다. 그가 다큐멘터리를 제작하는 과정 역시 그 자체로 하나의 서사시다. 가장 최근에 발표한 시리즈는 제작 기간이 무려 10년이나 걸렸다. 그의 트레이드마크로 알려진 '켄 번즈 효과'는 하나의 사진 안에서 카메라가 이동하는 기법으로, 이렇게 하면 사람들의 시선이 사진에 더 오래 머물러서 좀 더 많은 의미를 찾을 수 있다.

켄에게 깊이의 힘을 알려준 것은 햄프셔 대학Hampshire College의 명예교수 제롬 리블링Jerome Liebling이었다. 그는 어떤 분야든지 '주의력을 유지하는 것'이 중요하다고 강조했다. 또한, 암실에서 사진을 현상하고, 핀으로 인화물을 매달고, 편집하지 않은 원본 사진을 검토하는 과정이 더디고 지루하더라도 거기에 집중해야 한다는 사실을 알려주었으며, 빛이 건물 윗부분을 어떻게 밝히는지, 여자의 팔이 어떻게 움직이는지, 거리를 걷고 있는 두 사람이 서로 어떤 관계에 있는지 등 사물과 현상을 주의 깊게, 충분한 시간을 들여서 관찰해야 한다는 사실도 가르쳐주었다. 사람들과 오랫동안 한자리에 앉아 있으면 숨어있던 뉘앙스가 표면으로 떠오른다고 켄은 설명했다.

"내 편집실에는 소문자 필기체로 '그건 복잡해'라고 적힌 네온사인이 있어요. 영화제작자들은 명장면이 있으면 다시는 그것에 손을 대고 싶어 하지 않아요. 그러나 지난 40년간 우리는 모순적이고 복잡한 정보를 알게 될 때마다 그러한 명장면들을 건드려왔죠."

이러한 마음가짐이 있었기에 켄은 흔들림 없이 한 가지 주제(미국 역사)와 형식(다큐멘터리)에만 전념할 수 있었다. 여기에는 특히 벅스 버니와 로드 러너의 제작자 척 존스Chuck Jones의 영향이 컸다. 켄은 다음과 같이 설명했다.

"척 존스는 매번 정확히 같은 프레임 수와 상영시간을 지켜서 만화를 만들어야 했어요. 그러나 그러한 제한이 오히려 그에게 날개를 달아주었죠. 마치 화가에게 캔버스를 주면서 이렇게 묻는 것 같아요. 이제 여기에 무엇을 그릴 건가요?"

젊을 때는 "모든 사람이 언젠가 죽는다는 불변의 진리가 크게 와 닿지 않아요."라고 켄이 말했다. 그러나 일단 그 진리를 받아들이면 우리는 "전념해야 합니다."라고 덧붙였다. 켄은 지금으로부터 약 40년 전, 1979년의 뉴욕을 회상했다. 당시 그는 26살이었고 엘리베이터가 없는 5층 건물에 살면서 매달 월세에 쪼들렸다. 그러던 어느 날, 그의 표현에 따르면, 젊은 영화제작자로서는 "들어보지도 못한 금액의 큰돈"을 벌 수 있는 일을 제안받았다. 하지만 그때 그는 브루클린 다리에 관한 다큐멘터리를 제작 중이었고, 돈 때문에 그것을 포기할 수 없을 만큼 많은 애정을 쏟고 있었다.

그래서 켄은 그 일을 거절했다.

"작업하던 필름을 냉장고 선반 꼭대기에 넣어둔 채 평생 다른 일에만 쫓기다가, 50세가 되어서야 문득 '아, 정작 내가 만들고 싶었던 작품은 완성하지 못했네.'라는 생각을 하고 싶진 않았거든요."

결국 켄은 집값이 훨씬 저렴한 뉴햄프셔로 이사해서 영화를 완성했고, 다시는 그곳을 떠나지 않았다. 그는 아직도 매일 같은 침실에서 잠이 든다. 그리고 그때 제작한 《브루클린 브리지Brooklyn Bridge》는 1982년 오스카상 후보에 올랐다.

세상에서 가장 지루해 보이는 것들도 약간의 깊이를 갖고 대하면 생생하게 느껴질 수 있다. 볼티모어에서 폐벽돌을 줍는 맥스 폴락은 벽돌에 대해서라면 몇 시간이고 지치지 않고 이야기할 수 있다. 벽돌에 찍힌 기업명이나 로고를 보면서 맥스는 그 벽돌을 만든 회사와 매일 같이 출근해서 벽돌을 만들었을 근로자들을 떠올린다. 그 모든 것들이 사라지고 지금은 이 벽돌만 남았다고 생각하면 왠지 모르게 착잡한 마음이 들었다. 맥스에게 허물어진 건물의 폐허를 나뒹구는 벽돌들은 "지난 수백 년간의 산업을 이해할 수 있는 역사적" 통로였다. 그는 심지어 벽돌 더미에서 기업 합병의 흔적도 읽을 수 있었다. 예를 들어, 건축에 사용된 벽돌의 종류가 적을수록 최근에 지어진 건물이었다.

맥스가 폐벽돌을 재가공하는 회사를 창립한 이후 가장 기억에 남는 장면 중 하나는 한 직원의 모습이었다. 그 직원은 18세의 어린 나이에 기본적인 도구 하나 쓸 줄 모르는 상태로 처음 입사했다. 이 세계에서 그는 완전히 낯선 인물이었고 마찬가지로 그도 이 세계가 완전히 낯설었다. 입사한 지 몇 달쯤 지났을 무렵, 맥스는 그가 목재를 자르는 모습을 지켜보았다. 톱이 목재를 파고들면서 톱밥이 날리기 시작했을 때 갑자기 그가 환한 얼굴로 소리쳤다.

"우와 이거 정말로 아름다운 미송이네요!"

그는 냄새로 나무의 종류를 구분하는 법을 깨우친 것이었다.

시간

마틴 루서 킹 주니어는 인생에서 길이, 너비, 높이 이렇게 세 가지 차원의 필요성을 설교했다. 여기서 길이는 자기 자신과의 관계를, 너비는 공동체와의 관계를, 그리고 높이는 초월적 존재와의 관계를 가리킨다. 이 세 가지 차원이 일그러지면 우리도 그렇게 될 것이라고 킹은 말했다.

이 조언은 전념하기를 방해하는 세 가지 두려움, 그리고 그 반대편에 있는 세 가지 선물과 연관이 있다. 후회에 대한 두려움을 물리치고 사명과 목적을 찾으면 자기 자신과의 관계를 찾는다. 유대에 대한 두려움을 물리치고 연대를 형성하면 더 큰 공동체와의 관계를 찾는다. 깊이가 주는 즐거움으로 고립에 대한 두려움을 물리치면 초월적 존재와의 관계를 찾는다.

시간은 우리가 가진 최고의 자원이다. 시간은 한정적이기에 소중하다. 전념하기와 관련된 문제는 결국 다음 하나의 질문으로 수렴한다. 이렇게 한정적인 시간을 우리는 어떻게 사용해야 할까? 이에 대한 답으로 무한 탐색 모드는 시간을 아주 작은 조각으로 쪼갠다. 소중한 시간을 잘못 보낼까 봐 두렵기 때문이다. 반면 전념하기는 더 기나긴 시간에 장대한 내기를 건다. 여기에는 깊이의 힘이 전제된다. 우리가 시간의 길이를 통제할 수는 없지만, 깊이는 통제할 수 있다는 믿음이다. 그리고 우리가 무언가에 더 많은 시간을 들일수록 그것은 한층 더 아름다워진다. 더 깊이 파고들수록, 더 많은 신성함을 발견한다. 깊이가 평범함을 특별함으로 바꿀 때, 바로 이러한 일들이 일어난다. 자기 자신을 헌신함으로써 우리는 그것을 성스럽게 만든다.

기나긴 시간과 거기에 수반하는 목적, 유대감, 깊이는 최악의 두려움을 해결해 줄 해독제임이 밝혀졌다. 전념하기를 통해 우리는 세월이 흘러도 변치 않는 기쁨을 느낀다. 언제나 모든 것이 좋다는 것이 아니라, 존재와 삶에 편안함을 느낀다는 것이다. 몽고메리 버스 보이콧 사건 중에 "마더" 폴라드"Mother" Pollard가 말한 것처럼 "내 다리는 피곤하지만, 내 영혼은 편안하다."

우리 어머니는 사람들에게 목도리를 떠서 선물하는 것을 좋아한다. 목도리는 아주 평범하고 흔한 실타래로 만들어진다. 그리고 어머니 말에 따르면, 목도리 뜨기는 처음에 좀 까다로운 듯해도 일단 감을 잡기만 하면 금세 배울 수 있다고 한다. 따라서 손으로 직접 뜬 목도리가 특별한 이유는 실타래도, 재능도 아니다. 바로 시간이다. 아주 평범하고 흔한 것에 우리에게 가장 소중한 자원인 시간을 들여서 매우 특별하고 의미 있는 것을 탄생시켰기 때문이다. 직접 뜬 목도리를 선물할 때 어머니는 그녀의 시간을 선물하는 것과 같다. 이보다 귀한 선물이 어디 있겠는가.

액체 세계 속 고체 인간

Open Options Economics
: Money versus Particular Things

10장 | 선택지 열어두기의 경제
: 돈 vs 특정성

'**문화**culture'라는 단어는 무언가(대표적인 예로 흙)를 사용할 수 있는 상태로 준비시킨다는 뜻의 '경작하다cultivate'에서 유래했다. 문화는 어떤 목적을 위해 우리를 **준비시킨다.** 그리고 반문화는 그와 다른(종종 반대되는) 목적을 위해 우리를 준비시킨다. 오늘날의 청년들은 선택지 열어두기를 유도하고, 지지하고, 보상하는 문화가 지배적인 사회에서 태어났다. 이런 문화에서는 자신이 헌신할 대상을 찾아서 자발적으로 전념하기가 어렵다. 도와주거나 격려해 주지 않는 것 정도면 양반이고, 최악의 경우 전념하겠다는 생각 자체가 이상하고 잘못된 것이라는 사회적 분위기가 형성된다.

따라서 후회, 유대, 고립에 대한 두려움을 이겨내고 특정 신념이나 공동체, 기술, 사람에 헌신할 준비가 됐더라도, 즉 전념하기의 영웅이 되겠다고 결심하기까지 무사히 이르렀다 해도, 앞으로도 절대 경계를 늦춰서는 안 된다. 액체 사회에서 고체 인간이 되기란 그리 녹록지 않다. 선택지 열어두기 문화는 경제, 도덕, 교육 등 다양한 생활 영역에서 다양한 형태로 우리에게 영향을 미치고 있기 때문이다.

돈의 승리

얼마 전까지만 해도 대부분 문화에서는 돈으로 교환할 수 있는 대상이 제한적이었다. 따라서 돈도, 시장도 일정한 선을 넘지 않았다. 종교, 자연, 정치, 성, 건강, 어린아이, 교육, 저널리즘, 과학, 죽음 등의 영역과 시장, 상업, 돈의 영역 사이에는 높은 장벽이 존재했다. 철학자 마이클 샌델Michael Sandel의 표현을 인용하자면, 대부분 문명은 "돈으로 살 수 없는 것들"의 영역을 강력하게 보호했다.

이러한 장벽이 존재하는 이유는 만약 우리가 돈으로 무엇이든 살 수 있다면 특정 "윤리적 또는 시민으로서의 상품"이 타락할 수 있기 때문이라고 샌델은 설명했다. 투표권을 사고팔 수 있으면 민주 선거의 진정성이 훼손된다. 공적 지위를 사고팔 수 있으면 명예의 가치가 변질된다. 연구 결과를 사고팔 수 있으면 진리 추구의 의미가 왜곡된다.

철학자 마이클 왈저Michael Walzer는 한 가지 영역(돈, 명성, 외적 아름다움, 정치적 연줄 등)의 힘을 다른 영역의 힘으로 바꾸는 것이 가능해질 때 부조리가 생긴다고 적었다. 그리고 정의는 "지역적이고 특정적인 성격을 지닌다.”라고 설명했다. 교회에서 목사를 선정하는 기준, 투표 시 표를 집계하는 방법, 마을에서 훈장 수여자를 결정하는 방법, 스포츠 리그에서 경기를 정당하게 진행하기 위한 규칙 등은 모두 지역마다, 분야마다 각각 다르게 설정된다. 따라서 돈이 이러한 시스템을 침범하면 이처럼 지역적이고 특정적인 헌신을 무너뜨릴 가능성이 생긴다.

그러나 오늘날에는 돈과 시장의 영역을 단절하는 장벽 중 상당수가 무너졌다. 20세기 후반에 이르면서부터 경제학자들은 온갖 종류의 시장을 이야기하기 시작했다. ‘범죄 시장’, ‘생식 시장’, ‘연애 시장’, ‘투표권 시장’에 대한 글을 발표했다. 공공지식인들은 시장을 (『뉴욕타임스』의 칼럼니스트 토머스 프리드먼Thomas Friedman이 쓴 것처럼) 소비를 통해 “사람들이 매일, 매시간 투표하는” 정권의 한 형태로 묘사했다. 이제 시장은 하나의 사회적 제도가 아니다. **시장이 곧 사회다.**

우리가 돈과 시장을 억제하지 못할 때 일어나리라고 우려한 것 중 많은 부분이 이미 현실이 됐다. 이제 우리는 혈장을 팔 수 있다. 심지어 일부 지식 채널에서는 빚이 많은 사람에게 이를 권하기도 한다. 대의를 위해 투쟁하고자 로비스트를 고용할 수도 있고, 선거운동 자금을 대고 후보자와의 시간을 살 수도 있다. 돈만 내면 신문에 원하는 기사를 실을 수도 있고, 돈이 아주 많으면 지면 전체를 구매할 수도 있다. 천연자원을 사서 고갈시킬 수도 있고, 용병을 사서 배치할 수도 있고, 명명권을 사서 어떤 기관이나 건축물 등에 내 이름을 넣을 수도 있다. 오늘날 우리가 돈으로 살 수 없는 것은 거의 없다.

가장 심각한 것은 왈저의 경고에도 불구하고 우리가 돈의 영역과 사회적 지위의 영역을 구분하는 장벽을 허물어버렸다는 것이다. 이제 돈은 단순히 물건과 서비스를 구매하는 수단에서 벗어나 지위의 상징이 됐다. 부자들의 이야기가 잡지에서, 노래에서, TV쇼에서 다루어지고, 정치와 문화에 대해서도 부자들에게 의견을 묻는다. 특정 분야에서만 존경받는 것이 아니라, 많은 돈을 버는 것이 지위를 얻는 길이 됐다.

예전에는 돈이 특정 목적을 위한 수단에만 머물렀다. 그러나 돈이 그 한계를 벗어나 문화 전체를 장악하면서 논리가 뒤집혔다. **돈이 곧 목적이 된 것이다.** 반면, 좋아하는 일, 물건, 건물, 재능, 기술 그리고 가장 중요하게는 사람까지도 전부 돈이라는 목적을 위한 수단으로 전락했다.

우리가 애정을 쏟는 특정한 것들에 대해 돈은 두 가지 방식으로 작용한다. 첫째, 돈은 그것들을 **액체화**한다. 돈을 버는 것이 최상위 목표가 되는 순간, 우리는 삶을 이루는 특정한 '고체'를 전부 '액체', 즉 금전적 가치로 환산한다. 한때는 내 마음과 시간을 잔뜩 쏟았던 소중한 것들이 이제는 얼마든지 돈과 교환할 수 있는 것으로 변한다. 이러한 '상업화commodification' 과정은 가장 개인적인 차원에서도 일어난다. 예를 들면, 야구 카드를 수집하는 즐거움이 사라지고 수집품의 금전적 가치를 생각하기 시작한다. 야구 카드와 나의 관계에 어떤 변화가 일어난 것이다. 마치 빛이 사라지면서 카드가 더는 생생하게 느껴지지 않는 것 같다. 할머니께 물려받은 테이블을 팔면 얼마나 받을 수 있을까 생각하는 것도 같은 경우다. 돈이 목적이 될 때 할머니의 테이블이 가진 특정한 의미는 힘을 잃고, 더는 사랑받지 못한다.

기업적인 차원에서도 돈의 힘은 점점 더 강해졌다. '금융화financialization'가 일어나면서 투자자들의 입김이 그 어느 때보다 세졌다. 원래 기업은 투자자, 고객, 직원, 제품 그리고 그 사업이 영향을 미치는 공동체 및 장소와 모두 균형 있게 관계를 유지했다. 그러나 20세기 후반에 들어서면서부터 기업이 투자자와의 관계에 제일 또는 유일하게 집중해야 한다는 '주주 제일주의'가 널리 퍼졌다. 주주 제일주의는 무명의 학문적 개념으로 시작했으나 점점 세력을 넓히더니 어느새 기업 경영진과 경영대학원의 지배적인 신념이 되었다. 기업과 다양한 관계 간의 이해를 조율하던 관료주의적 경영자들은 미국 경제의 운전대를 자본가들에게 넘겨주었다. '금융화'의 결과로 기업들은 무슨 수를 써서라도 주가를 올리는 데에만 집중하기 시작했다. 직원 훈련, 퇴사율 관리, 공동체 투자, 장기적인 연구개발에는 크게 관심을 두지 않는다. 만약 기업을 일부 매각하는 것이 투자자들에게 최선이라면 그조차도 망설이지 않는다.

전체 공동체와 공공 기관에서도 어느새 상업화가 진행되었다. 내 고향 폴스 처치만 봐도 내가 어릴 때와 비교해서 집값이 극단적으로 치솟았다. 그 결과 사람들은 이제 언제 어디에서나 집값을 이야기한다. 정책에 관한 토의는 대개 그것이 집값에 어떤 영향을 줄 것인지를 기준으로 이루어진다. 나는 심지어 어떤 부부가 학생들에게 긍정적인 변화를 가져올 정책인데도, 그것이 대학 입학률을 낮춰서 집값을 떨어뜨릴 수 있다는 이유로 반대하는 것을 본 적도 있다.

독일 사회학자 게오르크 지멜Georg Simmel은 돈의 논리가 "모든 가치의 공통분모"가 되면 어떤 일이 일어날 수 있는지를 설명했다. 그러한 사회에서는 모든 사물과 모든 사람의 특정성, 즉 "그(것)들의 개성, 특별한 가치, 남(다른 것)과 비교할 수 없는 고유한 특징"이 전부 도려내어 진다.

"끊임없이 움직이는 돈의 흐름 속에서 모든 것이 똑같은 비중을 갖고 떠다닌다."

지멜은 이렇게 적었다. "아무런 빛깔도 띠지 않고 어느 것에도 무관심한" 돈을 따라서 사람들은 모든 것을 "현실적인 태도"로 대하기 시작한다. 유일하게 남은 질문은 "얼마인가?" 뿐이다. 개인적 차원의 화폐화, 기업적 차원의 금융화, 공동체의 상업화. 이 모든 현상에는 한 가지 공통점이 있다. 선택지를 열어두기 위해서 소중하고 특정한 것들을 녹여서 가장 특정하지 않은 돈으로 액체화했다는 것이다.

특정한 것들에 대해 돈이 작용하는 두 번째 방식은 **일반화** genericizing하는 것이다. 다시 말해서 돈을 벌기 위해 특정한 기술을 좀 더 일반적인 제품으로 바꾸어 '상품화commoditization' 한다는 것이다. 때때로 이는 자기만의 특색을 지닌 동네 가게들이 프랜차이즈로 대체되는 형태로 나타난다. 고유한 식료품점 대신 월마트가, 고유한 카페 대신 스타벅스가, 고유한 철물점 대신 홈디포가 들어선다. 또는 산업 전체에 일반화한 관행이 적용되는 형태를 띠기도 하는데, 가장 악명 높은 사례가 아마 맥 맨션McMansions일 것이다. 맥 맨션은 (블로그 '맥 맨션 지옥McMansion Hell'의 저자 케이트 와그너Kate Wagner의 정의를 인용하자면) "형편없이 설계되어 형편없이 지어진, 크기만 큰 집"으로 이웃 주민과 그곳에 거주할 가족들을 배려하거나 그들의 의견을 반영하는 과정

없이 그저 규격에만 맞춰서 지어졌다.

내 친구 중 하나는 자신의 치과 주치의를 아주 신뢰했다. 그 의사는 그녀의 이름과 가족들을 알았고, 이따금 자신의 지난 이야기를 들려주기도 했으며, 연말이면 직접 쓴 크리스마스 카드나 연하장을 보내왔다. 그러나 어느 해, 사정이 안 좋아진 그는 어쩔 수 없이 병원을 사모투자 회사에 넘겼다. 소유권을 넘긴 이후에도 계속 진료를 볼 수는 있었지만, 새로운 소유주의 규칙을 따라야 했다. 회사는 그가 구매할 수 있는 비품과 제공할 수 있는 서비스를 제한하기 시작했고, 새로운 소프트웨어를 사용하여 진료 기록을 관리하도록 강요했다. 심지어 고객들에게 그의 진료를 평가하는 설문지를 보내게 하기도 했다. 이러한 변화에 내 친구는 강한 거부감을 느꼈다.

"20년 동안 알고 지낸 사람을 겨우 별 5개를 가지고 표현할 수는 없어!"

얼마 못 가서 의사는 결국 일을 그만두었다. 자신이 상품화되는 것을 견딜 수 없었기 때문이었다.

상품화는 모든 것을 똑같게 만든다. 동쪽에서 서쪽으로 미국을 가로지르는 고속도로를 타고 자동차 여행을 해보면 모든 출구가 비슷비슷하게 느껴지는 것과 같다. 돈이 유일한 욕망이 되면 상품, 기업, 사무실, 건물, 심지어 풍경까지도 전부 비슷해지기 시작한다. 캐나다 철학자 G. A. 코헨G. A. Cohen이 상기한 것처럼 "사람들은 **일반적인** 욕구를 충족하는 수준이 아닌, 그 이상의 **고유한** 가치를 지닌 것들을 원하지만", 돈의 논리는 대체로 이에 어긋나게 작용한다. 만약 "고유함과 다양성의 가치가 방치된 환경에서" 모든 것이 "더해지거나 빼진다면 어딜 가나 모든 것이 똑같은 수준을 유지할 것이다." 모든 곳에서 "같은 조건을 요구하기" 때문이다. 다시 말해서, "모든 것이 최적이기를" 바라면 "어떤 것도 특별히 뛰어날 수 없다." 사람들 대부분이 치폴레를 좋아하긴 하지만, 모든 식당이 치폴레이기를 바라는 사람은 아무도 없다.

모든 고체가 액체화하고, 모든 고유한 것이 일반화하면, 나와 나를 둘러싼 세계와의 관계에도 변화가 생긴다. 사람들은 어떤 기업이 특정하고(특정한 사람들을 위해 특정한 사람들이 애정을 담아 만든) 오래 유지될 때(우리가 애정을 갖게 될 때까지의 시간을 줄 수 있을 만큼), 거기에 애정을 느끼는 경향이 있다. 그러나 모든 것이 특징 없고(그저 이익 창출을 위해 일정한 공정을 따라 만들어진) 쉽게 액체화하면, 내가 사는 곳에 사랑하는 마음을 갖기가 어렵다. 그나마 기업은 괜찮다. 만약 학교, 언론, 가정, 종교 등과 같이 우리의 관심과 애정을 더 많이 필요로 하는 대상이 액체로 변하고 돈의 논리에 의해 상품화되면 어떨까?

그뿐만이 아니다. 돈이 목적이 된 사회에서는 동료 간의 관계도 달라진다. 기업의 CEO가 배를 오랫동안 멀리까지 나아가게 하는 것을 목표로 하는 경영자적 마음가짐이 아니라, 단기간에 최대한의 이익을 내는 것을 목표로 하는 자본가적 마음가짐을 가질 때, 그는 자신의 직원들을 '특별하고 소중한 내 사람들'이 아닌, 필요에 따라 '교환 가능한 자산'으로 받아들인다. 따라서 금융화의 부상이 아웃소싱, 인원 삭감, 노조 깨기의 증가를 가져온 것도 당연한 결과다. 돈이 최고 목표인 문화에서는 사람조차도 얼마든지 쓰고 버릴 수 있는 자원의 하나에 지나지 않는다.

행여 운 좋게 버려지지 않은 직원에게는 종종 업무의 일반화가 일어난다. 능력 있는 근로자들에게 투자하는 대신 회사는 일을 '단순화'한다. 일선 근로자들은 엄격한 표준 작업 절차에 따라 매일 반복적인 작업을 수행한다. 자기만의 작업 방식 같은 것은 용납되지 않는다.

이 모든 변화가 어쩔 수 없는 현상처럼 느껴질 수도 있겠지만, 꼭 그렇지만도 않다. 돈의 영역을 다시 원래대로 돌려놓음으로써, 특정성을 향한 사랑과 헌신으로 경제의 다른 요소들을 채우려는 움직임은 역사 곳곳에서 다양하게 발견된다. 19세기 미술공예운동Arts and Crafts movement은 수작업, 장인정신, 아름다운 공예품의 가치를 예찬했다. 그 정신은 오늘날까지도 이어져 농산물 시장이나 수공예 시장의 부흥을 가져왔다. 자연보호운동은 시장 논리로부터 야생을 보호하기 위해 시작됐고, 금융개혁운동은 "정치에서 돈은 빠져라!"라는 구호를 외치며 정치와 돈의 영역을 분리하고자 노력했다. 그리고 노동조합은 경영진들에게 한 기업에 속한 고유한 근로자들의 필요를 존중해 달라고 요구한다.

물론 아직도 돈의 공격을 견디고 있는 장벽들도 있다. 아무리 돈이 중요한 사회가 됐다 해도 우리만의 고유한 아이들, 기관, 선거권은 팔지 못한다. 아직은 그렇다. 그러나 선택지 열어두기 문화는 점점 더 뚜렷해지고 있다. 특정성보다 돈의 편을 들어주면서 반복적으로 이렇게 묻는다. 안될 이유가 뭐야?

헌신하기에는 너무 거대한

생산 역시 한때는 전념하기가 힘을 발휘했던 시장의 한 영역이었다. 과거의 기업가들은 대개 자신이 만들어나가는 모험에 모든 힘과 시간과 마음을 쏟았다. 그들은 경제의 한 조각을 자기 것처럼 생각하며 최선을 다해 그것을 지켰다. 아직도 스타트업 회사에서는 이처럼 상당한 책임감으로 임하는 기업인들을 볼 수 있다. 조직이 실수하면 자기가 나서서 사과하고 해결한다. 한편 근로자들이 주인의식을 가지고 일할 때도(주로 작은 기업이나 노동조합이 있는 사업장에서 볼 수 있다) 전념하기의 힘이 나타난다. 그들은 자신이 생산하는 자동차, 자신이 제공하는 서비스, 자신이 양조하는 맥주를 꾸준하게 지킨다.

그러나 최근 수십 년간의 경향을 살펴보면, 우리 사회에서 주인의식을 가진 사람을 찾아보기가 점점 어려워지고 있다. 노동조합의 급감은 회사에 대한 노동자들의 무관심을 의미한다. 기업가들 역시 자신이 경제의 한 부분을 책임진다고 생각하지 않으며, 이는 곧 기업 밀도(특정 시장을 점유하고 있는 기업의 수_역주) 감소, 합병, 독점의 물결로 이어졌다.

2,500평의 땅을 100개의 농장으로 쪼개면 100명의 농부가 직접적인 주인의식을 느낀다. 그러나 한 대기업이 이 땅을 전부 사서 하나의 농장으로 합치면 한 명의 관리자가 임금을 받고 농장을 관리한다. 한 개발자가 자기 소유의 앱을 출시하기로 하면 그는 자신의 개성을 살려서 앱을 만들 것이다. 그러나 구글에 소속되어 앱을 만든다면, 그는 거대한 시스템의 극히 작은 부품이 되어 거기에 끼워 맞

쳐진다. 50개의 소매점이 있는 동네에는 50명의 소유주가 각각 그 지역 공동체에 투자한 것이 된다. 그러나 모두가 온라인으로 물건을 구매하기 시작하면서 50명의 공동체 관리인들은 설 자리를 잃었다.

　시민 생활에서도 이와 같은 현상을 발견할 수 있다. 시장뿐만 아니라, 민주주의에도 '생산' 활동이 존재한다. 우리는 그것을 시민 참여라고 부른다. 공공 생활에 참여할 때 사람들은 자기가 사는 동네, 도시, 심지어 국가에도 주인의식을 느낀다. 힘을 합쳐서 공원을 짓고, 교육 체계를 개혁하고, 동네 번화가를 활성화하고자 노력하는 일들은 모두 주민들의 주인의식이 뒷받침되어야 가능한 일이다. 또는 자신이 주장해온 개혁이 법으로 제정되었을 때 운동가들이 느끼는 자부심이나 자신이 선거운동을 도운 정치인이 당선됐을 때 선거운동 봉사자들이 느끼는 뿌듯함에서도 주인의식을 확인할 수 있다.

　그러나 지난 100년 동안 미국은 시민 참여의 형태와 감정이 급격히 감소했다. 1960년대와 70년대 사람들은 '시스템'으로서의 공공 생활을 이야기하기 시작했다. 마틴 루서 킹 주니어는 이를 두고 "복잡하게 전산화한 매커니즘으로 짜인 거대한 산업과 정부"라고 묘사했다. 도시 계획가 제인 제이콥스Jane Jacobs는 거대한 규모로 이뤄지는 도시 '재개발' 프로젝트의 비인간적인 측면을 (반대하며 싸웠고) 애통해했다. 로버트 케네디Robert Kennedy(미국 제35대 대통령 존 F. 케네디의 동생이자 정치인_역주)는 "도시에서 다양성이 무너지면서... 사람들이 서로를 알고, 이해하고, 아이들이 같이 뛰어놀고, 어른들이 같이 일하면서 자기가 사는 지역에 즐거움과 책임감을 느낄 수 있는" 공동체들이 사라지고 있다고 경고했다. 비평가 크리스토퍼 래시는 사람들을 돌

　　　　　　　　　　　　Ⅲ. 액체 세계 속 고체 인간

보는 일이 작업화 및 관료화(무분별하게 확산하고 있는 병원 시스템, 양로원, 경찰력 등)로 인해 공동체 안에서 서로를 돌볼 수 있다는 자신감이 점점 희미해지고 있다고 지적했다.

정부와 산업이 점점 복잡해지면서 공공 참여에도 변화가 생겼다. 20세기 초에는 시민 생활이 주로 종교모임, 노동조합, 사회단체, 정치단체처럼 많은 구성원을 지닌 조직을 기반으로 이루어졌다. 이러한 단체에는 지역별로 지부가 있어서 지부마다 직접 회의를 주최하고, 연간 계획을 짜고, 그 지역의 한 부분으로 받아들여지기 위해 노력했다. 또한, 지부들은 주 단위 또는 전국 단위의 총회와 위원회로 '연합'했다. 이 같은 구조 덕분에 한 지역에서 제시된 의견이 전국 규모의 의제로 논의될 수 있었고, 그렇게 논의된 내용이 다시 전국 곳곳의 지역 지부에 효율적으로 전파될 수 있었다.

그러나 정치학자 시다 스코치폴Theda Skocpol이 쓴 것처럼 20세기 중반부터 미국의 시민 생활이 변하기 시작했다. 대중매체의 접근이 쉬워지면서 시민단체 지도자들은 직접 발로 뛰는 것이 아니라, 이메일을 써서 기금을 마련하기 시작했다. 연방 정치가 점점 복잡해지자 워싱턴에서는 전문적으로 로비를 펼치고 지지자들을 모으는 전문 운동가들이 등장했다. 또한, 전국 규모 단체들은 일반 시민들로부터 더 많은 표와 서명을 얻기 위해 '후원자 관리'와 '회원 관계'에 능한 전문가들을 채용했다. 신념에 뜻을 가진 사람들이 아닌, 돈으로 고용된 전문가들이 시민과 정치 운동을 차지하기 시작한 것이다. 마침내 전국 규모 단체의 지도자들은 지역 단위 모임과 행사를 유지해야 할 필요성에 의문을 품기에 이르렀다. 오늘날의 공공 참여는 전국 곳곳에서 지부 단위로 만나 회의를 하고 시민 생활 발전을 위해 힘쓰는 것이 아니라, 워싱턴에 있는 전문 운동가들에게 돈을 보내고 대신 자동차 범퍼에 붙이는 스티커, 연간 보고서 등을 받아보고, 간혹 어느 공직자에게 정해진 형식의 탄원서나 진정서를 보내 달라는 연락을 받는 것이 됐다.

회원제에서 관리제로 바뀐 이러한 변화는 시민 생활도 바꿔놓았다. 동문회 같은 사교모임은 대부분 사라졌고, 특정 신념을 위해 투쟁하는 단체들은 지역 지부 대신 이메일 주소록을 활용했다. 노동조합은 미지근해지거나 아예 해산되었고, 종교 단체들은 시민의 역할보다 개인적인 독실함에 초점을 맞추었다. 그리고 한때는 지역 문화를 활발하게 후원했던 정당들이 이제는 저 멀리, 손이 닿지 않는 곳에서 활동하는 전국적인 단체가 되었다.

기업 밀도의 감소와 마찬가지로 각 지부에 속한 개인들이 개별적으로 활동하는 대신 거대한 단체가 전문가를 고용해서 관리하는 형태로 변화하면서, 사람들은 공공 생활에 주인의식을 갖지 않게 되었다. 예를 들어, 도시의 공중 보건 시스템을 위해 모두가 자원하고, 참여하고, 아이디어를 내는 모델에서는 수천 명이 시스템의 성공과 관계를 형성하고 이해관계에 있다고 느꼈다. 그러나 같은 보건 시스템이라도 그것을 지지하는 활동이 일부 전문가(전국 규모의 비영리 단체, 기업 소속의 전문 로비스트 등)에 의해 관리되는 모델에서는 겨우 열두어 명 남짓한 사람들만이 시스템의 성공에 책임을 느꼈다. 만약 내가 내 동네를 공동으로 소유하고 있다고 느끼면 동네에 좀 더 각별한 애정을 느끼는 것이 당연하다. 그러나 내가 사는 동네가 교통, 전기,

주택, 치안 부서 간의 무분별한 활동이 얽히고설키는 행정상의 단위로만 느껴진다면 더는 동네와의 관계에 헌신하지 않을 것이다.

마틴 루서 킹 주니어는 이를 두고 "사람을 배제하는" 시스템이라고 표현했다. 이 같은 시스템에서는 "참여 의식이 희미해지고, 우리처럼 평범한 사람들도 중요한 의사결정에 영향을 미칠 수 있다는 감각이 사라짐에 따라, 우리는 분리되고 축소된다." 한편 정치학자 도널드 케틀Donald Kettl은 오늘날의 공공 영역을 자판기에 비유했다. 투표권을 행사하고 세금을 내면 공공 서비스가 툭 하고 나온다. 그 외에는 이떠한 참여도, 상호작용도, 관계도 그리고 물론 헌신도 필요하지 않다. 또한, 자판기는 지금의 사회 시스템이 우리에게 **제공하는** 통제의 유형을 설명하기에도 적절한 비유다. 우리는 자판기를 소유할 수 없지만, 음료를 선택할 수는 있다. 마찬가지로 우리는 시스템을 설계하는 데에 직접 참여할 수 없지만, 여러 선택지 중에서 고를 수는 있다. 그리고 그 사실에 그럭저럭 만족하며 살아간다. 마이클 샌델의 말처럼 과거의 우리에게 자유는 "시민으로서 우리의 집단적인 밀도를 다스리는 힘을 형성하는 능력"을 갖는 것이었으나, 지금은 "접근할 수 없는 익명의 관료체제가 제공하는 선택지 중에서 원하는 것을 고르는 능력"으로 그 의미가 바뀌었다.

공공 생활의 변화는 전념하기의 실천에도 영향을 미쳤다. 우리가 능동적인 참여자이자 공동소유자로 공공 생활에 접근할 때, 우리는 시스템, 절차, 프로젝트, 장소, 이웃과의 관계에 헌신하는 과정을 경험한다. 이렇게 공통된 목표를 갖고 투쟁하면 좀 더 오랫동안 꾸준히 그 관계에 전념할 수 있으며, 그러다 보면 심지어 원래 가지고 있던 개인적인 흥미와 이상마저 그에 맞춰 변하기도 한다. 그러나 여러 선택지 중 하나를 고르는 수동적인 접근으로는 절대 이러한 관계를 형성할 수 없다. 오랫동안 꾸준히 사회적 문제를 헤쳐나갈 충성심이 없으며, 시스템이 우리의 흥미와 이상을 충족하거나 이해하는 데에 실패하면 우리는 분노하고 소외감을 느낀다.

이것 역시 필연적인 것은 아니다. 집단은 언제나 현대 생활이 주는 소외감에 맞서 싸우고 또 대안을 발전시켜왔다. 노동조합은 근로자들이 자신의 일터를 가꾸어나갈 수 있는 경제를 구축하기 위해 싸웠고, 사유재산 분배론자들은 재산을 넓게 분배해서 공동체 사업과 내 집 마련이 촉진되고, 독점이 무너지며, 소규모 농부들이 각자 주인의식을 갖고 작물을 기르는 경제를 일구고자 노력했다. '보완성의 원리'를 주장하는 사람들은 일반적인 조직 구조를 뒤집어서 전국 본부가 지역 지부를 보조하고, 중앙 사령부가 사단을 보조하고, 높은 지위에 있는 지도자들이 일선 근로자들을 보조하는 단체를 만들었다. 그리고 '참여 민주주의' 지지자들은 정부가 좀 더 많은 사람의 목소리에 귀 기울이도록 노력했다. 1960년대 참여 민주주의 성명서인 포트 휴런 선언Port Huron Statement을 인용하면, 그들은 우리가 근대 정치의 "복잡함과 책임에 더 발전된 기술로 대응할 수 있음"을 믿었다.

지난 한 세기 동안 이러한 대안들은 훌륭하게 싸움을 벌여왔지만, 아직 승리하지는 못했다. 마틴 루서 킹 주니어가 "사람을 배제하는" 거대한 집단들이 증가한 현실을 슬퍼한 이후로 벌써 수십 년이 지났지만, 여전히 우리는 생산 대신에 소비를, 관계 형성 대신에 선택을, 헌신 대신에 탐색만 하게 하는 힘에 소외감을 느끼고 있다.

　　　　　　　　　　　　　　　III. 액체 세계 속 고체 인간

책임감과 공동체

돈으로 살 수 있는 것과 없는 것 간의 싸움, 거대한 집단과 작은 집단 간의 싸움, 회원제와 관리제 간의 싸움. 이 모든 싸움이 단지 어떤 **시스템**이 더 효율적이고, 효과적이고, 생산적이고, 공정한지를 두고 싸우는 것만은 아니다. 이들은 또한 각각의 시스템이 어떤 종류의 **사람**을 키워내는지에 대한 것이기도 하다. 내가 나를 어떻게 조직할 것인가를 주제로 하는 싸움은 승패에 따른 득실도 크다. 내가 누구인지가 걸린 싸움이기 때문이다.

집, 이웃, 동네, 사업, 직업, 정부, 국가와 같은 것들에 주인의식을 가지면 자기 자신에게서 벗어나 더 큰 것에 집중할 수 있다. 그 과정에서 우리는 책임감을 배운다. 연인이나 동료와 관련된 중요한 의사결정을 해야 할 때는 팀워크와 리더십을 배운다. 세상이 어떻게 만들어지는지, 어떻게 함께 어울리는지, 각각의 과정이 어떻게 돌아가는지 깨달음에 따라 세상이 좀 더 이치에 맞게 느껴진다. 그러면 좀 더 자신감 있고 대담하게, 아마도 이전에 감당할 수 있는 것보다 더 많은 것들을 다룰 수 있게 된다.

영속농업학자 욜리네 블라이스Joline Blais는 이렇게 적었다.

"세상의 상태에 책임감을 느끼는 것은 자율을 향한 첫걸음이다."

그러나 나를 둘러싼 세상에 주인의식을 갖지 않고, 경제 또는 시민 생활에 아무런 관심을 가지지 않으며, 소유주, 생산자, 시민이 되는 대신 피고용자, 소비자, 고객으로만 남으면 이중 어떤 것도 일어날 수 없다.

책임감은 덕목과 가치뿐만 아니라 공동체도 경작한다. 우리가 시장 논리로부터 제도를 보호하고, 더 많은 것에 주인의식을 가지며, 세상을 바꾸는 힘이 나와 멀지 않다고 느낄 때, 우리는 이웃에게, 동료에게, 고객에게 동반자에게 헌신하는 기회를 더 많이 얻을 수 있다.

작가 루이스 하이드Lewis Hyde는 1983년 저서 『선물The Gift』에서 시장 관계와 선물 관계의 차이를 다루었다. 그에 따르면 시장 관계는 단기적이고 단발적인 교환에 기초한다. 헌신을 요구하지 않기 때문에 처음 보는 사람 간에도 거래가 이루어질 수 있다. 그러나 선물 관계는 규칙이 다르다. 장기적인 공동체를 둘러싼 물질의 순환을 포함하며, 신뢰와 헌신을 요구한다. 선물을 받으면, 선물을 준 사람이 이전보다 더 가깝게 느껴진다. 때로는 어떤 의무감마저 느낀다. 그리고 시장 교환과 달리 선물은 관계를 '합성'하는 힘이 있다. 낯선 사람 간에 선물을 교환하면 그 둘 사이에는 그렇지 않은 사람들보다 좀 더 오래 유지되는 관계가 형성되는 경향이 나타난다.

선물 교환과 시장 교환은 세상과 관계를 맺는 방식이 극명하게 다르므로, 이 둘 사이를 넘나드는 거래는 매우 어색하게 느껴진다고, 하이드는 지적했다. 직장동료에게 핸드폰 충전기를 빌려주면서 요금을 청구하거나 엄마에게 돈을 받고 무언가를 파는 것은 뭔가 이상하게 느껴진다. 사무실과 가정은 선물 경제가 기능하는 곳이기 때문이다. 반대도 마찬가지다. 중고시장에서 소파를 거래한 사람과 친구가 되는 것은 시장 교환의 일반적인 공식에서 벗어난다. 보통은 약속 장소에 나타나서, 거래하고, 자리를 뜸으로써 시장 교환을 빠르고 쉽게 유지하는 것이 암묵적인 사회적 약속으로 여겨진다.

내 이웃 중 하나는 집의 어딘가가 고장 날 때마다 수리를 도와주는 친구가 있다. 그들의 관계는 마치 복잡한 춤을 추는 것 같다. 수리를 도와준 친구는 절대로 돈을 받지 않는다. 대신 그녀는 친구를 위해 빵을 굽고, 크리스마스와 생일 선물을 정성 들여 준비하고, 친구 부부를 식사에 초대하고, 일거리가 생기면 친구의 지인들을 (더 많은 돈을 주고) 고용한다. 사실 수리공을 소개해주는 앱을 사용하면 거래 관계는 이보다 훨씬 단순해질 것이다. 그러나 그들에게 중요한 것은 이렇게 복잡한 거래를 유지함으로써 선물이 계속 순환되며, 시간이 지날수록 그들의 관계가 더욱더 깊어진다는 점이다. 이러한 관계는 앱으로 살 수 없다.

이처럼 경제 구조는 사람들을 만나는 것을 장려할 수도, 막을 수도 있다. 돈과 효율성이 지배하면 누군가를 또는 무언가를 단지 개인적인 목표를 위한 수단으로써 만나기 쉽다. 그러나 주변 사람들과 헌신하는 관계를 형성할 시간과 기회를 찾기는 어렵다. 특정한 것들을 소중히 여기지 않는 체제에서는 함께 어울려 관계를 맺고 교감하는 능력이 점점 약해진다. 아무리 돈이 많아도 그러한 능력을 돈으로 살 수는 없다.

선택지 열어두기의 도덕
: 무관심 vs 명예

11장 |

1990년대, 사회과학자 로버트 퍼트넘^{Robert Putnam}은 '사회적 자본^{social} ^{capital}'이라는 개념을 대중화했다. 사회적 자본은 서로를 신뢰하고, 정보를 공유하고, 협동하고, 상호성의 원칙을 지키는 공동체를 이루고 살 때 얻을 수 있는 이익을 뜻한다. 예를 들어, "이웃끼리 서로의 가정에 따뜻한 관심을 보일 때 사회적 자본이 발생한다." 친구의 이사를 도우면서, 만약 다음에 내가 소파를 운반할 일이 생기면, 그때 친구가 당연히 도와줄 것이라고 믿는 것 역시 사회적 자본의 영향이다.

마냥 따뜻하고 포근한 이야기처럼 들린다. 그러나 퍼트넘은 우리가 누리는 사회적 자본이 부분적으로는 사회적 책임의 선명한 경계에 의해 강제된 것임을 상기한다. 만약 사람들이 공동체의 기대에 어긋나는 것을 **두려워하지 않으면**, 가령 사회적 규범을 어기거나 내 몫의 사회적 책무를 다하지 않아도 아무런 제재나 처벌도 받지 않는다면, 그 공동체는 제대로 기능할 수 없다. 우리가 서로를 신뢰하는 이유 중 하나는, 상대방이 사회적 심판을 받게 될 위험을 감수하면서까지 내 신뢰를 저버리지는 않을 것을 알기 때문이다.

'사회적 심판'이라고 하니 꽤 무시무시한 말처럼 들린다. 그러나 알코올 또는 마약에 중독된 사람들을 돕는 12단계 프로그램, 히포크라테스 선서를 통해 의사로서의 윤리와 신의를 강제하는 의사회, 노동 쟁의 중에 피켓 라인을 넘으면 안 된다는 발상도 전부 사회적 심판에 해당한다. "뭉치면 살고 흩어지면 죽는다!"라는 문구가 아무리 큰 힘을 갖고 있어도, 이를 요구하는 사람이 없으면 아무런 의미가 없다. 심판(편견이나 돌을 던지는 심판이 아니라, 서로 간에 공동체적 책임을 감시하는 심판)이 없으면 우리는 지금보다 좀 더 제멋대로인 사람이 될 것이다.

만약 공동체의 규범이 건강하고 다정하다면 이러한 종류의 심판이 보살핌의 형태로 나타날 수도 있다. "왜 연습하러 안 왔어?"라고 묻는 친구의 말속에는 "네가 연습하러 오는지 안 오는지에 관심을 두고 있어."라는 의미가 들어 있다. "그렇게까지 화를 낸 건 네가 지나쳤던 것 같아."라는 말은 "나는 네 말을 중요하게 생각해."라는 뜻이다. 그 말을 듣는 순간에는 기분이 나쁠 수 있다. 그러나 이들의 심판이 사랑과 존중에서 나온 것이라면 장기적으로 봤을 때는 아예 무관심한 것보다 훨씬 기분 좋게 느껴진다. 이처럼 애정에 기반을 둔 심판을 못 하게 막는 것은 우리가 고체가 되기 위해 꼭 필요한 재료 중 하나를 빼앗는 것과 같다. 그 재료란 서로를 위해 서로를 격려하는 (또는 나쁜 길로 빠지지 못하게 막는) 일이다.

사람들에게 책임감을 느끼려면 내 선택지가 너무 열려있으면 안된다. 현대인들이 이러한 책임을 꺼리는 이유도 이 때문이다. 그래서 사람들은 상대방에게 도덕적 조언을 할 때마다 "물론 모든 사람은 자기가 원하는 대로 할 권리가 있으니 내가 너한테 이래라저래라 하려는 건 아니지만, 그냥 내 생각엔 이렇게 하는 게 좋을 것 같아." 라는 말로 시작해야 한다고 느낀다. 또는, 규범 준수를 요구했다가 보수적이고 고리타분한 '꼰대'라는 비난을 듣게 될까 봐 아예 입을 다무는 사람들도 점점 많아지고 있다. 물론 이러한 종류의 책임 의식이 억압의 도구가 될 수 있다는 것도 사실이다. 그러나 반드시 그런 것만은 아니며, 오히려 그 반대가 될 수도 있다. 가령 학교 폭력, 인종 차별, 성차별에 대한 저항은 사람에 대한 책임감이 있어야 가능하다. 또는, 친구를 구석으로 데리고 가서 "네가 계속 그렇게 행동하면 아내가 정말로 널 떠날지도 몰라. 정신 좀 차려."라고 조언할 수 있는 것도 마찬가지다.

그러나 오늘날에는 사람과 사람 간의 벽이 두꺼워짐에 따라 서로에게 책임감을 느끼는 것보다 어느 정도 거리를 두고 원만하게 어울리는 것이 더 가치 있는 행동으로 여겨지게 됐다.

"모든 사람은 무엇이 진짜 중요하고 가치 있는 것인지에 관하여 자기만의 감각에 기초해서 자기만의 인생 형태를 이끌어갈 권리를 가진다."

철학자 찰스 테일러Charles Taylor는 우리 시대를 지배하는 도덕성을 이렇게 설명했다.

"자기 자신에게 솔직하고 자기만의 자아실현을 추구하는 것이 중요해졌다. 결국에는 각자가 알아서 선택하고 책임져야 하는 사회가됐다. 나 외에는 누구도 내게 지시할 수 없고, 지시해서도 안 된다."

이러한 도덕성을 이루는 각각의 요소를 보면 그 자체로는 흠잡을데가 없다. 자신의 신념이 무엇인지 그리고 그 신념에 따라 어떻게행동할 것인지 결정할 때, 그 어떤 것보다도 자기 자신의 내면과 상의해야 한다는 점에는 대부분 동의할 것이다. 그러나 이 원칙에 동의한다고 해서 "타인의 옳고 그름에 대해 내 생각을 말하는 것은 절대 금물이다."라고 주장할 수는 없다. "각자의 도덕적 선택에 대한 **최종** 결정권은 각자가 가진다."라는 것과 "타인의 도덕적 선택에 대해서는 입도 벙긋하면 안 된다."라는 것에는 차이가 있다. 그러나 선택지 열어두기 문화에서는 이 두 가지가 모두 유효한 것이 좋다. 도덕성에 관한 생각을 공유하는 것은 선택지의 최대화를 저해하기 때문이다.

도덕성에서 중립으로

각 개인뿐만 아니라 기관들도 심판과 책임과 도덕에 참여할 것인지를 두고 갈등한다. 학교, 직업, 관료체제, 종교와 같은 기관들은 각자가 지닌 내부적 도덕 체계를 명확하게 형식화하는 방향으로 설계된 경우가 많다. 추구해야 할 가치를 명시하고, 따라야 할 규범을 서면화한다. 규칙이 제대로 지켜지지 않을 때 대응하기 위한 절차가

정해져 있고, 구성원들이 지켜야 할 서약, 참고해야 할 오랜 역사, 진전시켜나가야 할 강령이 있다. 이처럼 기관은 공동체적 책임을 공식화했다.

그러나 사람들이 전념하기를 점점 더 거부하고 모든 사람이 자신의 가치에 따라 자유롭게 살아야 하는 시대가 도래함에 따라, 기관들도 구성원들에게 공통된 도덕적 기준이나 요건을 요구할 생각을 포기했다. 그리고 도덕성 대신에 중립을 채워 넣었다. 그러면 기관의 초점이 '특정 사명을 위해 나아가는 것'에서 '효율성을 촉진하는 것'으로 바뀐다. 사명이 이끄는 기관의 지도자들은 모든 구성원이 기관의 사명을 위해 나아가도록 이끄는 것을 목표로 삼는다. 사명에 좀 더 가까워진 사람들을 축하해주고, 그에 따라 살지 못하는 사람들을 꾸짖으며, 새로운 구성원에게 사명의 의미를 가르치고, 기관이 얼마나 건강하게 사명을 좇고 있는지 평가하는 등 끊임없이 사명을 이야기한다. 그러려면 필연적으로 구성원들에게 (최소한 막연하게라도) 그들이 **어떻게 살아야 하는지**를 말할 수밖에 없다.

그러나 타인에게 어떻게 살아야 하는지 말하는 것이 거북한 일이 되면서, 기관들은 **특정한** 목표에 관해 이야기하기를 멈췄다. 대신에 각 구성원이 가진 개인적인 목표를 위해 기관이 가장 효율적으로 도울 방법을 이야기하기 시작했다. 나는 법학대학원에 있을 때 이러한 변화를 목격했다. 법체계는 '공정한 정의'와 '법의 통치'를 촉진한다는 특정한 사명이 있다. 그러나 법학대학원에 다니는 동안 변호사로서 우리가 이러한 사명을 어떻게 발전시킬 수 있는지 또는 어떻게 해칠 수 있는지를 이야기하는 사람은 거의 없었다. 반면, 다른 변호사나 법률가들이 얼마나 똑똑한지는 누구나 쉽게 이야기했다. 그 결과, 학생들은 **목표**를 논의하는(어떤 법적 과업이 가치 있는지 함께 고민하는 것) 대신, **수단**(법적 과업을 효율적이고 똑똑하게 완료하는 능력)에만 집착했다. 그러나 하버드 법학대학원 교수 라니 기니에^{Lani Guinier}가 한때 언급한 것처럼, 무언가를 통달한다는 것은 "그것으로 무엇을 성취하기를 원하는지와 상관없이, 그 자체만으로도 가치가 있다."

다른 집단에서도 이러한 변화가 나타났다. 혁신이 가져올 장점이 무엇인지는 논의하지 않고, 그저 혁신을 이루었다는 사실에만 초점을 두는 엔지니어 집단이 그렇다. 목회의 방향을 잃지 않고 나아가고 있는지 검토하지 않은 채, 그저 성도 수가 늘었다는 사실에만 기뻐하는 교회도 그렇다. 법안 설명은 없이, 자신이 얼마나 많은 수의 법안을 통과시켰는지만 강조하는 정치인도 마찬가지다.

도덕성에서 중립으로의 전환은 종종 도덕의 자리를 규칙이 대신하는 현상을 동반한다. 한 기관의 도덕 문화가 강력하면 매일 일상 속에서 그 사명이 생생하게 존재한다. 사명을 위해 우리가 **무엇을 해야 하는지** 늘 고민하고 논의하는 것이 당연한 일이 된다. 구성원들 역시 공통된 언어, 상징, 이야기, 신화, 전통으로 채워진 창고를 공유함으로써 사명을 더 잘 수행하고자 노력한다. 그러나 우리가 **무엇을 해야 하는지** 논의하는 것이 불편하게 느껴지는 순간, 기관은 구성원들이 할 수 있는 것과 없는 것에 관한 절대적이고 엄격한 '규칙'을 세워서 거기에 의존하는 쪽으로 바뀐다.

규칙과 도덕의 차이를 예로 들어 설명하자면, 규칙은 "변호사가 고객의 돈을 잘못된 계좌에 넣었는가?"를 묻는 것이고, 도덕은 "집단

감금이 정당한가?"를 묻는 것이다. "공학적으로 문제가 있는 것을 알면서도 기한을 맞추기 위해서 결함이 있는 청사진을 제출했는가?"를 묻는 건축가와 "인간 번영에 도움이 되는 건물을 설계하고 있는가?"를 묻는 건축가 역시 규칙과 도덕의 차이를 보여준다. "교사가 몰래 학생의 시험 결과를 바꾸었는가?"를 고민하는 교장은 초점이 규칙에 있으며, "이와 같은 시험이 학생들의 학습에 도움이 되는가?"를 고민하는 교장은 초점이 도덕에 있다. 물론 규칙도 중요하고 꼭 필요한 것이다. 그러나 도덕이 없으면, 어떤 질문들은 아예 고려조차 되지 않는다.

도덕성이 중립으로, 사명이 효율성으로, 도덕이 규칙으로 대체되는 현상은 심각한 결과를 낳았다. 본디 생동감 있고 활발했던 기관의 본성이 차갑고 황량하고 기계적인 것으로 변했다. 도덕적인 기관은 그들의 활동이 세계와 밀접하게 영향을 주고받는다고 생각하기 때문에, "오늘날 저널리즘이 안고 있는 문제를 해소하기 위해 우리 신문은 어떻게 노력하고 있는가?" 또는 "최근에 일어난 분열을 치유하기 위해 우리가 할 수 있는 일은 무엇인가?"와 같은 질문을 던진다. 그러나 중립적인 기관은 세상에 관여하지 않는 것을 미덕으로 여긴다. "아무것도 말하지 않고, 아무런 문제도 일으키지 않는 것이 낫다."라는 것이 그들의 신조다.

이러한 전환은 사회를 대하는 사람들의 자세에도 영향을 미쳤다. 일상에서 도덕적인 기관을 접할 수 있으면 우리는 자신보다 거대한 프로젝트의 한 부분이 되는 법을 배운다. 또한, 기관이 제공하는 도덕 문화를 따라 개인적인 발전 이상의 사명을 향해 나아간다. 제자리에서 투덜거리기만 하고 아무것도 행동하지 않았던 태도에서 벗어나 목소리를 높이고 다른 사람들을 설득함으로써 스스로 변화를 일으키는 법을 배운다.

그러나 중립적인 기관이 일상을 채우면 우리는 그 기관이 **내게** 도움이 될 것인지, 즉 개인적인 목표를 좇는 데 필요한 도구, 기술, 장소를 제공해줄 수 있을 것인지만 생각한다. 기관은 그저 서비스 제공자일 뿐이며, 그에 속한 다른 구성원들은 기관의 서비스를 이용하는 다른 고객일 뿐이다. 그리고 공동체 의식이 부재하면 기관은 더 나은 모습으로 발전하기 어렵다. 결국, 우리는 기관의 모습에 실망하며 내가 잘못된 수단을 골랐다고 생각한다.

이는 악순환이다. 도덕적인 기관을 만나지 못하니 그에 필요한 습관이나 기술을 배우지 못한다. 기관이 요구하는 도덕 문화에 따르기를 거부하고, 조금만 갈등이 생기면 그만둔다. 그러니 기관은 사람들을 붙잡기 위해 전보다 더 중립적으로 변한다. 아무것도 요구하지 않으며, 도덕 문화는 점점 더 얇아진다. 그들은 약속한다.

"어떠한 헌신도 할 필요가 없습니다. 우리는 당신의 선택지 열어두기를 돕기 위해 존재합니다."

명예에서 무관심으로

한편 공동체적 책임을 지는 문화와 "네 것은 네가 알아서 하라."라는 문화 사이의 간극은 **명예의 문화**cultures of honor와 **무관심의 문화** cultures of indifference 간의 차이로 생각할 수도 있다.

명예의 문화는 공동체 생활에서 명예가 중대한 역할을 하는 문화다.* 명예의 문화에서는 공동체의 기준, 가치, 사명을 잘 지켜서 모범이 되는 사람에게 **명예가 주어진다.** 모든 사람이 공동체 내에서 자기가 맡은 역할(부모, 이웃, 형제자매, 친구, 노인, 선생님, 배관공 또는 야생동물보호단체 지역 지부의 회계담당자 등)을 진지하게 받아들이며, 그들을 둘러싼 공동체 역시 공동체로서 수행해야 할 역할에 진지하게 임한다. 정직, 신의, 용기, 의식과 같이 역할 수행에 도움이 되는 성품이 인정과 칭찬을 받는다. 역할의 시작과 끝을 기념하기 위해 입회식과 취임식, 결혼식과 결혼기념일, 졸업식과 은퇴식 같은 의식이 치러진다. 명예의 문화에서는 내 성공이 곧 집단적 성취로 이어진다. 한 사람이 무언가에 더 나아지면, 모든 사람이 좀 더 나아졌다. 공동체의 번영을 도우면 나 자신과 공동체에 **명예**를 가져오기 때문에, 명예의 문화에서는 영웅이 될 기회가 존재한다. 내 이야기가 다른 사람들의 이야기와 어우러져 공동체의 이야기가 된다. 따라서 내 이야기를 아름답게 만드는 일은 곧 전체를 좀 더 아름답게 만드는 일이나 다름없다.

반면, 무관심의 문화에 속한 사람들은 자기 자신을 어떤 명확한 공동체의 구성원으로 생각하지 않는다. 사명과 가치가 논의되는 일도, 성취를 축하하는 일도 거의 일어나지 않는다. 어쩌다가 한번 기념식이 진행되더라도 대개 의미는 희석된 채 그저 형식만 흉내 낸

---

* 최근 몇몇 연구에서는 모욕이나 '한 사람의 명예에 대한 위협'을 방어하기 위해 폭력에 기대려는 태도가 더 크게 나타나는 문화를 가리켜 '명예의 문화'라고 표현했으나, 여기서는 전혀 다른 의미로 쓰였다.

것일 때가 대부분이다. 부정 행동은 권리, 보안, 절차의 위반 측면에서만 논의된다. 무관심의 문화는 '법을 준수하는 납세자', '윤리 위반을 한 번도 저지르지 않은 의사', '**기술적으로 봤을 때** 법을 전혀 어기지 않은 공무원'과 같이 다른 사람의 길에 끼어들지 않는 사람을 최고로 친다. 성품과 역할의 자리를 개성이 대신한다. 개성은 우리가 공동체를 위해 어떤 일을 하는지가 아니라, 우리가 우리 자신을 어떻게 구분하는가로 정의되는 정체성이다. 사람들이 함께 만드는 이야기랄 게 없으니, 각자의 성취는 개인의 성취로만 남는다. 무관심의 문화는 선택지를 열어두기에 완벽한 환경을 제공한다.

오늘날에는 사람들 대부분이 무관심의 문화에서 더 많은 시간을 보낸다. 이들에게 명예의 문화가 유지되는 유일한 공동체는 가족(우리가 태어난 가족이든, 선택한 가족이든)이다. 따라서 '관심 없는 낯선 이들로 가득 찬 넓고 차가운 세계'와 '가족들과 몇몇 가까운 친구들로 이루어진 따뜻하고 다정한 세계', 이렇게 두 가지 영역이 선명하게 분리된 세상을 경험한다. 가까운 사람들을 어떻게 대하는지에 따라서만 명예가 결정되므로, 나머지 영역에 대해서는 누구도 책임감을 느끼지 않는다. 정치학자 에드워드 C. 반필드Edward C. Banfield는 이를 '비도덕적 가족주의amoral familism'라고 불렀다. 비도덕적 가족주의 아래에서는 외부 세계에 별 의미가 없으므로, 우리는 가까운 사람들에게서만 더 큰 의미를(때로는 소규모 집단의 사람들이 실제로 제공할 수 있는 것보다 더 큰 의미를) 찾기 시작했다.

명예의 문화를 경험할 수 있는 유일한 영역이 가까운 가족과 친구일 때, 우리는 그보다 덜 친밀한 관계에서 어떻게 명예의 문화에 참여할 수 있는지를 배우지 못한다. 다른 사람들과 연결될 수 있는 유일한 방법은 우리의 가장 사적인 두려움, 염려, 욕망을 공유하는 것뿐이라고 생각하게 된다. 사회학자 리처드 세넷^{Richard Sennett}은 이를 '친밀함의 독재'라고 표현했다. 미국 리얼리티쇼《더 배첼러^{The Bachelor}》(독신남의 짝을 찾기 위해 여러 여성 후보들 사이에 경쟁을 유도하는 서바이벌 프로그램_편집자주)를 봐도 알 수 있듯이, 우위를 호소할 수 있는 가장 확실한 방법은 취약함을 드러내는 것이다.

그러나 안정적인 공동체는 이웃이나 직장동료처럼 무관심과 친밀함의 한가운데에 세워지는 경우가 제일 많다. 만약 이러한 관계가 충분히 친밀하지 않아서 부족하다고 느낀다면, 반대로 이러한 관계에 끼어들 방법이 원치 않는 또는 아직 준비되지 않은 친밀함에 따르는 것뿐이라고 생각한다면, 그 중간에 세워진 기관과 공동체는 번영할 수 없다.

다소 역설적인 말 같지만, 오늘날에는 이웃과 함께 기본적인 공동 프로젝트를 하는 것보다 자신의 가장 내밀한 비밀을 공유하는 것이 더 편하다고 느끼는 사람들이 많다. 새로운 구성원에게 매주 회의에 꾸준히 참석하도록 설득하는 것보다, 앞에 나와서 감동적인 연설을 한 번 해달라고 요청하기가 차라리 더 쉽다. 그러나 명예의 문화가 요구하는 취약함은 내밀한 것을 공유하는 취약함이 아니라, 꾸준히 헌신하는 과정을 통해 내 미래의 일부를 공유하는 취약함이다.

고리타분한 이야기를 하려는 것이 아니다. 사람들이 일반적으로 느끼는 평가에 대한 거부감과 교훈에 대한 회의감은 원래 좋은 의미에서 출발했다. '공통된 도덕 문화'를 강요하는 공동체가, 알고 보니 그 공동체에서 가장 권력 있는 계층의 도덕적 문화를 강요한 경우가 지나치게 자주 발생했다. 최악의 경우로는 부패한 지도자가 자신의 개인적인 이익을 증대하기 위해 냉소적으로 (그리고 종종 위선으로) 도덕적 평가를 행사하는 일도 일어났다. 수필가 톰 스코카Tom Scocca는 이것을 **값싼 감상**이라고 표현했다. 비도덕적 목표를 숨기기 위해 도덕적 의로움을 구사했다는 것이다. 다양성이 존재하는 사회에서 최소한의 중립적인 규칙과 보호장치는 필요하다. 그리고 물론 관용도 중요하다. 그러나 여기서 말하는 관용이란, '도덕 문화의 부재'가 아니라, **주관적인** 도덕 문화에 대해 겸손한 자세를 가져야 한다는 뜻이다.

그러나 명예를 무관심으로 대체하지 않고도 이러한 문제에 대응할 방법이 있다. 로베르토 웅거는 (공동체 내에서 도덕적 내용을 아예 제거해버리는) **중립성**을 **개방성**으로 교환함으로써 우리의 근본적인 불확실성을 인정할 수 있다고 제안했다. 개방성이란, 도덕적 기준을 유지하면서도 새로운 아이디어나 다양한 실험과 변화에 개방적인 자세를 취하는 것이다. 쉽게 말해서 "우리에게는 공통된 사명이 없어. 그러니 그냥 네가 알아서 해."라고 말하는 것은 중립성이며, "우리에게는 공통된 사명이 있어. 하지만 다른 생각이나 의견이 있다면 얼마든지 논의할 준비가 되어있어."라고 말하는 것이 개방성이다. 그리고 이 둘의 차이는 확연하다.

사회 전체에 도덕적 공동체의 다양성이 공존할 수 있으면 사람들이 두 가지가 넘는 명예의 문화에 참여할 여지가 생긴다. 칼럼니스트 데이비드 브룩스David Brooks는 다수의 헌신이 "서로 간에 균형을 맞추고 조화를 이룬다."라는 의미에서 이를 "다원적 헌신commitment pluralism"이라고 불렀다. 우리가 가족에게 애정을 쏟는 것과 동시에 이웃과 기술에도 시간과 정성을 다하면, 도덕적 공동체에 속함으로써 얻을 수 있는 이익을 누리면서도 그것이 나를 장악할 위험을 피할 수 있다. 다원적 헌신을 추구하는 사람들에게 명예의 문화는 전체를 아우르는 것일 필요가 없기 때문이다.

한편 사회적 심판의 가혹함을 완화하기 위해서, 우리는 라인홀드 니부어Reinhold Niebuhr가 제안한 것처럼 무관심과 용서를 교환할 수 있다. 니부어는 이렇게 주장했다.

"집단의 이기주의와 독선을 적절하게 바로잡을 수 있는 것은 관용이 아니라 용서다."

이는 다시 책임과 보살핌의 관계로 돌아간다. 누군가에게 책임감을 느낀다는 것은 그 사람을 나와 공통된 공동체의 한 부분으로 받아들이기 때문이다. 누군가가 잘못했을 때 우리는 사회적 심판을 통해 그를 비판하기도 하지만, 반대로 사회적 비판을 통해 그의 잘한 점을 칭찬할 수도 있다. 그리고 이러한 순환이 제대로 돌아가기 위해서는 '용서'가 필요하다(그러나 오늘날에는 이것이 반대로 될 때가 너무 많다. 그 어떤 공동체도 나를 책임지지 않으며 '네가 하고 싶은 대로 하라.'라고 하면서도, 사소한 실수조차 용서하지 않는다). 개방성과 도덕성 그리고 심판과 용서는 얼마든지 공존할 수 있다. 그리고 바로 그때, 삶을 긍정하고, 존엄성을 존중하는 건강한 '명예의 문화'가 구축된다.

멘토와 선지자

내 삶에 가장 큰 영향을 미친 사람, 집단, 순간을 생각해 보자. 지쳐 쓰러질 때까지 훈련하게 했던 코치, 나를 믿고 의지해 줬던 팀, 내가 어처구니없이 멍청한 실수를 저질렀을 때 조용히 나서서 도와줬던 친구 등이 떠오를 것이다. 내 아내 라크는 여름 캠프를 꼽았다. 콜로라도에서 보낸 그녀의 캠프는 '명예의 문화'를 보여주는 교과서나 다름없었다. 여느 캠프와 마찬가지로 그녀의 캠프도 의식과 역할, 가치와 축하, 신화와 사명에 중심을 두었다. 캠프의 첫 번째 순서는 참가자들이 함께 모여서 생활 수칙을 정하는 것이었다. 일단 생활 수칙이 정해지고 나면 모든 참가자는 그에 따라 생활해야 했으며, 만약 어긋난 행동을 하는 사람이 있으면 캠프 상담사가 이를 지적할 수 있었다. 그리고 세션이 끝날 때마다 참가자들은 그들의 가치를 가장 잘 구현한 사람을 뽑는 투표를 했다. 투표에 뽑힌 사람들은 그 사실을 큰 명예로 여겼다. 그러나 이는 단순히 상 이상의 의미가 있었다. 상을 받은 참가자들은 캠프가 끝날 때까지 '키 맨' 또는 '키 우먼'으로서 모범을 보여야 했기 때문이다.

라크 역시 그 상을 받았던 키 우먼이었으나, 어느 점심시간에 그녀는 유난히 소란을 피우고 말았다. 점심시간이 끝난 후 캠프 상담사가 그녀를 불러서 이렇게 말했다.

"좀 더 키 우먼답게 행동하길 기대할게요."

아주 오래전의 일인데도 그날을 회상하는 라크의 얼굴은 금세 빨갛게 달아올랐다. 이렇게 글로 보면 별 특별할 것 없는 에피소드처럼 들린다. 그러나 라크 그리고 그녀와 함께 캠프에 갔던 사람들 대부분은 이처럼 "명예에 걸맞게 행동하도록 요구됐을 때"를 삶에서 가장 중요한 발전을 겪은 순간 중 하나로 기억했다.

나도 비슷한 일을 겪은 적이 있다. 학교를 졸업한 후 나는 최저임금 인상을 위해 투쟁하는 단체에서 일을 시작했다. 우리는 근로자들의 시급을 올리기 위해 월마트와 같은 거대 기업을 상대했다. 입사한 지 3주쯤 됐을 무렵, 직장 상사 하나가 그의 사무실로 나를 불렀다. 정의를 위한 다양한 운동을 성공적으로 이끈 경험이 풍부한 사람이었다. 그는 내가 이 일의 중요성과 어려움을 심각하게 받아들이지 않는다고 질책했다.

"자네는 지금 세계에서 제일 큰 기업들과 맞서 싸우고 있네. 그런데 자네가 일하는 수준으로 그들을 이길 수 있다고 생각하는가?"

그는 화가 난 목소리로 묻더니 내가 대답하기도 전에 다시 말을 이었다.

"좋은 대학교를 졸업하고 스스로 똑똑하다고 자만하는 사람들이 아주 많지. 일반적인 일이라면 자네처럼만 해도 충분하네. 그러나 똑똑함만으로는 월마트를 이길 수도, 사람들의 임금을 올리는 데에 도움을 줄 수도 없어. 심장에 불꽃이 타올라야 하는데, 자네한테는 그런 것이 보이지 않네."

살면서 내게 그렇게 직설적으로 말한 사람은 처음이었다. 내가 사과를 하기도 전에 그는 계속 말했다.

"자네 심장에 불꽃이 있음을 보여주고 싶다면, 먼저 이번 주말에 월마트에 관한 책 다섯 권을 읽어보는 것이 어떻겠나? 쉽기도 하고,

Ⅲ. 액체 세계 속 고체 인간

여기서 성공하려면 언젠가는 꼭 필요한 일이기도 하니까 말일세.”

다섯 권이나? 나는 주말에 다섯 권은 고사하고, 책 한 권도 읽어 본 적이 없었다. 그러나 내 가능성과 열정을 증명하고 싶었다. 주말 내내 나는 최대한 빠른 속도로 책을 읽어나갔다. 어느덧 월요일 아침이 됐다. 당황스럽게도 나는 겨우 세 권 반밖에 읽지 못했다. 부끄러움으로 잔뜩 무거운 마음을 안고 나는 그에게 가서 과제를 끝내지 못했다고 사과했다.

“괜찮네.”

그는 미소 지으며 대답했다.

“심장에 불꽃이 타오르면 어떤 일을 할 수 있는지 이제 알겠나?”

지금 생각하니 참으로 고약한 인물이었다. 그러나 그가 내 안에 지핀 불꽃은 10년이 지나도 꺼지지 않았다. 단기적으로만 생각하면 우리는 삶이 편하고 쉽길 바란다. 그러나 장기적으로 보면? 명예를 얻을 기회를 갈망한다.

이번에는 우리 사회에 가장 큰 영향을 미친 사람과 집단을 생각해 보자. 이 세계에 자신의 흔적을 남긴 사람들은 누구인가? 그들은 사명과 가치와 책임감을 이야기하기를 꺼리지 않았다. 사회와 사람들에게 무관심으로 대응하지 않았다. 그들은 우리에게 다시 삶의 가치에 응하라고 촉구한다. “그건 불명예야! 수치야!”라고 소리치며 우리를 일깨운다.

퀘이커 난쟁이 벤저민 레이Benjamin Lay는 1700년대 초 미국을 돌면서 노예제에 반대하는 캠페인을 벌였다. 레이는 “무고한 자를 구속하는 모든 노예 소유주, 변절자!All Slave-Keepers That Keep the Innocent in

Bondage, Apostates!"를 포함해서 평생 200편이 넘는 공격적인 글을 썼다. 주변 사람들은 그에게 목소리를 조금 누그러뜨리라고 조언했지만, 그는 듣지 않았다.

"어떤 남자나 여자도, 어떤 청년이나 아가씨도 고통받아서는 안 된다."

또한 레이는 붉은색 주스로 성경을 채운 후 관중 앞에 서서 머리 위로 높이 칼을 들어 올렸다가 성경에 내리꽂으며 다음과 같이 소리 치는 것을 좋아했다.

"신은 자기와 같은 피조물을 노예로 삼는 자들을 피 흘리게 할 것 이라!"

해리엇 비처 스토의 묘사에 따르면, 당시 백인 미국인들 대부분 은 노예제 폐지론자들을 "도덕적 편집광 종자"라고 생각했다. 그러 나 결국 역사를 바르게 이끌고 간 것은 벤저민 레이에게 목소리를 낮추라고 말했던 사람들이 아니라, 벤저민 레이였다.

모든 위대한 운동가들이 그러했다. 그들의 맹렬한 도덕주의는 많 은 사람을 불쾌하게 자극했다. 광부 노동조합 지도자이자 미성년 노 동에 맞서 싸운 존스 수녀는 상원의원들에게 "모든 선동가의 할머 니"라고 비난받았다(지금은 칭찬처럼 들릴 수도 있겠지만, 당시에는 그런 의 도가 아니었다). 랄프 네이더는 수십 가지 소비자 보호 법안(안전띠와 에 어백 의무화, 청정 공기 및 수질 보호법Clean Air and Water Act, 정보의 자유 보장법 Freedom of Information Act, 내부고발자 보호법Whistleblower Protection Act 등)을 발 의하고 통과시키는 내내 "재미없는 잔소리꾼", "거슬리는 도덕주의 자"로 불렸다. 아이다 B. 웰스가 린치 반대 운동을 시작했을 때, 『뉴

　　　　　　　　　III. 액체 세계 속 고체 인간

욕 타임스』는 그녀를 "결과"보다 "소득"을 찾는 "입이 험하고 심술궂은 흑인-백인 혼혈 여자"라고 표현했다.

레이, 존스, 네이더, 웰스와 같은 사람들을 가리키는 단어가 있다. 바로 **선지자**prophet다. 오늘날 선지자는 종종 '예언가'의 의미로 쓰이지만, 원래 뜻은 그게 아니었다. 선지자는 우리에게 다시 가치에 따라 살기를 요구하고, 공동체의 중심에서 사명을 되살리는 사람들이다. 공동체가 딱딱하게 굳어서 의미 없이 형식만 흉내 내고 있을 때, 선지자들은 그것을 부수고, 새로운 정신을 담은 새로운 관습을 가져온다. 공동체가 지나치게 분열될 때, 다니엘 벨의 표현에 따르면 "상반되는 목소리와 신념이 내는 불협화음이 견딜 수 없을 정도에 이르렀을 때" 선지자들은 사람들을 모아서 생명력을 지닌 새로운 전체로 통합한다.

선지자 이사야는 이웃의 위선적인 금식 행위를 비난했다.

"보라, 너희가 금식하는 날에 오락을 구하며 온갖 일을 시키는도다. 보라, 너희가 금식하면서 논쟁하며 다투며 악한 주먹으로 치는도다!"

그러나 이는 비난을 위한 비난이 아니라, 그들이 "고대의 황폐한 곳들을 다시 세우는 자", "고향을 회복하는 자", "단절을 고치는 자"가 되기를 바라는 말이었다. 선지자들은 회복하기 위해 파괴한다. 무관심하기를 거부하고, 사람들을 심판하고, 다시 자신의 역할과 책임으로 돌아오라고 촉구함으로써 명예의 문화를 지키고, 되살리고, 실천한다.

그러나 우리의 최고 목표가 선택지를 열어두는 것일 때, 우리는 다시 가치에 따라 살라고 말하는 선지자들의 요구에도, 단순한 변덕 이상의 삶을 살도록 이끌어주는 멘토의 가르침에도 귀를 닫아버린다. 어차피 떠날 공동체라면 굳이 갈등을 일으킬 필요가 없기 때문이다.

선택지 열어두기의 교육

: 발전 vs 애착

12장 |

수학자이자 철학자 알프레드 노스 화이트헤드^{Alfred North Whitehead}는 "교육의 본질은 종교와 같다."라고 말한 적이 있다. 그가 말한 종교가 "조직화한 종교"를 뜻하는 것은 물론 아니다. 화이트헤드에게 종교적인 교육이란 "의무와 존경을 심어주는" 교육이다. (이러한 의미에서) 교육이 종교적일 때 학생들은 특정한 대의와 기술, 생각과 제도, 공동체와 사람들과의 유대를 발전시킬 수 있다. 다시 말해서 의무와 존경은 우리가 서로에게 애정을 가질 수 있게 도와주는 힘이다.

세상을 배운다는 것은 세상에 대한 책임을 받아들이는 것과 같다. "지식은 곧 책임을 뜻하며, 책임은 곧 보살핌을 뜻한다."

신학자 스티븐 가버^{Steven Garber}는 이렇게 적었다. 지식은 우리에게 책임을 부여한다. 더 많이 알수록 우리는 더 많은 책임을 진다. 어떤 분야에서 전문가가 되려면 세계의 한구석에 책임감을 느껴야 한다. 배움의 과정에서 가장 중요한 것은 끊임없이 다음의 질문을 던지는 것이라고, 가버는 말했다.

"이제 내가 이러한 것들을 알았으니, 이것으로 나는 무엇을 해야 할까."

이처럼 세상에 책임을 지고 그에 반응하려는 욕구는 "우리의 사명"이라고 말할 수 있는 또 하나의 감각이다. 이는 또한 우리가 교육에 어떻게 "묶여있는지"를 이해하는 또 다른 방법이기도 하다. 즉, 우리는 명령이 아니라 책임감으로(의무), 엄격한 규칙이 아니라 더 높은 목소리와의 관계로(존경) 교육에 묶여있다.

쇤슈타트 운동Schoenstatt Movement(가톨릭의 종교적, 교육적 기관들로 이루어진 네트워크)의 구성원들은 이러한 개념을 심지어 가장 어린 학생들을 대상으로 하는 교육에까지 확장했고, 이를 '애착 교육법'이라고 불렀다. 그들의 관점에 따르면 교육자의 일은 학생들이 특정한 사람, 장소, 생각, 가치에 '애착을 갖도록' 도와주는 것이다. 일단 애착이 형성되고 나면 그다음은 학생들에게 그것을 좀 더 깊이 파고들 수 있는 공간과 안정과 격려를 제공하는 것이 목표다. 이러한 과정을 통해 무언가를 사랑하고 사랑받는 것이 어떤 의미인지 경험한 학생들은 '영혼의 뿌리'를 내릴 수 있다.

교육에 관한 설명치고는 꽤 생소한 접근이다. 물론 애착 대상으로부터 적정한 거리를 유지하는 방법을 배우는 것도 교육의 중요한 기능이다. 그러나 내가 가장 좋아했던 선생님이나 멘토를 떠올려보면, 내가 무언가에 푹 빠질 수 있도록 도와준 존재인 경우가 많다. 그들은 내게 셜록 홈스 책을 소개해주거나, 소프트볼을 가르쳐주거나, 코딩을 해보라고 격려해주거나, 나스Nas의 노래를 들어보라고 추천해주었다. 그리고 그들이 그럴 수 있었던 이유는 그들 자체도 무언가에 깊이 빠진 사람이었기 때문이었다. 그들의 열정은 전염된다. 단순하게 말하면 우리가 가장 좋아하는 선생님은 주로 우리 안에 의무와 존경을 심어준 사람, 즉 화이트헤드의 관점에서 봤을 때 '가장 종교적인 사람'이다.

기관과 애착

이러한 접근으로 보면 교육은 곧 애착을 일구는 과정이다. 교육의 수준을 가늠할 때는 선택지의 너비뿐만 아니라 열정의 깊이 역시 중요한 기준이 된다. 질 좋은 교육이란, 아이들이 특정한 것에 애착을 형성할 다양한 기회를 학교 안팎에서 제공하는 교육이다.

'애착 형성의 기관'은 여러 가지 형태를 띤다. 고전적인 사례로는 대가한테서 특정한 기술을 배우는 수습 제도가 있다.『손으로 생각하기Class as Soulcraft: An Inquiry into the Value of Work』에서 저자 매튜 B. 크로포드Matthew B. Crawford가 쓴 것처럼, 수습 제도는 책으로 배울 수 없는 지식을 발견할 수 있도록 이끌어준다. 크로포드의 설명에 따르면 기술 지식은 직관적이다. 반복해서 연습하고 실패하는 과정을 통해서만 배울 수 있다. 가장 친한 친구나 고향 동네를 잘 아는 것과 같다. 글로 써보라고 하면 어렵지만, "그냥 안다."

수습 제도는 또한 자기 자신에 대한 정보, 즉 내가 가진 능력과 한계를 드러낸다. 결과의 피드백이 매우 솔직하기 때문이다. 내가 만든 탁자가 견고하거나 그렇지 않거나, 청중들이 웃거나 그렇지 않거나, 공이 고리 안으로 들어가거나 테두리를 맞고 튕겨 나가거나 등의 피드백은 나를 속일 수가 없다. 현실을 부정하기 위해 코치에게 이런저런 변명을 늘어놓을 수도 있겠지만, 훌륭한 코치는 내가 나아가야 할 방향을 되짚어줄 것이다.

기술의 피드백이 이토록 솔직한 이유는 우리 외부에 존재하는 객관적인 현실과 연관되어 있기 때문이다. 제멋대로 인정하거나 인정하지 않는 변덕스러운 기준이 아닌, 객관적인 현실이 기준이 될 때 성공은 특히 더 기쁘고 달게 느껴진다. 크로포드가 말한 것처럼 내 작품을 드러내기 위해 "설명을 늘어놓을" 필요 없이 "그저 손가락으로 가리키기만" 하면 된다. 드레이크가 부른 〈헤드라인Headlines〉의 가사처럼 말이다.

"사람들이 내 노래를 트는 순간, 내가 굳이 말하지 않아도 그들은 알게 돼."

클럽, 동아리, 팀 등도 같은 방식으로 작용할 수 있다. 수습 제도와 마찬가지로 클럽도 우리를 나만의 세계에서 끌어내 스포츠, 대의, 기술, 일 등의 다른 것과 관계를 맺게 한다. 그러나 수습 제도와 다르게 클럽은 기술의 연마뿐만 아니라 동료들 간의 관계도 조성한다. 그리고 그 과정에서 우리는 단순히 실용적인 협동 요령만 터득하는 것이 아니라, 공통된 정체성 안에서 다른 사람들과 함께 엮이는 정신적 기술도 배울 수 있다. 내 운명과 다른 사람들의 운명이,

내 성공과 다른 사람들의 성공이 어떻게 연결되는지를 이해하는 것이다. 근대 미국 레크리에이션의 창립자 중 하나인 조셉 리^{Joseph Lee}는 팀 스포츠에 참여하는 것이 "가장 단순하고 필수적인 형태의 시민의식"이라고 생각했다. 팀에 합류하면 "팀의 구성원으로서" 내 자아를 조금 내려놓아야 하며, "공공 의식"을 공유함으로써 "공통된 목적"을 위해 내 감정과 욕구를 다소 양보해야 하기 때문이다.

수습 제도, 클럽에 이어 세 번째 애착 형성 기관은 경험과 지식이 풍부한 어른들이다. 나이 많은 사람들이 존경을 얻을 때, 그들은 멘토가 되어 어떤 것에 마음을 주는 것이 가치 있는지 그리고 어떻게 마음을 주는 것이 좋은지를 이끌어주고 모범이 되어준다. 때때로 멘토들은 어떤 특정한 활동을 시도해 보라고, 어떤 특정한 책을 읽으라고, 최근에 인스타그램에 올린 데이트 사진을 보고 어떤 특정한 사람을 만나라고 말함으로써 명확한 조언을 준다. 그러나 어떤 사람들은 스스로 꾸준히 전념하는 모습을 보여줌으로써 우리에게 영감을 주고 본보기가 된다. 경험과 지식이 풍부한 어른들은 우리가 무언가에 애착을 형성했을 때 선물을 주며 축하해 주거나 우리의 전진을 기념할 의식을 만들어주고, 그리고 아마 제일 중요하게는, 우리가 책임감 있게 전념할 수 있도록 잡아주는 역할을 함으로써 우리가 명예의 문화를 만들어가는 데 도움을 줄 수 있다.

인류학자 베아트리스^{Beatrice}와 존 화이팅^{John Whiting}은 다양한 문화에서 아이들이 연령대가 다른 아이들과 얼마나 자주 그리고 어떻게 교류하는지를 연구했다. 그 결과, 연령 간의 교류가 적을수록 아이들이 덜 성장하고 덜 협동한다는 사실을 발견했다. 우리 주변에 전

넘하기의 영감을 주고, 또 헌신의 과정 중에서 혼란스러울 때마다 이끌어줄 윗사람이 없으면 나만의 세계에서 벗어나기가 어렵다. 권위 있는 어른을 엄격하게 공경하는 것이 성장과 발전의 유일한 기회라고 말하는 것이 아니다. 우리가 어른에게 배움을 얻을 때는 주로 그들을 '신뢰할 수 있는 길잡이'로 여길 때다. 즉, 권위가 아니라 영감과 존경으로 그들을 따르게 될 때다.

마지막으로 살펴볼 애착 형성 기관은 영웅들이다. 뉴욕주립대 교육학부New York State Department of Education에서 알베르트 아인슈타인에게 어떤 교육이 가장 우선시되어야 한다고 생각하는지 물은 적이 있다. 놀랍게도 그는 물리 이야기를 거의 하지 않았다. 대신에 그는 "성격과 심판에서 벗어나 인류를 이롭게 했던 인물들을 좀 더 많이 논의해야 한다."라고 대답했다. 그는 우리가 존경할 수 있는 본보기가 필요하다고 생각했다. 명예의 전당, 해마다 진행되는 각종 시상식, 초상화가 쭉 걸려 있는 복도 등이 존재하는 이유가 이 때문이다. 가톨릭에서 성인들을 연구하고, 국가마다 조각상을 세우고, 지폐에 위인들을 새기는 이유도 마찬가지다. 영웅들은 우리가 따라야 할 모범이며, 그들의 삶은 어떻게 하면 좀 더 그와 같은 삶을 살 수 있을지에 대한 지침이 되어준다.

이는 세 번째 애착 형성의 기관, 즉 존경할 수 있는 어른들과 같은 방식으로 작용한다. 헌신할 가치가 있는 것, 전념할 가치가 있는 것이 무엇인지 몸소 보여준다. 자기가 처음으로 어떤 기술, 대의, 장소에 빠져들게 된 계기를 이야기할 때 영웅들을 언급하는 경우가 종종 있다. 예를 들어, 바버라 매클린톡Barbara McClintock처럼 되고 싶어서 유전학을 전공했다거나, 브라이언 스티븐슨^{Bryan Stevenson}을 보고 수형 제도 개혁에 뛰어들었다거나, 패티 스미스^{Patti Smith}의 삶을 본받고 싶어서 뉴욕으로 이사했다는 사람들이 그렇다. 울림을 주는 영웅은 북극성과 같이 우리를 사로잡고, 위치를 알게 해주고, 새로운 고향으로 향하는 길을 비춰준다.

발전을 위한 교육

그러나 의무, 존경, 애착은 선택지 열어두기의 정신에 잘 맞지 않는다. 기술에 정진하고, 팀에 합류하고, 멘토와 영웅을 교훈 삼는 종류의 교육은 우리를 관계와 의미의 네트워크에 끼워 넣음으로써 우리를 더 단단하게 만들기 때문이다. 그래서 선택지 열어두기 문화에서의 교육은 애착 형성이 아닌, 개인적인 발전을 위한 훈련에 초점을 맞춘다.

발전을 위한 교육은 수습 제도나 그와 비슷한 역할을 하는 기타 기관들을 평가 절하한다. 특정한 것에 애착을 키우는 대신, 우리는 추상적인 기술과 일련의 사실들을 배운다. 열정을 담은 프로젝트를 통해 유기적으로 발달하는 대신, 기술과 사실을 잘게 쪼개고, 합리적으로 체계화하여, 순서대로 나열한다.

135 단원 목표: 학습자는 사인과 코사인을 올바르게 활용할 수 있다.

378 단원 목표: 학습자는 1차 사료와 2차 사료의 차이를 이해할 수 있다.

442 단원 목표: 학습자는 직유와 비유를 올바르게 구분할 수 있다.

발전을 위한 교육에는 존경과 의무가 포함되지 않는다. 기술과 사실의 순서를 배우는 목적은 나보다 큰 무언가와 진짜 관계를 형성하기 위한 것이 아니라, 한 개인으로서 내가 나중에 유용하게 쓸 수 있는 기술을 얻는 것이다. 아이들이 수학을 배워야 하는 이유를 물을 때 발전을 위한 교육은 이렇게 답변한다.

"언젠가는 네가 개인적으로 발전하는 데에 도움이 될 거란다."

발전을 위한 교육을 하려면 옛날 사람들이 지도 제작을 위해 힘들고 어려운 과정을 거쳤던 이야기, 피타고라스가 숫자를 숭배하는 교단을 이끌게 된 이야기, 우리가 역사를 이해하는 방식을 두고 현재 큰 이해관계가 걸린 전쟁이 벌어지고 있다는 이야기를 설명할 시간이 없다. 배워야 할 기술과 사실이 너무 많아서 쓸데없는 지방은 걷어내는 것이 낫다. 서로의 의견을 주고받으면서 직관적인 지식을 발견할 시간도 없다. 발전을 위한 교육은 기찻길을 따라 쉼 없이 달리는 기차와 같아서, 삼각형이나 제1차 세계대전이나 소네트를 깊이 느껴보려고 멈추는 순간 기차가 저 멀리 앞서나간다. 또한, 일정 수준을 넘어선 성취를 달성했을 때 어떤 기분을 느낄 수 있는지 배울 기회도 없다. 내 일에 의미를 느낄 수도 없고, 내 일에 대한 진심 어린 피드백도 없다. 우리는 그저 커리큘럼에 따라 교과 과정을 하나씩 해치워나갈 뿐이다. 교육자 린다 달링-해먼드Linda Darling-Hammond는 발전을 위한 교육의 이상한 본성을 다음과 같이 표현했다.

"학교에서 기술을 가르치는 것처럼 아기들에게 말을 가르친다면, 아기들은 정해진 순서대로 소리의 목록을 외우고 옷장 속에서 혼자 연습해야 한다."

오늘날, 수습 제도는 이제 거의 사라졌지만, 다행히 클럽과 팀은 여전히 아이들에게 중요한 애착 형성의 기관으로 기능하고 있다. 그러나 개인적인 발전을 강조하는 문화는 이마저도 조금씩 물들이기 시작했다. 이는 주로 "자기계발" 활동의 형태로 나타났다. 현대 여름 캠프와 방과 후 활동은 다른 사람들이나 공동체와 유대를 형성하는 것보다 개인적인 선행 학습 또는 보충 학습을 목적으로 이뤄지고 있다. 또한, 클럽과 팀이 지나치게 형식에 얽매이는 탓에 아이들이 또래 친구들과 활동하는 경험을 창조할 여지가 사라졌다.

가장 치명적인 것은 우리가 클럽과 팀을 이력서에 한 줄을 추가하기 위한 활동으로 생각하기 시작했다는 것이다. 먼저 마음을 다해 활동한 후 거기서 내가 무엇을 했고, 무엇을 느꼈는지 이력서에 넣는 것은 아무런 문제가 되지 않는다. 그러나 경험하기도 전에 이력서와 자기소개서를 먼저 떠올린다면 우리가 그것들과 맺을 관계의 종류와 깊이가 달라질 수밖에 없다. 사명감을 느껴서 또는 팀에 봉사하고 싶어서 총무나 주장을 맡은 사람과 단순히 나중에 대학 입시나 취업에 도움이 될 것 같아서 반장이 된 사람이 각각 어떤 마음가짐으로 그 역할에 임할지는 굳이 말하지 않아도 알 것이다.

세대·나이 간 분리는 가장 기본적이고 유기적인 애착 형성 기관인 '지혜로운 윗사람으로부터 배우는 과정'을 제거했다. 한 세기 전만 해도 나보다 나이가 많거나 적은 사람들과 함께 생활하고, 일하고, 배우고, 즐기는 일이 훨씬 흔했다. 미국인 노인 대부분이 성인이 된 자녀와 함께 살았고, 일터의 상당수에 여러 세대가 섞여 있었다. 카운티 박람회부터 공동체 콘서트에 이르기까지 인기 많은 오락거리는 전 연령대의 흥미를 끌었고, 학교도 지금처럼 생년에 따라 체계적으로 나뉘어있지 않았다. 10대들은 같은 10대뿐만 아니라 아기, 어린이, 어른들과도 어울렀다.

그러나 시간이 지나면서 점점 많은 생활권이 나이로 나뉘기 시작했다. 생애주기의 한쪽에서는 양로원이나 요양 시설이 급증했고, 다른 한쪽에서는 아이 돌봄 기관, 유치원, 젊은 부부들을 위한 음식 배달 서비스가 증가했다. 직장과 집이 분리되면서 아이들은 부모가 일하는 모습을 볼 기회가 적어졌다(물론 이게 부정적인 결과만 가져온 것은 아니다. 미성년 노동법 덕분에 아이들은 일터 대신 학교에 다니게 됐다). 학교가 나이별로 분리됨에 따라 아이들은 자기보다 4~5살 많거나 적은 아이들과 시간을 보낼 일이 거의 또는 아예 사라졌다. 오락거리 역시 특정한 나이대를 겨냥해서 만들어지기 시작했고, 그러다 보니 성인과의 상호작용이 단절된, 유년기만의 취향이 뚜렷한 문화가 형성됐다. 레온 네이파크^{Leon Neyfakh}가 2014년 수필에 쓴 것처럼 "이전 시대에는 청소년들도 농사를 짓고, 수습 생활을 하고, 가업을 도우면서 상당한 시간을 어른들과 함께 보냈지만, 지금의 아이들은 방과후 시간에도 거의 소셜 미디어를 통해 비슷한 또래 친구들이랑만 소통하면서 보낸다."

오늘날, 노인 10명 중 자신의 성인 자녀와 함께 사는 사람은 2명도 채 안 된다. 약 3명 중 1명은 전체 또는 대부분이 노인들로 이루어진 공동체에서 산다. 그리고 이러한 경향에서 예측할 수 있듯이 세대 간 대화 역시 점점 줄어들고 있다. 한 연구에서 가장 나이가 많은 두 세대의 사람들에게 최근 6개월간 "의미 있는" 대화를 나눈 적이 있는 사람들을 전부 적게 해봤더니, 가족이 아니면서 가장 나이가 어린 두 세대에 속한 사람들과 대화한 비율은 겨우 6%밖에 안 됐다. 구세대는 젊은 세대를 '아무것도 모르는 이기주의자'로 생각하고, 젊은 세대는 노인들을 '새로운 것을 못 견디는 꼰대'로 보는 분위기가 확산하면서 세대 간 신뢰는 바닥으로 곤두박질쳤다. 세대 간 분리와 불신이 증가하니 당연히 멘토-멘티 관계가 형성되기도 어려워졌다. 아이들은 특정한 것과 유대를 맺고 거기에 더 깊이 파고들 수 있도록 이끌어주는 사람 없이 방치되고 있다.

마지막으로 영웅과의 관계도 감소했다. 학교 공동체는 영웅에 관해 이야기하려면 먼저 공통된 도덕적 전통이 전제되어야 한다. 아이들이 어떤 사람이 되어야 하는지 또는 어떻게 살아가야 하는지에 관한 공통된 생각이 있어야 그에 맞는 영웅을 본보기로 제공할 수 있다. 그러나 다른 기관들과 마찬가지로 학교 역시 공동체적 사명과 이상과 가치와 덕목을 가려내는 까다로움 대신 안전하고 편한 '중립'을 선택하기 시작했다. 학교의 의식과 절차가 옅어짐에 따라 일상 속 학교 강령의 존재도 희미해졌다. 초상화를 걸고, 명예의 전당을 만들고, 신화적인 순간을 이야기하는 것이 점점 더 이상한 일이 되었다. 도덕적 문화가 없으면 그것을 구현하는 영웅도 존재할 수 없다.

발전을 위한 교육은 이러한 경향과 밀접한 관련이 있다. 우리가 무엇을 해야 하는지, 어떤 사람이 돼야 하는지 말하는 것은 발전을 위한 교육에 상반된다. 발전 위주의 학교에서 명예를 얻는 가장 좋은 방법은 어떻게 해서든지 발전하는 것이다. 공통된 도덕적 문화를 세우고, 거기에 신화와 영웅을 덧붙이고, 의무와 존경을 자아내는 신비로움과 매력으로 그것을 주입하는 것은 시간과 노력이 걸린다.

따라서 그저 기술과 사실을 나열하는 데에만 집중하는 기관은 그러한 문화를 조성하고 유지할 여유를 절대 제공하지 않을 것이다.

애착을 위한 교육과 발전을 위한 교육, 이 두 가지 모델은 오늘날 아이들의 삶에서 팽팽하게 대립하며 존재한다. 한쪽에는 일상에서 편안하게 교류할 수 있는 멘토와 수습 제도, 학생들에게 학문을 존중하는 마음을 심어주기 위해 시간을 들이는 선생님, 의무를 강조하는 코치, 그리고 '교육은 자신보다 큰 무언가와 관계를 맺고 더 깊이 파고드는 법을 배우는 것'이라는 메시지가 있다. 반면, 선택지 열어두기 문화의 교육은 가능한 많은 문을 열어둘 수 있는 도구를 제공했지만, 그 많은 문 중에 어떤 것을 선택해야 할지를 도와줄 수 있는 유대를 형성하는 데에는 실패했다.

출세 제일주의와 전문성

고등학교 졸업 후에도 정규 교육을 계속하는 사람들에게는 이러한 갈등이 조금 더 심화한다. 대학교에는 애착 형성의 기회가 많다. 학생들은 각양각색의 클럽과 동아리, 인턴이나 수습생을 찾는 대가들, 새로운 도시에서 만나는 새로운 하위문화, 공동체에 융화될 수 있도록 영감을 주는 교수들을 마주한다. 또한, 명예의 문화에 할애되는 공간도 많다. 정문 위에 새겨진 모토와 비전, 유서 깊은 역사, 각 분야에서 인정받으며 일하는 졸업생 등이 그렇다.

그러나 그와 동시에 발전을 중시하는 메시지도 전보다 더 강력해진다. 동아리들은 여기에 가입해서 이런저런 활동을 하면 취업할 때 유리하다고 홍보한다. 직업 상담을 하면 어떻게 준비해야 나를 가장 잘 팔 수 있는지를 위주로 이야기한다. 이러한 메시지를 받아들인 학생들은 종종 명성만 좇고 자존심만 내세운다고 비난받기도 한다. 그러나 내 경험상 그들이 출세를 추구하는 이유는 명성과 자존심(또는 돈)이 아니라 **두려움**, 즉 선택의 문이 닫힐까 걱정하는 두려움 때문이다. 최대한 선택지를 열어두기 위해서는 명성을 얻는 것이 가장 좋은 방법이라고 생각하기 때문이다.

그러나 이러한 두려움에 사로잡힌 친구들로부터 내가 목격한 것은 선택지를 열어두려고 노력할수록 점점 더 그 안에 갇힌다는 사실이다. 선망받는 직업이나 기회를 얻은 후 그들은 그러한 명성에 '부응하며 살아야 할' 필요를 느꼈고, 나중에는 명성이 없는 일(그게 그들이 진심으로 원하는 일이더라도!)을 하는 것에 거부감을 느꼈다. 결국, 그들은 처음에 단지 '선택지를 열어두기 위해' 결정했던 직업의 세계에 적응했고, 타성에 젖어 거기에 갇혀버렸다.

중학생과 고등학생들에게는 그들의 일을 미래에 대한 준비로 보라는 말이 어느 정도 도움이 된다. 열두 살 소년은 다양한 직업적 가능성을 갖고 탐색하는 것이 최선이다. 그러나 인생을 준비하는 시기에서 인생 그 자체로 넘어가는 필연적인 전환에 가까워졌는데도 내가 할 일의 실질적인 목표를 이야기하지 않는 것은 이상하다. 법학대학원에서도 사람들이 **여전히** 선택지를 열어두는 데에 도움이 되는 일만 이야기하는 것을 보면서 나는 이런 생각을 했다.

"이봐, 시간은 계속 가고 있는데 언제쯤 진짜 핵심에 도달할래? 내일이라도 당장 버스에 치여 죽을 수도 있는데, 그러면 평생 준비만 하다가 정작 하고 싶은 것은 아무것도 못 해보고 가는 거라고."

마치 누군가가 교묘한 속임수를 부리는 것처럼 느껴졌다. 더 어릴 때는 사람들이 이렇게 말했다.

"열심히 공부해두면 나중에는 네가 중요한 목표를 이루는 데에 도움이 될 거야."

그러나 나이가 들자 메시지는 이렇게 변했다.

"똑똑하고 돈도 많이 벌고 남들이 부러워하는 직업을 가진 사람이 되는 것은 수단이 아니라 그 자체로 목표야."

사람들이 구체적인 직장, 회사, 기업을 목표로 삼을 때 대부분은 그 자리에 입사하기가 얼마나 어려운지를 기준으로 이야기한다. 실제로 그 회사에서 '높은 자리'까지 올라간 사람들과 대화를 나눠봐도 그들이 실제로 어떤 일을 하는지, 가령 프로젝트의 진행 과정이나 이윤 추구 방식, 문제 해결 방안 등에 관해서는 이야기하지 않는다. 우리가 **무엇을** 위해 싸워야 하는지, **어떤** 사람이 되어야 하는지 생각하면 안 되는 것처럼 여긴다. 그저 개인적인 **발전**만이 유일한 목표이자 고민거리인 것 같았다.

작가 C. S. 루이스C. S. Lewis는 1944년 「내부의 원The Inner Ring」이라는 연설에서 이렇게 알맹이 없는 분투가 다음과 같은 형태를 취할 수 있다고 설명했다. "병원이든, 변호사 협회든, 교구, 학교, 회사, 대학이든", 하여튼 모든 공동체 안에는 나를 포함하지 않는 배타적인 소수 핵심층, 이른바 '내부조직'이 존재한다. 그리고 만약 내가 어쩌다가 그 내부조직 안에 끼어든다 해도 "그 안에는 그보다 더 작은 내부조직이 있음"을 발견할 것이다. 그러면서 루이스는 "내부조직에 집

　　　　　　　　　　　Ⅲ. 액체 세계 속 고체 인간

착하는 사람", 즉 원 밖에서 내가 아무리 용을 써도 절대로 들어갈 수 없는 곳을 부러워하며 절망하는 사람 또는 점점 더 작은 내부조직 속으로 들어가면서 그것을 자랑스러워하는 사람이 되는 것을 경계하라고 말했다.

다음 내부조직에 좀 더 가까워졌다고 느낄 때, 그리고 거기에 진입하는 것이 무엇보다도 중요한 일이라고 느낄 때, 우리는 기꺼이 규칙을 왜곡하고 가치를 희생하고자 한다. 루이스는 이렇게 지적했다.

"그러다 보면 다음 주, 다음 달, 내년이 될수록 우리는 점점 더 규칙과 가치에서 멀어질 것이다."

더 작은 내부조직에 들어가고자 하는 욕구는 영원히 충족되지 않는다. 내 삶의 중심을 내부조직에 두고 사는 것은 끊임없이 양파를 까는 것과 같다고 루이스는 경고했다. 결국, 성공하더라도 "거기에는 아무것도 남지 않는다."

그러나 이 사실을 알지 못하는 현대의 대학생들은 그 안에 무언가 다른 것이 있을 것이라는 믿음을 안고 고군분투한다. 그러나 그렇게 들어간 내부조직 안에도 여전히 선택지 열어두기 문화가 지배하고 있을 뿐이다. 50년 전에는 주요 단체의 지도자가 되려면 직접 단체를 조직하거나 밑에서부터 차근차근 밟아 올라가는 것이 일반적이었다. 또한, 기업에 헌신하는 것, 즉 '회사에 속한 사람'이 되어 '기업의 명예'를 가져오는 것이 핵심이었다. 사람들 대부분은 기업 전통을 고수하고, 규율을 제시하고, 명예를 귀하게 여기고, 그리고 무엇보다도 충성하는 것을 강조하는 사회윤리에 따라 한곳에서 오랫동안 일했다. 제인 제이콥스는 이를 '수호자' 윤리라고 불렀다.

그러나 오늘날에는 주요 단체의 지도자가 어떤 특정한 독립체에 충실한 것을 거부하는 경향이 훨씬 흔하게 나타난다. 이러한 현상을 두고 비평가 마이클 린드Michael Lind는 '측면 유동성'이 오늘날을 장악했다고 표현했다.

"외교관이 투자은행가가 되고, 투자은행가가 외교관이 되며, 장군이 기업 이사회에 앉고, 기업 경영진이 비영리 이사회에 앉는다."

'회사에 속한 사람'이 된다는 생각은 과거의 유물이 됐다. 사람들 대부분은 이해관계에 따라 이 회사에서 저 회사로 옮기는 것이 경력 개발 또는 발전이라고 생각한다. 그 결과, 제인 제이콥스가 '상업적' 윤리라고 부르는 것을 따랐다. 상업적 윤리는 낯선 사람들과도 쉽게 협업하고, 새로움과 혁신과 경쟁을 환영하고, 그리고 무엇보다도 모든 사람이 선택지를 열어두는 것이 괜찮다고 강조했다.

이는 사람들이 교육 현장에서 직장으로 옮겨가는 과정을 매끄럽게 만들어주었다. 학교도, 회사도 똑같이 개인적인 발전을 최우선으로 하도록 설계됐기 때문에 준비와 발전에서 목적과 애착으로 기어를 바꾸지 않아도 괜찮았다. 그냥 계속 선택지를 열어두면 됐다. 고등학생은 대학을 위해 선택지를 열어두고, 대학생은 직장을 위해 선택지를 열어두고, 직장인은 이직을 위해 선택지를 열어둔다. 이를 위한 정확한 단어가 있다. 바로 **출세 제일주의**careerism이다. 이는 개인이 성취하는 여정을 세상 그 어떤 것보다 제일 가치 있게 여긴다.

이러한 윤리가 필연적인 것은 아니다. 출세 제일주의 대신 **전문성**professionalism을 지향할 수도 있다. 전문성이라고 하면 왠지 모르

III. 액체 세계 속 고체 인간

게 딱딱하고 고루해 보인다. 빳빳한 정장을 입고 '알아듣기 어려운' 용어를 쓰면서 냉정하고 딱딱한 태도로 사람들을 대하는 이미지가 떠오른다. 그러나 전문성의 진짜 의미는 그것이 아니다. 전문가란 능숙함의 공동체를 이루는 구성원이라는 뜻이다. 그 분야에서 가장 높은 수준에 이를 때까지 정진할 것임을 '공언하는 것'이다.

이처럼 더 깊은 의미에서 보면 직업은 단순히 기술적인 기량의 모음이 아니라, 문화를 존중하는 것이다. 직업은 대중의 신뢰를 얻고 유지해야 할 사명을 갖는다. 기술적인 뛰어남과 도덕적 우수함을 모두 가치 있게 여기며, 각각을 실천하는 사람들을 인정해준다. 따라야 할 행동 수칙이 있으며, 수칙이 지켜지지 않으면 문제가 된다. 각 세대가 사슬처럼 연결되어서, 한때는 학생이었던 사람이 나중에는 스승이 되어 제자들을 양성하길 기대한다.

시몬 베유의 말처럼, 직업은 각각의 관습을 실행하면서 "거기에 소비된 고귀함, 영웅주의, 정직성, 너그러움, 천재성을 모두 담은 기억의 창고를 생생하게" 유지할 수 있다. 또한, 직업에는 거기에 종사하는 사람들에게 영감을 주고 이끌어줄 신화가 있으며, 본보기로 내세울 수 있는 영웅이 있다. 의식과 전통, 그리고 히포크라테스의 맹세와 같은 서약이 있다. 전문가들은 자신의 성공이 곧 직업의 성공이며, 직업의 성공이 곧 자신의 성공이라고 생각한다.

루이스는 우리가 내부조직에 집착하는 것을 그만두고 "외부인이 되는 두려움을 극복하면" 정직한 전문성을 가질 수 있다고 말했다. "내부조직에 속한 사람, 유명한 사람, 떠받들어지는 사람은" 진정한 의미의 전문가가 될 수 없다. 그러나 "나만의 목표를 세우고 꾸준히 그것을 추구하다 보면, 어느샌가 내가 어떤 둘레 안에, 내가 몸담은 분야에서 진정으로 의미 있는 유일한 둘레 안에 들어선 것을 발견할 것이다. 나는 훌륭한 대가 중 한 명이 될 것이며, 다른 훌륭한 대가들이 내 존재를 인정할 것이다."

최고의 경지에 오른 전문가들은 직업의 공적 사명을 수행하는 데에도 헌신하도록 요구된다. 그에 대한 보상으로 그들은 삶의 의미와 방향을 돌려받는다. 직업은 나를 더 큰 역사의 흐름과 연결해준다. 베유의 표현을 빌리면, 직업을 통해 나는 "죽은 자, 살아 있는 자, 아직 태어나지 않은 자"와 관계를 형성한다. 시카고의 훌륭한 건축가가 되는 것은 시카고 건축의 대서사에 참여하는 것과 같다. 훌륭한 케이준 요리사가 되는 것은 케이준 요리의 역사에 참여하는 것과 같다. 훌륭한 간호사가 되는 것은 간호의 역사에 참여하는 것과 같다.

직업을 통해 거대한 역사적 흐름과 연결되면, 우리는 개인적인 발전 그 이상의 무언가를 갈망하게 된다. 표도르 도스토옙스키는 『지하생활자의 수기Notes from Underground』에서 지하생활자는 "아무것도 될 수 없음을, 악한 사람도, 착한 사람도, 악당도, 정직한 사람도, 영웅도, 벌레도 될 수 없음을" 애통해했다. 그러나 직업은 이러한 슬픈 운명을 피할 수 있게 도와준다. 기술이 부족하면 그것을 연마하는 데에 매진할 수 있다. 직업군 자체가 뒤처지면 그것을 다른 방향으로 끌고 나아가는 데에 매진할 수 있다. 이러한 과정을 통해 우리는 삶의 형태를 갖춰나간다. 무엇을 해야 하는지, 어떤 사람이 돼야 하는지에 대한 지침을 얻는다.

철학자 앨런 블룸Allan Bloom은 "모든 교육 시스템은 특정 유형의 인간을 만드는 길을 목표로 한다."라고 적었다. 애착을 위한 교육은 전문가를 생성한다. 그러나 이는 선택지 열어두기 문화와 잘 어우러지지 않는다. 교육의 목표가 개인적인 성취가 아니라 능숙함의 공동체와 관계를 심화하는 것이라면, 아무도 선택지를 열어두려 하지 않을 것이기 때문이다.

반면, 발전을 위한 교육은 전문가와 다른 유형의 사람을 만든다. 최악의 경우, 역사가이자 골동품 중개인인 사무엘 비아게티[Samuel Biagetti]가 "이케아 인간"이라고 부르는 것을 만들어낸다. 이케아 가구에 들어가는 나무는 다양하고 깊은 생태계에서 자라지만, 벌채용 캠프로 실려 온 이후에는 판재로 잘리고 "화학 용액 속에서" 분쇄되어 "더 가볍고 저렴한 덩어리"로 압축된다. 이러한 합성물은 다시 부품별로 나뉘고 분류되어 상자 속에 포장된 후 세계 곳곳의 매장으로 배포된다. 그 결과, 다양한 배경에서 자란 수십 종의 나무는 "세련되지만, 금세 망가지는 가구 조각"으로 재탄생한다.

이케아가 표적으로 삼는 소비자들인 출세 제일주의자들 역시 이와 같은 과정을 경험한다고 비아게티는 주장했다. 교육은 저마다의 깊이와 의미를 지닌 공동체에서 그들을 꺼내서 각자의 특징과 개성을 제거하고 대신에 추상적인 기술, 기술적인 수준의 정보, 어디에도 어울릴 수 있는 사근사근한 태도를 입혔다. 그렇게 탄생한 출세 제일주의자들은 "현대적이고 유동적이며, 상호 대체할 수 있다."

묘사가 다소 격하긴 하지만 일리는 있다. 비아게티가 묘사한 출세 제일주의자들은 어느 하나에 매여있지도, 정의되지도 않지만, 그 밖의 다른 길을 상상하지도 못한다. 그들의 할아버지, 할머니가 가졌던 것과 같은 정체성이나 공동체를 찾으라고 하면 받아들일지도 모른다. 그러나 그 이상을 요구하면, 즉 할아버지, 할머니가 했던 것과 같은 헌신을 요구하면 아마 난색을 보일 것이다.

오늘날 대부분 청년이 그렇다. 추상적인 기술을 습득하고, 자신의 미래를 위해 준비하고, 개인적인 발전을 위한 도구를 넘치도록 마련했음에도 불구하고, 우리는 우리가 가장 원하는 단 한 가지, 무언가에 애착을 갖는 법을 배우지 못했다. 대신 "절대로 정착하지 말라."라는 것만 배웠다. 애착을 위한 교육이 제공될 때 우리는 특정한 직업, 기술, 대의, 공동체에 정착하는 법을 배우고, 거기에서 존경과 의무가 주는 평화를 찾을 수 있다.

13장 | 홍수와 숲

모든 일에는 때와 장소가 있다. 선택지 열어두기도 예외는 아니다. 때로는 멈추고 달아나는 것이 낫다. "나도 너를 귀찮게 하지 않고, 너도 나를 귀찮게 하지 않으면, 각자 자기 인생을 살 수 있다."라는 규칙이 필요할 때도 있다. 대가와 수습생의 관계나 팀원들과의 협동 없이 혼자서 기술을 터득하는 것이 더 나을 때도 물론 있다. 돈, 무관심, 발전, 이러한 것들은 내가 내 일을 하고, 내 진로를 정하고, 나만의 방식으로 살아가기에 도움이 된다.

그러나 선택지 열어두기 문화가 모든 것을 지배함으로써 우리가 놓칠 수 있는 것들도 고려해봐야 한다. 한때 내가 좋아하고 아꼈던 모든 것이 돈으로 환산되고, 상업화되고, 일반화되고, 관료화되면 어떨까? 더는 사명과 영웅을 논하지 않고, 의식과 전통이 의미를 잃으며, 내가 어떤 잘못을 저질러도 아무도 나를 꾸짖지 않고, 반대로 내가 아무리 옳은 일을 해도 아무도 나를 칭찬하지 않는다면? 아이들이 의무와 존경을 배우지 않고, 교육이 그 자취로 아무런 관계도 남기지 않는다면? 직업이 능숙함의 공동체로 여겨지는 것이 아니라, 그저 돈을 버는 수단에 지나지 않는다면?

탐색도 물론 좋은 선택지다. 그러나 모든 것이 탐색으로 시작해서 탐색으로 끝난다면 어떤 일들이 벌어질 수 있을까? 선택지 열어두기 문화가 지배하는 곳을 둘러보면 그 답을 알 수 있다. 정답은? 아주 많은 것들이 잘못될 수 있다.

유기

선택지 열어두기 문화가 장악하는 곳에는 공동체 참여가 방치된다. 개인 생활은 증가하고 공공 생활은 줄어든다. 시민 모임에 참석하거나, 이웃들과 알고 지내는 사람이 점점 줄어든다. 공공 생활과 정치 활동의 많은 부분이 전문화되어 공동체 전체가 아니라 돈을 받고 고용된 사람들이 그 일을 대신한다. 공공 영역은 이웃들이 함께 모여서 공통된 문제를 풀고 새로운 가능성을 상상하는 곳이 아니라, 개인적인 불만을 당국에 전하는 자리가 됐다. 그 결과, 많은 이가 고립됐다. 손가락 하나로 전 세계를 둘러볼 수 있지만, 우리가 원하는 단한 가지, '다른 사람들'은 가지지 못한다.

선택지를 열어둔 기업들 덕분에 많은 도시가 버려졌다. 기업들이 떠나는 바람에 속이 텅 비어버린 작은 도시들을 우리는 전국 곳곳에서 볼 수 있다. 수십 년 동안 GM의 성장을 도왔던 매사추세츠주 피츠버그에는 기업이 도시를 떠난 후 수백 명의 실직자와 오염된 강만 남았다. 웨스트버지니아의 맥도웰 카운티McDowell County에는 월마트가 들어서서 지역 경제를 깡그리 바꿔버리더니 10년 후 그냥 떠나버렸다. 이러한 현상은 국가적인 규모에서도 나타난다. 기업들은 국가가 도움이 될 때는 기꺼이 국가의 한 부분이 되었지만, 국가가 그 대가로 무언가를 요구하면 아무 데도 소속되지 않는 것처럼 군다. 랄프 네이더는 미국에서 가장 큰 100개 기업에, 국가 덕분에 그들이 여기까지 올 수 있었으니 국가의 공익에 대한 기업의 의무를 스스로 상기하는 차원에서, 연간 주주총회 때 국기에 대한 맹세를 요구한 적이 있다. 그러나 거기에 동의한 기업은 하나뿐이었다. 대부분은 기업 회의에서 왜 시민의 의무를 이야기해야 하는지 도통 이해할 수 없다는 듯이 네이더의 요청을 거절했다. 재밌는 점은 그들 중 상당수가 기업의 역사를 '미국적인 성공 신화'로 이야기하며, 미국 국기로 제품을 장식하고, 어려움에 부딪혔을 때는 미국인들에게 구제해달라고 호소했던 기업들이었다.

도시설계 비평가 제임스 하워드 컨슬러James Howard Kunstler는 전국을 순회하면서 도시가 어떻게 무너질 수 있는지 설명했다. 지역 지도자들이 지역의 땅을 '통합된 전체' 중 일부, 즉 "더 큰 사회적 유기체의 일부"이자 "신성한 신뢰"와 사랑의 가치가 있는 땅으로 보지 않고, 그 땅을 이용해서 어떻게 하면 세금을 많이 걷을 수 있을지 생각하기 시작할 때 도시는 무분별하게 뻗어 나간다. "겉만 번지르르

한 쇼핑 상가와 넓은 인공 연못, 레고 블록 같은 호텔 단지... 마치 갱단 보초가 쓴 선글라스처럼 번쩍이는 유리로 뒤덮인 건물들이 특징인 전체주의적 사무 단지... 정치인들은 자랑스럽게 '성장'이라고 부르지만, 그 실상은 너무나도 파괴적이고 낭비적이고 유해하며, 마치 광장공포증을 일으킬 것 같은 풍경"이 형성되어 영혼을 저해한다. 컨슬러는 종종 타코벨, 엑손, 써브웨이 등의 간판이 서로 공간을 차지하려고 다투는 듯한 모습의 고속도로 스카이라인 사진을 보여주면서 청중들에게 이렇게 질문했다.

"겨우 이러한 풍경을 보기 위해서 그렇게 고군분투해왔던 것입니까?"

지역 공동체는 우연한 만남으로 성장한다고 제인 제이콥스는 적었다. "맥주 한잔하러 술집에 들르는 사람들, 마트 점원에게 조언을 얻는 사람들, 가판대에서 판매하는 사람들에게 조언을 주는 사람들, 빵집에서 다른 손님들과 의견을 주고받는 사람들, 입구 계단에서 음료수를 마시는 두 소년에게 고갯짓으로 인사하는 사람들"과 같은 만남이 그 예다. 술집, 마트, 가판대, 빵집의 입구 계단이 더는 그러한 목적에 어울리지 않을 때, 그 특정한 동네에 대해 아무것도 모르는, 저 멀리 동떨어진 대기업에서 만든 프랜차이즈가 그것들을 대체할 때, 장소 중심의 공동체는 시들어버린다. 이는 악순환이다. 특정 장소에 대한 헌신이 사라진다. 그러니 장소는 그만의 매력을 잃고, 더는 사람들에게서 특별한 애정을 끌어내지 못한다. 그러니 사람들은 더욱더 그 장소에 헌신하지 않는다.

사회는 대중과 기관 사이의 신뢰가 그물처럼 얽혀서 유지된다.

그러나 선택지 열어두기 문화가 장악한 곳에서는 부패가 많고, 신뢰의 그물도 풀어진다. 미국인들에게 국가 기관에 대한 이미지를 물어보면, 대부분은 그것이 많은 이에게 권한을 부여하는 개방적인 플랫폼이 아니라, 극소수만을 위한 폐쇄적인 카르텔이라고 생각했다. 사람들이 기관에 대한 신뢰를 잃을수록 기관은 더욱더 폐쇄적으로 변했고, 더 많은 사람이 소외감을 느꼈다. 그 결과, 사람들은 혼란스러운 현대 사회에 홀로 남겨졌으며, 우리를 더욱 분열시키고 고립시키려고 선동하는 정치인들에게 특히 더 취약해졌다.

법학자 제디디아 퍼디Jedediah Purdy는 역동적인 생태계 내에서 유기체들이 서로 어떻게 상호작용하는지 연구하듯이 우리 사회를 들여다봐야 한다고 적었다. 왜가리, 잠자리, 사이프러스 나무, 버섯, 수달 등이 습지 생태계 내에서 모두 상호 연결되어 있듯이, 학교, 입법부, 신문, 은행, 종교도 시민 생태계 내에서 서로 얽혀있다. 그리고 자연 생태계에서 한 요소가 다른 요소를 지지하듯이(곤충이 꽃가루를 옮겨주고, 나무가 그늘을 만들고, 버섯이 영양분을 제공하듯이), 시민 생태계의 각 요소도 서로를 지지한다. 신문은 정보를 제공하고, 은행은 자금을 대고, 학교는 가르침을 주고, 종교 기관은 사람들을 모은다.

이러한 공동의 생태계를 돌보지 않으면 오늘날 미국의 대중 생활에서 나타나는 것과 같은 일종의 "생태계 붕괴"를 맞게 될 것이라고 퍼디는 경고했다. 각 기관이 부패하고 약해지면서, 다른 기관들까지 부패하고 약해졌다. 중요한 기능들이 망가지기 시작했으며, 사람들은 힘을 합치고, 정보를 공유하고, 자신의 어려움을 토로하는 데에 문제를 겪고 있다. 부패를 가장 잘 이용하는 인물, 즉 기관을 신뢰하지 못하고 방황하는 대중과 대중에게 기준을 제시하지 못하는 기관들 사이에서 이익을 본 사람들이 권력을 얻기 시작했다. 그 결과, 시민 생태계는 사람이 살기에 부적합한 환경으로 변했다. 사람들은 마침내 대중 생활과 공동의 사회 모두를 버리고 떠났다.

무엇보다도 최악은 선택지 열어두기 문화가 이를 개선할 수 있는 유일한 도구마저 빼앗아갔다는 것이다. 앞에서 살펴봤듯이 무한 탐색 모드는 융통성, 진짜 자아 찾기, 새로움이라는 세 가지 장점을 지닌다. 이들은 특히 정치적 헌신과 관련이 있다. 우리가 융통성을 원할 때, 우리는 장기적인 정치적 대의를 위해 힘들고 긴 싸움을 하는 대신, 또 다른 대의로 옮겨 가는 쪽을 선택한다. 우리가 진짜 자아 찾기를 원할 때, 우리는 복잡하고, 어지럽고, 미묘한 대의와 관계 맺기를 두려워한다. 개인적인 정체성을 통제하는 힘이 위협받을 수 있기 때문이다. 그리고 새로움을 가장 중시하면 정치에서도 감정적인 흥분, 승리, 극적인 순간을 더 많이 누리길 바란다. 그러니 오랫동안 한 가지 대의를 위해 조금씩, 아주 조금씩 깎아나가는 일을 따분하게 느낄 수밖에 없다.

범위를 확대해서 보면 지구 전체가 유기되었다고 봐도 과언이 아니다. 우리가 하는 행동의 효과가 훨씬 직접적이고 명확하게 드러나는 곳에서도 헌신하지 못하는데, 도대체 어떻게 지구 전체를 위해 헌신할 수 있겠는가? 기후 위기나 천연자원의 고갈과 싸우려면 자기 자신보다 더 큰 무언가를 위해서 개인적인 선택지를 제한해야 한다. 그러나 선택지 열어두기 문화는 그러한 종류의 희생과 양립하지 않는다.

정체성 위기

여러 방면에서 선택지 열어두기 문화는 모든 것을 휩쓸어버리는 홍수처럼 느껴진다. 우리가 하는 헌신은 우리의 정체성을 형성한다. 따라서 더는 전념하지 않는 세상에서 우리는 헌신만 잃은 것이 아니라 자아감도 잃어버렸다. 많은 부분에서 그것은 뿌리가 뽑히는 기분과 비슷하다. 우리 이웃, 동료, 선조들과 연결되는 감각, 좀 더 거대한 이야기에 닻을 내린 감각을 잃어버렸다. 남은 것이라고는 삶을 유지하고, 새로운 경험을 찾고, 마음 편히 즐기는 것뿐이다.

그러나 시몬 베유가 말했듯이 우리는 여전히 "뿌리가 필요하다." 나 자신보다 거대한 무언가에 뿌리내릴 때, 우리는 "내가 쓸모 있는 사람, 어쩌면 없어서는 안 될 사람."이라고 느낀다. 그리고 "공동체 생활에 현실적이고 능동적이고 자연스럽게 참여"하는 대가로 우리는 생명을 건강하게 유지해 주는 자양분을 얻는다. 우리는 "죽은 자들에 의해 누적된 정신적인 보물"을 즐긴다. 이때 뿌리는 죽은 자가 살아 있는 자에게 '말을 걸게' 해준다. '공공의 인정'을 받은 '고귀한 전통'에 참여함으로써 우리의 자부심과 자신감에 힘이 실린다. 우리만으로는 작고 약하게 느껴질 수 있지만, 더 깊은 전통의 일부가 되면 그렇지 않다.

오늘날 많은 사람이 뿌리가 필요하다고 느낀다. 뿌리가 없으면 과거와 미래로부터 단절된다는 사실을 우리는 안다. 뿌리가 없으면 더 외롭고, 혼란스럽고, 주저하게 된다는 사실을 안다. 베유의 경고처럼 "뿌리가 거의 완전히 침식된 나무는 단 한 번의 공격에도 쓰러진다."라는 사실을 안다. 그래서 어떻게든 쉽고 빠르게 뿌리를 내려보려고, 무엇이든 붙잡으려고 애를 쓴다.

한 가지 방법은 향수^nostalgia를 이용하는 것이다. 새로운 문화와 관습을 구축할 수 없다면, 또는 물려받은 문화와 관습을 유지할 수 없다면, 우리 문화가 좀 더 생생하게 느껴졌던 시절의 기억을 붙잡는다. 아무런 악의도, 영향력도 없는 향수도 있다. 90년대에 유행했던 TV 쇼와 음악이 요즘 다시 사랑받는 것이 그 예다. 그러나 어떤 향수는 좀 더 영향력을 발휘한다. 특정 과거가 이상적이었던 것처럼 꾸며서 다시 그때로 되돌리려고 하는 정치인, 자신의 역할이 살아 있는 문화를 돌보는 것이 아니라 지금의 문화가 절대 변하지 않도록 지키는 것이라고 믿는 공동체 지도자 등이 그렇다.

그러나 향수는 오랫동안 유지될 수 없다. 다시 필름을 돌려볼 때마다 화질은 떨어지고, 마법은 희미해진다. 애초에 우리가 향수를 갖는 이유는 어떤 시기에 어떤 사람이 독창적인 무언가를 창조했거나 생생한 무언가를 경험했기 때문이다. 만약 우리가 새로운 것을 창조하고 경험하는 일을 멈춘다면, 언젠가는 애정을 담아 돌아볼 것이 하나도 남지 않게 될 것이다. 독창적인 경험을 소지하기만 하다가는 언젠가 결국 감정이 바닥나고 새로운 독창성의 불꽃이 필요해질 것이다.

더 나쁜 것은 향수가 종종 오늘날의 공동체가 지닌 문제를 숨기는 데에 사용된다는 것이다. 실패하는 정치인들이 소위 '황금기'에 대한 향수를 자극하려고 노력하는 이유는 현재로부터 국민의 주의를 돌리는 데에 매우 유용하기 때문이다. 향수에만 빠져있는 것은 녹슨 현재에 눈을 감고 있는 것과 같다. 그래서 지금 현재 전념하고 있는 사람들은 향수를 덜 탐닉하는 경향이 나타난다.

살아 있는 헌신, 지금 현재의 헌신에 뿌리를 내릴 때 진정한 의미가 있다. 물론 미래를 위해 보존하고 싶은 과거의 보물을 계승할 수도 있다. 그러나 그것들을 돌보는 일에는 새로운 환경에 새로운 방식으로 대응하고, 우리 고유의 독창적인 경험과 아이디어를 가져오는 것도 포함된다. 살아 있는 헌신은 불을 돌보는 것과 같지만, 향수는 꺼져가는 불씨를 둘러싸고 모이는 것과 같다. 지금 당장은 따뜻할지 몰라도 오래가지는 않을 것이다.

현대의 정체성 위기에서 나온 경향 중에서도 가장 위험한 것은 아마도 홍수가 휩쓸고 지나간 후에 남은 정체성의 파편을 가지고, 그것과 지나치게 거대한 관계를 갖는 것이 아닐까 한다. 그것이 우상이 되며, 그에 대한 내 마음을 극적인 방법으로 드러내야 한다고 느낀다.

과도한 애국주의가 대표적인 예다. 그들은 국가를 위해 실질적으로 투쟁하거나, 국가의 시민 생활에 적극적으로 참여하는 사람들이 아니다. 모든 것을 국기로 두르고 다니면서 모르는 사람이 봐도 그의 국적을 알게 하는 사람들이다. 그보다는 좀 낫지만, 과도한 팬덤도 마찬가지다. 우연히 어떤 연예인이 내게 잠깐 말을 걸었는데 거기에 너무 감동해서 그날 이후로 그 사람이 내 정체성의 큰 부분을 차지한다. 연예인의 스캔들에 사람들이 격분하는 이유가 여기에 있다고 케스퍼 테 카일은 설명했다. 내가 우상으로 삼았던 사람이 내 기대와 다르다는 사실을 알았을 때 우리는 정체성이 비틀리는 경험을 하기 때문이다.

어딘가에 뿌리를 내린 것 같은 느낌을 얻기 위해 정체성의 파편을 찾아 부풀리는 현상은 온라인상에 작은 산업을 낳았다. 생존주의, 베이퍼웨이브(80~90년대의 향수를 기반으로 재현하고 편집하는 전자음악 장르_역주), 가톨릭 사회주의, 임비^{YIMBY}(Yes In My Back Yard의 약자로 동네의 시설 유치를 동의하는 것_역주), 효율적인 이타주의, 미니멀리즘 등 소셜 미디어를 통해 조성된 수천 가지 하위문화 중 하나를 자신의 세부 정체성으로 삼고 그 안으로 점점 더 깊이 빠져들었다. 트위터와 레딧 게시판의 급증도 이에 일조했다.

점점 의미가 사라지는 문화에서 의미의 파편을 찾는 것은 북극의 불모지에서 작은 불을 찾는 것과 같다. 사람들은 언제나 그 옆에서 몸을 웅크리고 있길 원한다. 하위문화 내의 싸움이 치열할 때가 많은 이유도 여기에 있다. 불은 작지만, 거기에 모여든 사람들의 정체성에서는 너무나도 큰 부분을 차지하고 있기 때문이다.

하위문화 대부분은 최선의 경우 유쾌하고, 최악의 경우에도 해는 없다. 하위문화의 정체성에 실질적인 헌신과 공동체가 더해지면, 그러한 열정은 오히려 동아리 회의, 토너먼트, 축하, 교육, 상호 도움, 정치적 지지 등의 건강한 기능에 활용될 때가 많다. 이는 정상적인 시민 생활을 구성한다. 문화의 장기적인 생존력을 보존하는 데에 관심을 두는 지도자들은 대개 문화 내에서 극단주의를 감시하고, 단체의 에너지를 생산적인 목적으로 다시 돌리기 위해 노력한다.

그러나 하위문화의 정체성을 숭배하면서 공동체를 위한 장기적인 헌신이 부족하면 위험한 결과가 초래된다. 몇몇 사람들은 크고,

빠르고, 극적인 방법으로 하위문화 내에서 지위를 얻으려고 노력한다. 미국 내의 테러리스트들이 정확히 이러하다. 그들은 자신의 정체성과 연결되어 있다고 느끼지만, 실제 공동체와는 단절되고 소외되어 있다. 1940년 조지 오웰George Owell이 히틀러의 『나의 투쟁Mein Kampf』을 읽고 쓴 것처럼, 히틀러의 추종자들을 움직인 것은 부와 권력과 안락함이 아닌, 의미의 약속이었다.

"사회주의 그리고 심지어 자본주의도... 사람들에게 '좋은 시간'을 약속했지만, 히틀러는 '투쟁과 위험과 죽음'을 약속했다. 그 결과, 국가 전체가 그의 발아래에 몸을 내던졌다."

의미가 점점 희미해지는 세상에서 의미를 찾고자 할 때, 헌신이 길고 힘든 길이라면, 종말은 빠르고 쉬운 길이다. 그리고 전자에 진입하는 길이 극히 드물고 저 멀리 떨어져 있다면, 더 많은 사람이 후자를 택하여 결국에는 모두를 해치는 것을 볼 수 있을 것이다.

이것이 바로 홍수가 휩쓸고 지나간 후의 모습이다. 우리가 의미를 만들어온 많은 것들이 액체 근대 속으로 사라졌다. 어떤 이들은 마치 홍수가 일어난 적이 없는 것처럼 굴며 이전 시대를 향한 향수에 탐닉한다. 다른 이들은 이전에 살았던 집의 얼마 남지 않은 잔해를 붙잡고 산다. 상반되는 상징과 의미와 신화와 전통이 뒤범벅된 혼돈 속에서 우리는 마냥 혼란스러울 뿐이다. 여기서 무엇을 해야 하는지 또는 어디로 가야 하는지 아무도 정확히 알지 못한다. 그러나 그동안에도 시간은 간다. 어쩔 줄 몰라 발을 동동 구르는 동안, 심각한 위기들이 곪아가고 있다. 헌신하고 전념하는 능력은 단지 개인적인 문제가 아니라, 우리 모두에게 이마어마한 영향력을 미친다. 파괴와 무관심, 유기와 부패, 혼란과 외로움. 이것들은 전부 선택지 열어두기 문화의 결실이다.

벗어나기

그러나 이 사회를 지배하고 있는 문화에 맞서 저항할 마음을 먹었다면 당신은 혼자가 아니다. 당신의 선택은 단지 선택지 열어두기 문화를 거부하는 것이 아니라, 전념하기 반문화에 합류하는 것이기도 하다.

반문화에 합류한다는 것은 선택지 열어두기 문화의 가치와 결과를 뒤집기 위해 노력한 영웅과 덕목과 의미의 세계에 들어서는 것이다. 반문화는 다른 유형의 경제를 지지한다. 그것은 특정한 것들을 소중히 여긴다. 특정한 거리와 공원, 작고 오래된 술집, 우체국 동호회, 시냇물이 흐르는 작은 땅과 사랑에 빠진다. 반문화에 속한 사람들이 가게를 하면 그들은 특정한 손님, 특정한 근로자, 특정한 동네에 애정과 정성을 쏟는다. 공동체와 의견이 일치하지 않을 때는 등을 돌리고 나가는 것이 아니라, 자신의 목소리를 높이는 쪽을 택한다. 그들에게 "돈 때문에 하는 일인가요?"라고 물으면, 대부분은 그냥 웃고 말 것이다.

반문화는 다른 유형의 도덕을 지지한다. 반문화의 구성원들은 무관심하기를 거부한다. 명예의 문화를 조성하고 돌보며, 좋은 일을 축하하고 나쁜 일을 비판한다. 모범이 될 만한 사람들을 내세우고 인정해 주지만, 그것이 성취인 동시에 무거운 책임이 주어지는 자리라는 사실을 잘 이해한다.

반문화가 지지하는 교육 또한 다르다. 반문화에 속한 사람들에게 교육이란 단지 개인적인 기술과 재능을 얻는 것이 아니라, 관계를 형성하고 돈독하게 하는 것이다. 학생들은 미래에 직면할 기술적인 도전뿐만 아니라 도덕적인 도전에도 대비한다. 단순히 자신의 분야를 통달하는 것이 목표가 아니라, 능숙함의 공동체 안에 속하는 것을 목표로 한다. 시인 마지 피어시^{Marge Piercy}가 쓴 것처럼 "내가 잘할 수 있고, 또 그럴만한 가치가 있는 일은 내게 충족감을 주며, 명확하고 분명한 형태를 가진다."라는 사실을 반문화의 사람들은 정확히 이해하고 있다.

전념하기 반문화는 특정한 것들을 중시하는 경제, 명예를 중시하는 도덕, 애착을 중시하는 교육을 지지한다. 그러나 전념하기의 영웅이 전부 같은 전통에서 온 것은 아니다. 우리를 과거로 끌고 가려는 아르카디안이나 미래의 이상적인 시간과 장소로 넘어가려는 유토피안과 달리, 나는 여기서 어떤 특정한 종교나 신념, 대의를 팔려는 것이 아니다. 전념하기 반문화 속에서 나타나는 헌신의 형태는 제각각이다 못해 때로는 별나기까지 하다. 물론 특정 영웅들은 특정한 종교, 신념, 대의를 전달하고 싶어 할 수도 있다. 그들의 기술이 최고라거나, 그들의 신념이 정의롭다거나, 그들이 믿는 신이 진리라고 생각할 수도 있다. 또한, 그들이 스스로 전념하기 반문화에 속해 있다는 사실을 자각하고 있지 않을 수도 있다. 어쩌면 본인은 이슬람이나 기독교, 조지아나 시카고, 사회주의, 앤더슨 가문, 럭비, 컨트리 뮤직, 해양학 분야에 속한 사람이라고 생각할지도 모른다. 내가

'헌신'이라는 추상적인 주제로 수많은 전념하기의 영웅들을 만나서 이야기를 나눌 때, 그들 대부분은 헌신 그 자체보다는 자기가 한 헌신의 내용을 이야기할 뿐이었다. 대부분은 자기 자신이 헌신했다는 것을, 전념하기 반문화에 합류했다는 것을 자각하지 못하고 있었다. 누군가를 '전념하는 사람'이라고 부르려는 시도가 모순적인 이유다.

그러나 여기서 제시하려는 가장 근본적인 질문은 바로 이것이다. 우리 사회의 기본적인 구조가 어떤 모습이기를 원하는가? 각 개인이 소수와 약한 결합을 맺으며 자유로운 원자처럼 떠다니는 액체 근대의 구조를 원하는가? 아니면 모든 원자가 엄격하게 배열되어야 하는, 어떤 반동적인 또는 종말론적인 추종을 원하는가? 아니면 유기적인 결합을 조성하고 발전시킴으로써 고체 인간들이 사는 고체 사회가 될 수 있도록 세계를 고무시키고자 하는가? 선택지 열어두기 문화와 전념하기 반문화 사이에서 일어나는 갈등에 얽힌 근본적인 이해관계는 바로 이러한 질문을 낳는다.

갈등 해소

온 마음을 담은 헌신은 무한 탐색 모드가 주는 즐거움과 고통 간의 갈등을 해소한다. 융통성은 원하지만, 결정 마비는 원하지 않는다면, 전념해야 한다. 전념하기를 선택하는 것은 절대 쉽지 않다. 그러나 대담하게 결정하고 나면, 이후의 선택들은 훨씬 쉬워진다. 원칙과 목표와 경험칙을 얻음으로써 미래의 분기점에서 길을 찾을 때마다 참고할 수 있는 지도가 생긴 것과 다름없기 때문이다. 가령 매달 첫 번째 수요일에 독서 모임에 가기로 했다면, 매달 첫째 주 수요일마다 무엇을 할지 정하기가 쉬워진다. 새로운 도시에서 이웃과의 관계를 돈독히 하면, 다음 해에 같은 도시에서 계속 살 것인지 좀 더 쉽게 결정할 수 있다. 입사할 때 맹세한 서약서를 진지하게 받아들이면 뇌물을 받을지 말지 결정하기가 쉽다.

그래서 전념하는 삶은 편안하다. 일상에서 많은 의지력을 행사할 필요가 없기 때문이다. 지도 없이 길을 가다가 갈림길을 만나면, 즉 삶에 지침이 없으면 그때마다 매번 내가 무엇을 원하는지, 무엇을 할 것인지, 어떤 사람이 될 것인지 결정해야 한다. 그러나 전념하기는 좀 더 중요한 의사결정을 위해 평소에 에너지를 아껴준다. 그리고 전념하는 사람들은 자신의 개인적인 행동이 남들에게 어떻게 비칠지 별로 걱정하지 않는다. 그저 헌신의 지침에 따르기만 하면 되기 때문이다. 술에 취하지 않기로 했기 때문에 파티에서도 술을 마시지 않는다. 학교에 간 조카를 데리러 가야 하므로 퇴근하자마자 집으로 향한다. 조합의 일원이기 때문에 피켓 라인을 넘지 않는다.

가짜 자아에서 벗어나고 싶지만, 아노미 속에서 길을 잃고 싶진 않을 때도 전념하기가 도움이 된다. 무언가에 헌신하기로 **선택하는** 행위가 그 헌신을 좀 더 진짜로 만들어주기 때문이다. 독일어로 '진위'를 뜻하는 Eigentlichkeit(본래성)은 대략 '소유하는 것' 또는 '내 것이 되는 것'으로 번역할 수 있다. 헌신을 진정한 것으로 느끼려면 그것이 계속해서 내 것처럼 느껴져야 한다. 전념하기의 길을 가다 보면, 어떤 순간에는 내가 원치 않는 일을 해야 할 때도 있다. 그러나 헌신이 살아 있다면, 즉 내가 처음 헌신하기로 마음먹은 계기가 됐던 불꽃이 여전히 살아 있다면, 그러한 의무조차도 여전히 진정한 것으로 느껴질 수 있다.

오늘 저녁 회의에 가고 싶지 않더라도 그 대의를 향한 불꽃이 여전히 살아 있으므로 참석한다. 오늘은 친구의 문제에 신경 쓰고 싶지 않더라도 친구를 사랑하기 때문에 관여한다. 공동체가 동의한 절차에 따르고 싶지 않더라도 모든 사람이 단결하는 것이 중요하다고 느끼기 때문에 따른다. 이러한 것들이 가능한 이유는 진정한 의미의 헌신이 힘을 발휘했기 때문이다. 물론 가끔은 불꽃이 약해지거나 유기적 결합이 약간 시들 때도 있다. 그러나 여전히 헌신이 내 것으로 느껴진다면, 그 관계는 계속 유지될 수 있다.

그리고 헌신한다고 해서 우리가 계속해서 우리의 욕망을 억눌러야 하는 것은 아니다. 전념하기의 영웅들 대부분은 자신의 일상이 희생과 금욕으로 이루어져 있다고 느끼지 않았다. 왜일까? 헌신이 욕망 자체를 바꿔놓기 때문이다. 헌신은 존경할 수 있는 권위자, 우리 자신을 볼 수 있는 신화, 목소리를 낼 수 있는 공동체를 제공함으로써 우리의 세계를 조직한다. 회의에 참여하고, 친구들의 문제를 처리하고, 공동체의 절차를 따르는 것을 좋아하게 되는 법을 배운다. 내 정체성이 그러한 것들을 하는 데에 열중하도록 자연스럽게 변하기 때문이다. 그러한 짐을 받아들이겠다고 결연히 선택함으로써, 짐은 내 것이 된다. 그러면 그것들은 더는 짐처럼 느껴지지 않는다.

또한, 우리는 새로움을 원하면서도, 그에 동반하는 피상적인 삶은 원치 않는다. 여기서도 전념하기가 답이 된다. 깊이 전념하다 보면, 깊이가 주는 새로움을 알게 되기 때문이다. 그리고 깊이가 주는 새로움은 피상적인 새로움보다 훨씬 더 달콤하다. 그러한 새로움은 길고 오랜 노력으로만 찾을 수 있다. 마침내 마라톤 완주에 성공했을 때, 마침내 완벽한 크루아상을 굽는 법을 통달했을 때, 마침내 가까운 친구를 이해하게 됐을 때. 이럴 때 느낄 수 있는 새로움보다 더 새로운 것이 어디 있겠는가?

깊이 전념하는 것은 우리에게 새로운 세상을 열어준다. 깊이 파고들지 않았다면 절대 얻지 못했을 기회를 가져다준다. 만약 내가 어떤 분야의 전문가가 되거나, 어떤 기술을 통달하거나, 어떤 단체에서 신뢰받는 사람이 된다면, 나는 이전보다 훨씬 흥미로운 세계에 들어설 수 있다. 오랜 친구들은 나를 모험으로 데려간다. 아이들을 키우거나, 연애를 하는 과정에서 느끼는 새로움은 말할 것도 없다. 깊이는 궁극적인 새로움이다.

전념하기 반문화는 또한 사회적 과제를 해결하는 데에도 몹시 유용하다. 현시대가 지닌 중요한 과제들과 씨름하고자 할 때, 가장 큰 장애물 중 하나는 그것들과 싸우는 일에 진지하게 헌신하는 사람이 부족하다는 것이다. 일회성의 용 사냥꾼들은 넘쳐나는데, 특정 지역, 기관, 공동체, 기술, 대의를 되살리기 위해 10년이고, 20년이고 싸울 준비가 된 전념하기의 영웅들은 부족하다. 무언가를 위해 죽을 각오가 된 사람들은 있는데, 그것들을 위해 살아갈 각오까지 한 사람들은 찾아보기 어렵다.

그러나 전념하기 반문화는 이러한 사람들을 만들어낸다. 특정 분야를 오랫동안 깊이 파고드는 것은 우리가 공유하는 세계 전체에 헌신하는 것과 같다. 오늘날의 공공 생활은 혼란과 복잡함과 불확실성으로 가득 차 있다. 그러나 더디지만 꾸준한 노력을 통해, 전념하기의 영웅들은 세계의 한 부분에 형태를 부여한다. 혼란스러운 세상에 스스로 뛰어들어 어떤 합리적인 결과를 끌어내기 전까지 절대 떠나지 않음으로써 세상의 문제를 직면한다. 그다음에 그들은 한 걸음 더 나아간다. 이해를 행동으로, 아이디어를 프로젝트로 바꾼다. 현재의 한 조각에서 통찰력을 찾고, 그것으로 미래의 한 조각을 구축하는 것은 마치 기적처럼 보인다. 그러나 약간의 노력을 꾸준히 유지하기만 하면 우리도 얼마든지 할 수 있다. 헌신하는 사람들이 늘 그래왔던 것처럼 말이다.

토머스 칼라일Thomas Carlyle의 표현을 빌리면, 민주주의는 "영웅들의 세계"를 요구한다. 민주주의를 뒷받침하는 최고의 논리 중 하나는 적은 수의 지도자들이 다루기에 세상이 너무 크고 넓다는 것이다. 불확실성과 복잡함을 직면할 때 국가는 수백만 가지의 광범위한 실험을 설정할 수 있다. 다양한 수준에서 다양한 도전에 대응할 수 있을 만큼 많은 사람이 헌신하고 자율을 얻으면, 세계를 관리할 청사진이 필요 없다. 사람들 스스로 우리가 직면하는 다양한 요구와 과제에 대응할 수 있는 활발한 유기체가 된다. 그러나 그렇게 되려면 우리 모두 자신이 맡은 역할을 다해야 한다. 그리고 그러려면 전념해야 한다.

어떤 이들에게는 공공 생활과 같이 위대한 작업이 전념하고 기리는 것이라는 사실이 실망스러울 수도 있다. 그러나 오랫동안 어떤 일을 하겠다고 선언함으로써 내 상상력은 자유로워진다. 짧은 시간 내에 완성할 수 있는 프로젝트에만 초점을 맞추면 도전할 수 있는

Ⅲ. 액체 세계 속 고체 인간

프로젝트가 제한적이다. 그러나 꾸준히 오랫동안 나아가기로 한다면, 우리는 훨씬 더 거대한 비전을 품을 수 있다. 그것을 현실로 만들 수 있는 시간과 인내심이 있다는 사실을 알기 때문이다. 역사에 변화를 가져온 인물 대부분이 꾸준히 전념하는 사람들이었다는 사실은 단순한 우연이 아니다.

다시 숲 만들기

앞에서 홍수 이야기를 했었다. 유기적인 공동체는 오랜 시간에 걸쳐 다양한 장소에서 성장했다. 그러나 근대에 들어 바우만이 '고체 근대'라고 불렀던 상당수가 뿌리째 뽑히고 합리화됐다. 우리는 최근 수십 년 동안 오래된 유기적 공동체들이 근절되고, 그것을 대체한 근대적 구조가 해체, 붕괴, 부패에 시달리는 모습을 봐왔다. 우리 중 많은 이가 상실감에 빠졌다. 신화와 전통과 의식을 지닌 기존 공동체에서 단절됐으나, 그것들을 대신해서 신뢰할 수 있는 새로운 구조는 제공되지 않았다. 어쩔 수 없이 우리는 티끌만큼 남은 의미의 파편들을 붙잡고 지나치게 숭배하거나, 아니면 의미 찾기를 완전히 포기하고 액체 근대의 파도를 탄 채 이리저리 떠다니는 데에 안주한다.

그러나 반문화는 홍수가 휩쓸고 간 빈터를 다시 가꾸기 시작한다. 새로운 관계를 심고 키운다. 시간이 흐름에 따라 하나씩 헌신하면서, 하나씩 씨를 뿌리면서, 아주 천천히 새로운 뿌리를 내린다. 전념하기 반문화는 다시 숲을 만드는 프로젝트다.

1953년 장 지오노Jean Giono가 쓴 짧은 글『나무를 심은 사람The Man Who Planted Trees』에서, 그는 공기가 건조하고, 바람이 매섭고, 풀이 거칠고, 이웃 간에 경쟁의식이 가득한 작은 프랑스 마을 이야기를 담았다. 주인공 엘제아르 부피에는 더는 가만히 있어서는 안 되겠다고 생각했다. 그래서 어느 날부터 철로 된 막대를 들고 황량한 땅으로 나가 그 땅에 한 줄로 구멍을 내기 시작했다. 그리고 구멍마다 도토리를 하나씩 심었다. 3년이 흐르는 동안 그는 매일 같은 일을 반복했고, 마침내 100,000개의 도토리를 심었다. 그중 20,000개가 싹을 틔웠다. 부피에는 "그 단순한 작업을 결연하게 밀어붙이면서" 매일같이 도토리를 돌보았다.

마침내 10,000그루의 떡갈나무가 사람 키보다 더 크게 자라났다. 그리고 갑자기 "그의 창조가 일종의 연쇄 반응을 가져온 것 같았다." 한때 말라붙었던 개울에 물이 흐르기 시작했다. 바람이 씨앗을 널리 퍼뜨렸고, 전혀 생각지 못한 곳에서도 나무가 자라기 시작했다. "버드나무, 골풀, 목초지, 정원, 꽃 그리고 어떤 목적"이 되살아나 나타났다. 근처 마을은 "소풍의 즐거움과 웃음을 회복한 사람들"로 금세 가득 찼다. 이와 같은 변화는 매우 더디게 일어나서, 어느 날 갑자기 "우리 마을이 왜 이렇게 됐지?" 하고 깜짝 놀란 사람은 아무도 없었다. 과거를 회상했을 때만 변화의 놀라움을 알아차릴 수 있었다. 그리고 이러한 변화는 전부 "한 남자가 자신의 몸과 도덕적 자원만 가지고 버려진 땅에서 가나안의 땅이 솟아 나오게 했기 때문이다."

폴란드 연대 운동의 첫 번째 사제인 요제프 티슈너Józef Tischner 신

III. 액체 세계 속 고체 인간

부도 변화에 대해 이야기하며 나무 심기에 빗대었다.

"어떤 사람이 나무를 심었다. 하나, 둘, 셋, 그렇게 꾸준히 많은 나무를 심었다. 그리고 그 나무가 어느덧 숲을 이루었다."

일단 숲을 이루고 나면 그것은 "우리 발아래의 땅"과 같아서 쉽게 무시할 수가 없다. 티슈너는 변화가 언제나 위대한 전투를 뜻하는 것이 아니라고 설명했다. 변화는 마치 나무가 숲을 이루듯이 천천히 존재감을 키워나가며, 마침내 변화가 숲이 되고 나면 "힘을 가진 자들도 그것을 외면할 수가 없다." 이처럼 숲은 "점점 더 큰 숲이 됨"으로써 적과 싸운다.

숲을 함께 결속시키는 힘은 무엇인가? 티슈너의 관점에 따르면 그것은 **충성심**fidelity, 즉 모든 사람이 서로와의 관계에 헌신하는 것이다. 어떤 시민단체의 구성원들이 미래가 희망적이라고 말할 때는 대의에 참여하는 모든 이가 앞으로도 지금처럼 계속 헌신할 것임을 신뢰한다는 뜻이다. 티슈너는 이렇게 말했다.

"내 희망의 자원과 힘과 빛은 내 희망을 함께 떠맡은 사람입니다."

"내가 너를 신뢰한다."라는 말은 "네게 내 희망을 맡긴다."라고 말하는 것과 같다.

전념하기 반문화는 흙을 일구고, 씨를 심고, 작은 숲을 키우는 것과 같다. 그리고 그렇게 함으로써 희망을 만든다. 그들의 헌신은 단지 사회를 바꾸는 것이 아니라 자기 자신까지 바꾼다. 이러한 과정을 통해 그들은 현시대가 겪고 있는 정체성 위기에서 벗어날 출구를 제시한다.

어떤 이들은 우리의 뿌리 뽑힘이 영구적이며, 선조와의 연결고리가 전부 홍수에 휩쓸려 사라진 이상, 우리가 뿌리를 내릴 수 있는 것은 아무것도 남지 않았다고 말한다. 그러나 이러한 비관주의자들이 인지하지 못한 것은 우리의 뿌리를 과거에서만 찾을 수 있는 것이 아니라는 점이다. 우리는 선조에게만 뿌리를 내리는 것이 아니라, 후손에게도 뿌리를 내릴 수 있다. 즉, 우리의 뿌리는 미래에도 놓일 수 있다. 헌신할 때 우리는 미래와 가까워지며, 우리의 헌신이 보살피는 후손에게도 가까워진다. 우리가 한 일의 열매를 맛볼 후손들을 소환한다. 과거가 전부 휩쓸려 나가서 더는 과거를 위해 살 수 없다면, 미래를 위해 살면 된다. 미래에 뿌리를 내리면 된다.

앞서 나는 'dedicate(헌신하다)'라는 단어에 '무언가를 신성하게 하다'와 '오랫동안 무언가에 전념하다' 이렇게 두 가지 뜻이 있다고 설명했다. 헌신함으로써 우리는 몇몇 특별한 순간을 신성하게 한다. 그리고 그 헌신을 유지함으로써 수없이 많은 평범한 순간까지도 신성하게 할 수 있다.

전념하는 사람들에게서 나는 신성함을 추구하는 것이 얼마나 큰 기쁨인지를 목격했다. 오랫동안 헌신한 노인들의 눈에서 그러한 기쁨을 볼 수 있었다. 그것은 시인 잭 길버트Jack Gilbert가 말한 것처럼 "꾸준하고 맑은, 많은 나날의 아름다움... 오랜 업적의 평범한 탁월함"을 경험한 눈이었다.

14장 | 초대

"좋아요! 나도 도와도 될까요?"

1986년, 물리치료사이자 두 아이의 싱글 맘인 카렌 워싱턴은 할렘에서 브롱크스로 이사했다. 이전에는 매번 세입자로 살았었기에 자신의 새 벽돌집을 볼 때마다 그녀는 마침내 자신도 아메리칸 드림을 이룬 것처럼 느껴졌다.

딱 하나 문제가 있다면, 카렌의 새집 건너편에 쓰레기로 가득한 공터가 있다는 것이었다. 시에서는 거기에 새로운 집이 들어설 것이라고 해명했지만, 몇 달이 가고 몇 년이 가도 공사 인부는 코빼기도 보이지 않았다.

"아메리칸 드림이 아메리칸 악몽으로 변하는 것 같았죠."

매일 아침 부엌 창문으로 쓰레기 더미를 보느라 뭣 하러 브롱크스로 이사 왔는지 회의가 들 지경이었다.

"내게 그것은 엄청난 절망이자 분노였어요."

그러나 1988년 어느 날, 카렌은 부엌 창문으로 평소와 무언가 다른 장면을 보았다. 그녀의 이웃 중 한 사람인 조스 루고가 삽을 들고 공터에 서 있었다.

"내 눈이 크리스마스트리처럼 빛났어요."

그녀는 그 즉시 길을 건너가서 조스에게 무엇을 하고 있는지 물었다. 그는 쓰레기를 치우고 여기에 공동 정원을 만들까 한다고 대답했다. 그녀는 기뻐서 소리쳤다.

"좋아요! 나도 도와도 될까요?"

먼저 카렌과 조스는 같이 할 사람들을 모으기 시작했다. 그리고 매일매일 쓰레기를 치웠다. 마침내 공터가 깨끗하게 정리되자 그들은 정원을 가꾸기 시작했다. 처음에 카렌은 정원 가꾸기에 문외한이었다. 그녀가 아는 것이라고는 땅에 씨를 뿌리고 물을 주면 된다는 것뿐이었다. 그래서 그녀는 그렇게 했다. 공터는 금세 옥수수, 호박, 케일, 콜라드 그린, 멜론, 깍지콩 등으로 가득 찼다. 그들의 노력은 크게 성공해서 1년 후에는 인근 주민들이 그곳을 공식적인 공동 정원으로 지정해달라고 시에 요청할 정도였다. 정원 앞에는 〈행복의 정원〉이라는 푯말이 세워졌다.

정원에서 시간을 보내면서 카렌은 점점 더 많은 이웃과 가까워졌다. 그러면서 사람들이 어떠한 공공 문제로 힘들어하고 있는지도 알게 됐다.

Ⅲ. 액체 세계 속 고체 인간

"정원에 있으면서 이웃들이 '우리 집은 난방이 안 돼.', '우리는 따뜻한 물이 안 나와.', '집이 너무 비싸서 살 수가 없어.', '아이들을 곧 학교에 보내야 하는데 한 반에 40명이나 있대.' 등의 대화를 나누는 것을 들을 수 있었죠."

그래서 카렌은 행복의 정원보다 좀 더 거대한 대의에 뛰어들었다. 그녀는 다른 공동체 정원사들과 힘을 합쳐서 '푸른 가족La Familia Verde'이라는 연합을 만들었으며, 식품 정의와 기아 해결을 위한 단체의 이사회에도 들어갔다. 그리고 식품 정의 운동에서 흑인 농부와 정원사들의 목소리를 키우기 위해 '흑인 도시 농부Black Urban Growers'를 공동 창립했다.

그 과정에서 카렌은 식물을 다루는 기술을 갈고닦았다. 조스와 다른 공동체 정원사들에게 원예 비법과 요령을 배웠고, 이후 북부 뉴욕주에서 수습생으로 일하기 시작했다. 심지어 캘리포니아에 가서 자기보다 한참 어린 학생들과 유기 농법 수업을 듣기도 했다. 한때 땅에 씨를 뿌리고 물을 줘야 한다는 것 외에 아무것도 몰랐던 브롱크스의 물리치료사는 현재 북부에서 유기농 농장 '라이즈 앤 루트 농장Rise & Root Farm'을 공동으로 소유하고 있다. 이제 그녀는 전국적으로 알려진 도시 농부의 여왕이 됐다. 그럼 행복의 정원은? 카렌이 조스에게 가서 "좋아요! 나도 도와도 될까요?"라고 말한 지 30년이 지난 지금도 행복의 정원은 여전히 건강하게 유지되고 있으며, 그곳 주민들(이들 중 일부는 카렌이 씨를 심기 시작할 때 아직 세상에 태어나지도 않았다)에게 이웃과 교류할 수 있는 공동체의 장으로 기쁨을 선사하고 있다.

정원 가꾸기

앤 라모트^{Anne Lamott}는 "인류를 표현할 수 있는 두 가지 위대한 비유" 중 하나가 정원이라고 말했다("나머지 하나는 당연히 강이죠"). 그렇다면 정원 가꾸기는 헌신을 표현할 수 있는 위대한 비유임이 틀림없다. 정원을 가꿀 때 우리는 즉각적인 즐거움이 아닌, 미래에 언젠가 조성될 아름다운 풍요에 대한 희망만으로 힘들고 고된 노동을 하는 데에 헌신한다. 정원 가꾸기는 빠르고 기계적이지 않다. 느리고 유기적이다. 그리고 처음에는 연약했던 정원이 우리의 헌신을 통해 활기차고 튼튼한 생태계로 자란다. 정원을 돌보는 것은 관계와 비슷하다. 내가 무엇을 심을지는 결정할 수 있지만, 그 이후의 과정은 식물이 결정한다. 작가 마크 T. 미첼은 이렇게 말했다.

"토마토 줄기를 붙잡고 당장 열매를 내놓으라고 요구할 수는 없잖아요."

식물 고유의 특성이 중요하기 때문에 아무 데서나 아무 식물을 키울 수 없다는 점도 관계와 닮았다.

"와이오밍에서 바나나를 키울 순 없죠."

전념하기와 마찬가지로 정원 가꾸기에서도 일정 수준 이상 뿌리를 내리는 것이 중요하다. 그리고 식물은 꾸준한 보살핌이 필요하다. 내키는 대로 물을 줬다가 내버려 뒀다가 해서는 안 된다. 식물 돌보기를 잠시 쉬어야 한다면, 식물을 죽이지 않고 쉴 방법은 공동체를 형성해서 다른 사람들과 함께 정원을 돌보는 방법밖에 없다.

작가 자나 맬러무드 스미스^{Janna Malamud Smith}는 "좋은 삶이란" 정

원과 함께 또는 "정원에 상응하는 도덕"과 함께 사는 것이라고 주장했다.

"내 욕망을 붙잡아주고, 내 관심을 필요로 하고, 내 노력을 요구하는 관습을 유지할 때, 그리고 노동하고 창조하고 싶은 욕구를 충족해주는 땅 한 조각을 소유할 때 삶은 더 나아진다."

이는 "세상을 살아가는 가장 생산적이고 강인한 방법이며... 그리고 그 보상으로 당신은 흐뭇한 풍요로움을 창조한다."

그 "흐뭇한 풍요로움"이 바로 정원 가꾸기와 전념하기를 연결하는 최종 지점이다. 두 가지 모두 엄청난 기쁨의 원천이 된다는 것이다. 카렌은 자신의 삶이 얼마나 멋진지 매일 신에게 감사한다고 내게 말했다. 정원 가꾸기는 문자 그대로도, 비유적으로도 시간이 오래 걸리는 작업이다. 그러나 힘든 시간을 보낼 때는 큰 그림을 상상하며 믿음을 가져야 한다. 카렌은 이렇게 말했다.

"그 빈 터에 무언가 아름다운 변화가 일어나리라는 것을 알았거든요. 이 땅이 평생 공터로만 남지 않으리라는 것을 나는 온 마음과 영혼으로 느낄 수 있었어요. 날마다 사람들에게 아침 인사를 건네요. 나무를 보고 감사하고, 하늘을 보며 감사해요. 그냥 모든 삶이 다 감사해요!"

혼잡한 엘리베이터에서 모두가 바닥만 보며 침묵하고 있을 때, 카렌은 그 사람들의 하루를 조금이라도 색다르게 만들어주기 위해 다정하게 인사를 건넨다.

"내게는 하루하루가 명절이고 크리스마스예요. 삶에 감사하는 날이 따로 있는 것이 아니라, 하루하루가 감사한 날이죠."

행복의 정원은 단지 프로스펙트 애비뉴에만 있는 것이 아니었다. 카렌은 그녀가 가는 곳마다 꽃을 피우고 있었다.

삶의 공터

자신도 카렌과 비슷한 상황에 있다고 느끼는 사람들이 많을 것이다. 내 눈앞에 다양한 빈터가 있는 것을 발견한다. 아무도 그것을 책임지는 것 같지 않다. 시간이 지날수록 공터의 상황은 점점 나빠진다.

삶의 공터를 직면했을 때 어떤 이들은 아무것도 하지 않기로 한다. 변명이 쓰레기더미처럼 쌓인다. "난 이런 걸 해본 적이 없어서...", "아마 책임지는 다른 사람이 있을 거야.", "난 그냥 내 집에서 일어나는 일만 신경 쓸래." 등등. 또 어떤 이들은 "누가 저 공터 좀 어떻게 해봐!"라고 끊임없이 떠들기만 한다. 또는, 공동체를 떠나버리는 쪽을 택하는 사람도 있을 것이다. 언젠가는 깨끗한 이상향을 찾길 기대하며 남은 사람들이 쓰레기 더미를 알아서 처리하도록 내버려 둔 채 새로운 곳을 향해 떠난다.

받아들이거나, 버리거나, 오늘날 사람들이 고르는 선택지는 대개 이 중 하나다. 그러나 카렌 위싱턴과 같은 사람들은 세 번째 선택지를 고른다. 자기 자신이 직접 삶의 공터를 다른 무언가로 바꾸기로 한다. 그들은 공터와 관계를 형성하고, 뭔가 살아 있는 변화가 나타날 때까지 거기에 매달린다. 헌신이 보낸 초대에 "좋아요! 나도 도와도 될까요?"라고 따뜻하게 대답한다. 그리고 오랫동안 꾸준히 그 길을 간다. 그들은 삶의 공터를 받아들이거나 버리는 대신, **변화시**

켰다.

우리의 헌신은 절대 작고 사소하지 않다. 거대한 바다를 이루는 물 한 방울이 아니다. 우리의 헌신은 언젠가는 큰불이 될 수 있는 어둠 속의 불꽃이다. 조금씩 길을 뚫어서 협곡을 이룰 수 있는 개울이다. 지금은 콘크리트 틈새에 끼어있지만, 나중에는 커다란 떡갈나무로 자랄 작은 씨앗이다. 그것은 생명이다! 그리고 생명은 살아 있다. 자라고, 퍼지고, 번식하고, 그리고 가장 중요한 특징은 다른 생명을 지지한다는 점이다.

"한 번에 벽돌 하나"를 쌓고, "한 번에 한 걸음"을 걷고, "이러한 행동에 생기를 불어넣고 변화를 가져다줄 사랑이 우리 마음속에서 커지기를" 간청하는 것에 편안함을 느낄 때, 우리는 공허와 싸우는 것이라고 도로시 데이는 말했다. 윌리엄 L. 왓킨슨William L. Watkinson 목사는 "어둠을 저주하기보다 촛불 하나를 밝히는 것이 훨씬 낫다."라고 설교했다. 웬들 베리는 "달의 어둠 속에서, 흩날리는 눈 속에서, 겨울의 황량함 속에서 전쟁이 퍼지고, 가족들이 죽어가고, 세계가 위험에 처할 때" 우리가 할 수 있는 최선은 "험난한 산비탈을 걸으며 클로버 씨앗을 뿌리는 것"이라고 생각했다. 메마른 세계에서 한 조각의 생명은 결코 작은 것이 아니다. 그것은 전부다. 그리고 만약 우리의 헌신 덕분에 한때는 텅 비었던 대지에 생명이 싹틔울 수 있다면, 그것만으로도 우리는 크나큰 승리를 거둔 셈이다. 생동감 넘치는 미래가 이미 현재에 살아 숨 쉬는 것이다.

카렌처럼 삶의 공터를 생명으로 가득한 정원으로 탈바꿈하자는 초대에 대답하기로 한 사람들은 세계 곳곳에 존재한다. 지역에, 대의에, 기술에, 사람에 하나씩, 천천히, 꾸준히 헌신하면서 그들은 세계에 다시 생명을 불어넣고 있다.

이제는 우리가 그 초대에 응할 차례다.

그러니 무엇을 더 기다리는가? 와서 모종삽을 들어라!

Influences

영향을 준 글

무한 탐색 모드, 전념하기 반문화, 헌신의 의미를 이해하기 위한 내 여정은 헌신적인 사상가들의 도움을 수없이 받았다. 이 주제에 대해 좀 더 읽어보고 싶은 마음이 든다면, 아래에 내가 영향을 받은 글을 소개하니 참고하길 바란다.

이 책에 가장 큰 영향을 준 것은 폴란드 사회학자 지그문트 바우만의 거장다운 작품,『액체 근대』이다. 바우만의 글은 근대 사회의 복잡한 개념을 깊고 단순한 이미지로 설명한다.

한편, 무한 탐색 모드에 갇힌 현대인의 직접적이고 심리적인 경험을 가장 잘 설명한 작품은 배리 슈워츠의『선택의 역설』이다. 이 책에 따르면 많은 선택지를 갖는 것이 더 행복한 것은 일정 시점까지일 뿐이며, 그 이후로는 선택이 오히려 우리를 압제한다고 지적했다.

19세기 후반의 훌륭한 두 사상가 에밀 뒤르켐과 윌리엄 제임스의 작품은 목적의식이 부족한 헌신과 공동체에서 파생된 무기력을 설명한다. 제임스와 그의 동료 실용주의자 존 듀이 같은 학자들은 때때로 우리가 무엇이 옳은지 완전히 알기도 전에 헌신에 뛰어들어야 한다는 내 생각에 크게 영향을 주었다.

내 주장의 상당 부분을 뒷받침하는 것은 지적 그리고 문화적 역사에 관한 이야기다. 이는 해체의 위기 속에서 의미의 무리가 무너지고 반복적으로 재배열되면서, 마치 자신이 직접 개인적인 신화의 큐레이터인 것처럼 각 개인이 홀로 혼돈 속을 헤쳐나가게 되었음을 보여준다. 이러한 역사를 이해하는 과정에는 로마노 구아르디니Romano Guardini, 찰스 테일러, 앨러스터 매킨타이어가 근대세속주의와 개인주의의 의미에 관해 쓴 글이 도움이 됐으며, 다니엘 T. 로저스Daniel T. Rodgers의 『균열의 시대Age of Fracture』와 다니엘 벨의 『자본주의의 문화적 모순The Cultural Contradictions of Capitalism』 역시 유용했다.

미국의 위대한 전념하기의 영웅 중에는 흑인 민권 운동에 참여한 사람들이 많았다. 이와 관련된 역사를 이해하는 데에는 데이비드 W. 블라이트David W. Blight의 『프레더릭 더글러스: 자유의 선지자Frederic Douglass: Prophet of Freedom』, 아메리칸 익스피어리언스American Experience 의 『노예제 폐지론자The Abolitionists』, 알리사 바티스토니Alyssa Battistoni가 『n+1』에 쓴 수필 '기초 작업Spadework', 인종 간 평등을 위해 싸운 아이다 B. 웰스의 작업, 마틴 루서 킹 주니어의 책들(특히 몽고메리 버스 보이콧 사건에 대한 킹의 기억을 담은 『자유를 향한 발걸음』)이 내게 큰 도움이 됐다.

지역 애국주의, 공동체 건립, 연대에 대한 이해는 켄터키의 농부이자 선지자인 웬들 베리의 수필, 철학자 리처드 로티의 『우리 조국 성취하기Achieving Our Country』, 온라인 공동체 '유대의 전당Solidarity Hall', 뉴욕 작가 빌 카우프만의 지역주의자 선언『미국이여, 고향을 보라Look Homeward, America』의 도움을 받았다. 내게 '가톨릭 일꾼'의 창립자 도로시 데이를 처음 소개해준 것도 카우프만의 책이었다. 도로시 데이는 바로 가까이에 있는 사람들에게 헌신했던 가장 위대한 사람이자 작가일 것이다.(지역적 헌신을 펼쳤다고 해서 국가적, 국제적 대의를 둘러싼 노력까지 멈춘 것은 아니라는 점을 짚고 가야겠다.) 관리인 정신에 대한 마크 T. 미첼의 글과 '소집'에 대한 제프리 빌브로의 글 역시 내게 영감을 주었다. 이 둘은『프론트 포치 리퍼블릭Front Porch Republic』이라는 다소 반문화적인 잡지의 키를 잡았다.

어쩌면 예수회의 영성이 이 책의 상당 부분에 얽혀있는 것을 알아차린 독자가 있을지도 모르겠다. 세 명의 예수회 성직자, 제임스 F. 키넌 신부, 제임스 마틴 신부, 브라이언 맥더모트 신부는 내가 이 주제를 이해하는 데에 큰 가르침을 주었다. 키넌의『도덕적 지혜: 가톨릭 전통으로 배우는 가르침과 글Moral Wisdom: Lessons and Texts from the Catholic Tradition』과『자비가 하는 일: 가톨릭 신앙의 심장Works of Mercy: The Heart of Catholicism』, 마틴의『(거의) 모든 것에 대한 예수회의 지침The Jesuit Guide to (Almost) Everything』 모두 읽기 좋은 책이다.

진짜 자아를 다룬 부분은 가톨릭 신비주의자이자 수도승인 토머스 머튼이 1962년에 '가짜 자아'에 관해 쓴 책『명상의 새로운 씨앗New Seeds of Contemplation』의 영향을 많이 받았다. 축하를 '모두가 기쁨을 만드는 일'로 본 사랑스러운 생각 역시 머튼의 에세이「축하를 위한 길거리The Street is for Celebration」에서 온 것이다. 그리고 헌신이 숲을 새로 가꾸는 과정과 같다고 설명한 부분은 요제프 티슈너의『연대의 정신The Spirit of

Solidarity』에서 큰 영향을 받았다.

이 책에서 영감을 얻어서, 나는 캠페인 조직하기, 주민운동 조직하기, 그리고 특히 노동조합 조직하기에 대해 두 가지 사실을 관찰했다. 첫째, 조직하기의 핵심은 사람들이 서로에게, 그리고 대의에 대해 오랫동안 꾸준하게 헌신할 수 있도록 격려하는 것이다. 둘째, 오래도록 지속하는 정치적 변화는 꾸준한 조직하기에서만 가능하다. 역사적으로 성공을 거둔 대의에서 왕도나 기발한 지름길 같은 것은 거의 찾아볼 수 없었다. 내가 이러한 사실을 좀 더 잘 이해하게 도와준 두 사상가는 조합 조직자이자 학자인 제인 매캘비Jane McAlevey와 펜실베이니아의 공동체 조직자 조나단 스머커이다. 특히 매캘비의『지름길은 없다: 새롭게 도금한 시대에서 권력을 조직하는 법No Shortcuts: Organizing for Power in the New Gilded Age』과 스머커의『헤게모니 하우투: 급진주의자들을 위한 로드맵Hegemony How-To: A Roadmap for Radicals』을 먼저 읽어보기를 추천한다.

돈에 대한 생각은 마이클 샌델의『돈으로 살 수 없는 것들』과 마이클 왈저가 쓴『정의의 영역Spheres of Justice』에서 영향을 많이 받았다. 루이스 하이드의『선물』과 마틴 부버Martin Buber의『나와 너I and Thou』는 시장 교환이 어떻게 특정한 사람과 공동체에 대한 헌신의 길에 개입하는지 이해하는 데에 큰 도움을 줬다. 1950년대 비평가 폴 굿맨Paul Goodman, 크리스토퍼 래시, 작가 존 메다일John Médaille은 근대 관료체제의 거대한 규모가 사회적으로 미치는 영향을 이해하도록 도와주었다. 정치학자 시다 스코치폴의『축소된 민주주의Diminished Democracy』는 미국의 시민 생활이 '회원제'에서 '관리제'로 옮겨갔다는 아이디어를 내게 소개해주었다. 그리고 제디디아 퍼디의 『공통적인 것들을 위하여For Common Things』를 읽으면서 나는 기관들이 어떻게 생태계처럼 상호 작용하는지, 그리고 기관의 쇠퇴가 어떻게 생태계 붕괴와 닮았는지를 이해할 수 있었다.

크리스 헤지스Chris Hedges의 『누가 내 생계를 위협하는가Death of the Liberal Class』는 '중립적인' 기관들로 인해 발생하는 문제를 잘 설명하고 있으며, 크리스 헤이즈Chris Hayes의 『똑똑함의 숭배Twilight of the Elites』는 근대 능력주의가 낳은 문제를 지적했다. 또한, 자크 베어바인Zach Wehrwein은 내게 관계사회학 분야를 소개해주었으며, 엘리너 덕워스Eleanor Duckworth의 『멋진 아이디어의 보유The Having of Wonderful Ideas』는 교육이 수동적인 정보 수용이 아니라 적극적인 아이디어 탐색임을 이해할 수 있도록 나를 이끌어주었다.

뿌리의 중요성, 그리고 우리의 뿌리가 과거뿐만 아니라 미래에도 놓여 있다는 생각은 다음 세 명의 학자에게 영감을 얻었다. 시몬 베유의 『뿌리의 필요성The Need for Roots』은 우리의 장소를 안정시키는 데에 있어서 뿌리의 역할을 설명한다. 그리고 『다음 시대의 미국The Next American』에서 마이클 린드는 국가란 공통의 조상을 공유하는 집단이기보다 공통의 후손을 공유하는 집단이며, 따라서 국가는 과거가 아닌 미래를 위해 산다고 재정의했다. 철학자 로베르토 웅거는 우리가 미래에 뿌리를 내릴 수도 있으며, 민주주의에서 "예언이 추억보다 더 크게 이야기한다."라는 발상을 내게 직설적으로 일깨워주었다.

웅거, 사회과학자 로버트 퍼트넘, 시민 지지자 랄프 네이더는 내게 가장 큰 영향을 미친, 전념하기의 영웅들이다. 웅거의 급진적인 실용주의(그는 "희망은 행동의 결과"이며 "민주적인 경험주의"를 신뢰한다고 주장했다)는 공공 프로젝트에 대한 헌신이 널리 퍼질수록 사회가 다시 활성화될 것이라는 내 관점에 영감을 주었다. 공동체 설립, 사회적 신뢰, 시민 정신의 중요성에 대한 퍼트넘의 기나긴 연구는 국가의 문제를 바라보는 내 관점을 바꾸어놓았으며, 헌신하는 문화가 민주주의의 전제조건이라는 생각을 심어주었다. 그리고 네이더가 공익을 위해 지치지도 않고 헌신해온 노력을 보면서 나는 추상적인 이상을 구체적인 행동으로 옮기는 것이 지극히 가능하다는 사실을 깨달았다.

마지막으로, 싱어송라이터 조 퍼그의 노래 가사가 이 책의 곳곳에서 인용된 것을 아마 눈치챘을 것이다(현명한 편집자를 만나지 못했다면, 아마 지금보다 두 배는 더 많이 등장했을 것이다). 퍼그 역시 전념하는 삶을 살았다. 4학년 가을 학기가 시작하기 전 어느 밤, 그는 학교를 자퇴하고 시카고로 가서 목수 일을 하면서, 동네 무대에서 음악적 경력을 쌓기 시작했다. 훗날 그는 이렇게 회상했다.

"어느 순간 내 인생이 그리 길지 않다는 사실을 깨달았고, 나는 내가 어디에서, 무엇을 하고 싶은지 잘 알았기에 그냥 그곳으로 향했다."

퍼그의 가사는 혼란스러운 현시대에 자신의 목적을 찾는 개인적인 여정을 그리는, 최고의 작품 중 하나다. 만약 십 년 전에 내가 퍼그의 〈Hymn #101〉을 듣지 않았다면, 아마 이 책도 세상에 나오지 못했을 것이다.

Acknowledgments

감사의 글

이 책은 수많은 사람의 친절과 배려가 있었기에 존재할 수 있었다.

이 책은 원래 졸업식 연설에서 출발했다. 그 연설이 책으로 탄생할 수 있었던 것은 캐리 쿡이 내 연설을 보고 출판계에 연결해주었고, 내 에이전트 리처드 파인이 겨우 8분짜리 연설 속에 책 한 권 분량의 메시지가 있음을 믿어주었으며, 내 편집자 벤 로에넨이 이 일에 함께 도전해줬기 때문이었다. 이들과 같이 책을 만들기로 한 후, 그들은 "우리만의 전념하기에 들어선 것"이라고 농담을 했다. 이 모든 과정 동안 그들이 나를 격려해주고 이끌어준 데에는 아무리 고마움을 표현해도 모자랄 지경이다.

또한 자료 조사를 도와준 젠 왈튼, 사실 검증을 맡아준 소니아 와이저, 잭 길버트의 시 「비정상은 용기가 아니다Abnormal Is Not Courage」를 소개해준 대학 시절 룸메이트 로저 후에게도 고마운 마음을 전한다. 이 책이 초안보다 훨씬 나아질 수 있었던 것은 마이크 블룸버

그, 이안 코빈, 엘리아 크림, 재커리 데이비스, 콜린 존스, 산티아고 라모스, 조지 시알라바, 에반 워너, 잭 베어바인이 초기 원고를 읽고 현명한 피드백을 제공해준 덕분이다.

이 책의 주제를 이끌어준 수많은 대화를 함께 해주고, 이 책을 쓰는 동안 나를 응원해준 사람들에게도 감사를 표한다. 스파키 에이브러햄, 카일라 알터만, 한나 바움가드너, 바네사 A. 비, 마이클 코스텔로, 밥 크로, 에밀리 커닝햄, 마틴 드레이크, 마이크 드라스코빅, 조나단 핀-가미노, 매트 게르트센, 다니엘 그로스, 마가렛 갈레고스, 노라 거빈스, 미켈레 홀, 조나단 헤르조그, 마카브 켈러허, 로렌 켈러허, 데이비드 랜디, 탈리아 라빈, 밥 매튜, 캐시 파딜라, 알렉산드라 페트리, 크리스 피크랄리다스, 엘렌 피테라, 아봇 프리메이트 그레고리 폴란, OSB, 리키 포르코, 알렉스 라멕, 카잇 레일리, 브라이안나 레닉스, 존 리처드, 나단 J. 로빈슨, 짐 로데릭, 제이미 스카프, 카렌 스카프, 엘렌 셀비, 마이클 손튼, 로디 터너, 폴 반커프넷, 나단 와드, 페이지 윗락, 헤이디 화이트먼, 제프 윌리엄이 바로 그들이다. 특히 앨리 앳커슨, 브렌난 도우니, 폴라 거빈스, 스콧 존스턴, 존 스태프에게 깊은 감사를 전한다. 이들은 이 프로젝트의 시작부터 나와 함께하며 많은 이야기를 함께 했다.

이 책을 준비하면서 만난 전념하기의 영웅들에게도 감사를 전한다. 몬테 앤더슨, 로저 비맨, 페기 베리힐, 사무엘 비아게티, 켄 번즈, 타마이코 차펠, 어니스트 클로버, 도리스 크렌쇼, 아트 컬런, 마리 데이시, 데이브 에커트, 리즈 펜위크, 피어스 프릴론, 가브리엘라 그라헤다, 라이언 그라벨, 에이미 존스, 사라 클리프, 캐스퍼 테 카일, 아이린 리, 브라이언 맥더모트, 레슬리 메리맨, 아네트 밀스, 마크 T. 미첼, 그레이시 올름스테드, 앤디 페티스, 조셉 필립스, 맥스 폴락, 알렉스 프리워트, 알렉스 라멕, 미키 라파엘, 마크 리베라, 제이슨 로버츠, 에이미 슈왈츠먼, 앤디 샬랄, 제이슨 슬래터리, 리 빈셀, 로리 왈라치, 카렌 워싱턴, 킴벌리 와서만, 수잔 웨슬러, 샘 본스, 에반 울프슨은 그들의 전념하기 여정을 매우 친절하게 내게 공유해주었다. 그 밖에도 폴스 처치 이슬람 센터의 이맘 내엠 바이그, CODEPINK 창립자 메디 벤저민, '하베스트플러스' 창립자 하우디 바우스, '홈스트레치' 관리자 크리스토퍼 페이, 마리아와 어니 플로레스, '모바일 로브스 & 피쉬' 창립자 앨런 그라햄, 수영선수에서 사회복지사로 변신한 케네디 히그던, '파크 레인저와 버팔로 솔져스'의 역사가 쉘튼 존슨, 화가 라젠드라 KC, 던햄의 공동체 조직자 산드라 콘, 구 국제분재재단의 회장 펠릭스 라플린, 저널리스트 존 J. 레논, 민권 운동가이자 교육자 밥 모세, 프리메이슨 역사가 마크 탑버트, '캠프 앳워터'의 CEO 헨리 토머스 3세, 이들의 이야기는 아쉽게도 최종 원고에 담지 못했지만, 그들이 내게 나누어준 통찰력은 내가 이 책을 쓰는 데에 큰 도움이 됐다.

전념하기에 있어서 누나 레베카 데이비스는 언제나 내 롤모델이 되어 주었다. 계몽적인 다큐멘터리를 만들고, 직장에서 노동조합을 결성하고, 상호 도움 프로젝트에 자원하고, 자기 분야의 학생들에게 멘토가 되어주고, 그녀의 친구와 가족들을 지원하는 등, 그녀의 헌신에 나는 늘 자극받지 않을 수 없었다. 그녀의 끊임없는 인도와 지지와 예시가 없었다면 나는 이 책을 끝내지 못했을 것이다.

이 책이 선택지 열어두기 문화에 저항하자는 내용을 담고 있긴 하지만, 감사하게도 나는 전념하기 반문화가 살아 있는 가정에서 태어나는 축복을 누렸다. 우리 부모님, 마리 클레어 거빈스와 쉘튼 데이비스는 자기 자신보다 더 거대한 것에 헌신하는 것을 강조하는 환경을 꾸려주었다. 프란시스의 격언 "복음을 전파하라. 필요하다면 언어를 사용하라."가 담고 있는 정신 속에서 부모님은 그들의 일상적인 삶을 통해 나와 누나에게 전념하기의 중요성을 전달했다. 여러 면에서 이 책은 우리 부모님, 그리고 우리 부모님과 같은 사람들이 어째서 그토록 특별한지 설명할 언어를 찾고자 했던 내 여정의 정점이다.

내가 인터뷰를 했던 사람 중 하나인 몬테 앤더슨은 길고도 험난한 여정 속에서 꾸준히 전념하기 위한 현명한 조언을 나누어주었다.

"넘어졌을 때는 감사하고, 다시 일어섰을 때는 겸손해라."

따라서 라크 터너를 내 연인으로 맞이할 수 있었던 것은 매우 큰 축복이었다. 그녀는 매일 나를 감사함과 겸손함으로 채워주기 때문이다. 그녀는 세상에서 가장 예리하고, 능숙하고, 지혜로운 편집자로서, 많은 날을 늦은 시각까지 나와 함께 하며, 내 아이디어에 자문을 주고, 수많은 문단을 입력해주고, 이 책이 끝까지 쓰일 수 있도록 도와주었다. 따라서 이 책이 탄생할 수 있었던 데에는 나의 헌신만큼이나 그녀의 헌신도 큰 역할을 했다고 말하는 것이 정확할 것이다. 이 책을 쓰는 동안, 나와 라크는 부부의 연을 맺었다. 그리고 그것은 내 인생에서 가장 멋지고 값진 헌신이었으며, 앞으로도 그럴 것이다.